初 中 语 文 名 著 阅 读 书 系

初中语文名著阅读书系

FU LEI JIA SHU

傅雷家书

傅雷 朱梅馥 著

北京燕山出版社

图书在版编目（CIP）数据

傅雷家书 / 傅雷，朱梅馥著. —北京：北京燕山出版社，2018. 3（2022. 8 重印）
ISBN 978-7-5402-4973-1

Ⅰ. ①傅… Ⅱ. ①傅… ②朱… Ⅲ. ①傅雷（1908—1966）-书信集 Ⅳ. ①K825. 6

中国版本图书馆 CIP 数据核字（2018）第 032769 号

傅雷家书

傅雷　朱梅馥 著
责任编辑 / 尚燕彬
装帧设计 / 80图囯·小贾
内文制作 / 张　佳

北京燕山出版社出版发行
北京市丰台区东铁匠营苇子坑 138 号嘉城商务中心 C 座　邮编 100079
全国新华书店经销
三河市北燕印装有限公司印刷

开本 880mm×1260mm　1/32　印张 9. 5　字数 280,000
2018 年 3 月第 1 版　2022 年 8 月第 6 次印刷

定价：30. 00 元

目录

阅读指导

给傅聪的信

给傅敏的信

给牛恩德的信

阅读指导

☆阅读提示

作者介绍

傅雷（1908年4月7日—1966年9月3日），中国著名的翻译家、作家、教育家、美术评论家。

傅雷出生于原江苏省南汇县渔潭乡（今上海市浦东新区航头镇）的一户望族，因出生时哭声洪亮，长辈们便以"雷"为名，以"怒安"为字。傅雷曾就读于上海徐汇公学、上海大同大学附属中学、上海持志大学。一九二七年，傅雷留学法国巴黎大学。为学法文，他开始尝试翻译。期间受罗曼·罗兰影响，热爱音乐。一九三一年，傅雷回国，受聘于上海美术专科学校，任校办公室主任，兼教授美术史及法文，同时他还编写美术史讲义、翻译作品、撰写专栏。一九三三年，傅雷辞去上海美术专科学校职务，之后基本上专事翻译，一直到去世。

二十世纪五十年代，傅雷被划为"右派"，受到压制。"文革"初期，傅雷受到迫害。为人坦荡、禀性刚毅的傅雷愤而自尽，夫人朱梅馥亦相随自缢。

傅雷翻译了大量的法语作品，包括巴尔扎克、罗曼·罗兰、伏尔泰等作家的作品。二十世纪六十年代初，他因在翻译巴尔扎克作品方面的卓越贡献，被法国巴尔扎克研究会吸收为会员。二〇〇九年，法国驻华大使馆资助设立法语翻译奖，用于奖励中国大陆译自法语的中文译作。这个翻译奖以傅雷命名——"傅雷翻译出版奖"。

朱梅馥（1913年2月20日—1966年9月3日），生于上海，原名朱梅福，因出生之时正是腊梅盛开之际，故名。婚后由傅雷改名朱梅馥。

朱梅馥父亲是清末秀才，后来以教书为业。朱梅馥中学就读于上海教会学校稗文女校、晏摩氏女校。她与傅雷是表亲，十四岁时订婚，一九三二年结婚。婚后育有三子，长子夭折，次子傅聪，三子傅敏。

朱梅馥性情温和，是典型的贤妻良母。杨绛称她集温柔的妻子、慈爱的母亲、沙龙里的漂亮夫人、能干的主妇于一身。

作品介绍

本书是傅雷夫妇写给儿子傅聪、傅敏及干女儿牛恩德的家信集合。

傅聪，一九三四年生于上海，童年时表现出极高的音乐天赋，七岁半开始学习钢琴，九岁师从意大利钢琴家梅百器，十七岁时师从苏联钢琴家勃隆斯丹夫人。一九五四年，傅聪赴波兰留学。一九五五年三月傅聪在"第五届肖邦国际钢琴比赛"中获得第三名和"玛祖卡"最优奖。一九五八年底，傅雷被划为"右派"。一九五九年，傅聪听闻傅雷被捕下狱的传言，为不陷入父子互相揭发的境地，他出走英国。此后他只身奋斗于国际音乐舞台，获得了"钢琴诗人"的美誉。本书中给傅聪的信，就始于一九五四年傅聪赴波兰留学。从一九五四年到一九六六年，傅雷夫妇给傅聪写过一百多封信。虽然傅聪在国外几经辗转，这些信件大部分得以保存。傅聪写给父母的回信和傅雷夫妇写给傅敏的信，则大多数毁于"文革"。一九八一年，这些留存下来的书信经过整理、编辑，结集出版。

本书除了收入傅雷夫妇写给儿子傅聪、傅敏的家信，还收入了傅雷写给干女儿牛恩德的信。牛恩德，著名美籍华人钢琴家。在她的成长过程中，傅雷给予她亲生孩子一样的关怀和指导，曾亲自给她补习中国古典文学的功课，带她旅游增长见识，写信教导她做人处世的原则、方法。牛恩德回忆傅雷时说："傅爸爸每天要给我讲解古诗、唐诗、宋词。他为我把诗词用毛笔工整地抄在十八行笺纸上，生字词都特地注好解释，上下句之间还用圆圈隔开。第二天，不但要我把昨天讲的诗词背给他听，而且还要复述诗词的意思……"

傅雷夫妇写给孩子们的这些家信，充满了谆谆教诲，亲情溢于字里行间，同时也彰显着他们的艺术修养、人格品性与爱国情怀。

我国自古就有家书传情寓教的传统。家书是信息传递不便捷时代出门在外之人与家人主要的联系与沟通方式，是维系家人情感的重要手段，也是承载深厚文化传统的载体。我们从古人的文字中就可领略家书的重要性和蕴含其间的深厚情谊、道德情操，如：三国时期政治家诸葛亮临终前写给儿子诸葛瞻的家书："夫君子之行，静以修身，俭以养德。非澹泊无以明志，非宁静无以致远"；唐代诗人杜甫的"烽火连三月，家书抵万金"；明代诗人袁凯的"江水三千里，家书十五行。行行无别语，只道早还乡"等。古代流传下来的家书也成为了现代教育的经验借鉴和必读之物。比如诸葛亮的《诫子书》、文天祥的《狱中家书》、夏完淳的《狱中上母书》以及曾国藩、梁启超的家书内容就被选入了各级各类学校教材中，而傅雷写给孩子的信是进入教材的时间上距离我们最近的家书。

傅雷夫妇写给孩子的信可谓字字饱含深情，句句凝聚心血，处处体现赤子情怀。在家信中，傅雷夫妇恨不得把自己平生所有的人生经验和艺术心得都灌输给孩子们，以帮助他们早日成为德艺双馨、知识渊博、修养深厚、具有浓烈民族情怀的艺术家。即使那些拉拉杂杂说家常事、抱怨孩子写信少、批评傅聪不善于劳逸结合、频频提醒孩子学习理财、劝导孩子艺术地处理夫妻关系、教导子女注意人情往来等等的家信，也充满了爱子深情、教子有方之气度，读之令人动容。

傅雷与孩子们通信，既是聊家常、施家教，也是他表达艺术见解和突破个人局限、提升自我的一种方式。当时傅雷困于国内环境，非常渴望得到外界新鲜的信息和了解外面的文艺动态，这种渴望在写给傅聪和牛恩德的信中体现得非常鲜明。同时，给傅聪写家信，傅雷还抱持着一种理想：通过儿子反馈回来的习艺心得和国际艺术信息，给国内年轻的学艺者以启示和指导。正如傅雷给傅聪的信中所说："第一，我的确把你当作一个讨论艺术，讨论音乐的对手；第二，极想激出你一些青年人的感想，让我做父亲的得些新鲜养料，同时也可以间接传布给别的青年；第三，借通信训练你的——不但是文笔，而尤其是你的思想；第四，我想时时刻刻，随处给你做个警钟，做面'忠实的镜子'，不论在做人方面，在生活细节方面，在艺术修养方面，在演奏姿态方面。"

这些书信不仅教育和成就了世界著名钢琴家傅聪和牛恩德、优秀英语教师傅敏，同时也是现代中国家庭传统教育的典范。傅雷夫妇写给孩子的信自二十世纪八十年代出版以来，在社会上产生了深远、广泛的影响。信中关于生活习惯与为人处世的教育，抒发的艺术见解与进行的艺术讨论，以及体现出的文化修养与赤子情怀，成为了新时代年轻人立德做人、修身习艺、为人父母的文化向导和精神沃土。

作品评价

他满头棱角，动不动会触犯人；又加脾气急躁，止不住要冲撞人。他知道自己不善在世途上圆转周旋，他可以安身的"洞穴"，只有自己的书斋；他也像老鼠那样，只在洞口窥望外面的大世界。他并不像天上的鹤，翘首云外，不屑顾视地下的泥淖。傅雷对国计民生念念不忘，可是他也许遵循《刚第特》的教训吧，只潜身书斋，做他的翻译工作。

梅馥不仅是温柔的妻子、慈爱的母亲、沙龙里的漂亮夫人，不仅是非常能干的主妇，一身承担了大大小小、里里外外的杂务，让傅雷专心工作。她还是傅雷的秘书，为他做卡片，抄稿子，接待不速之客。傅雷如果没有这样的好后勤、好助手，他的工作至少也得打三四成折扣吧？

——杨绛

傅雷非常爱这个国家，所以对这个国家的要求也很严格。他爱他自己的文章，爱他所翻译的作家的作品，所以对它们非常认真。

——黄苗子

《傅雷家书》是一部最好的艺术学徒修养读物，也是一部充满着父爱的苦心孤诣、呕心沥血的教子篇。

——楼适夷

抛开美学话题、音乐话题和道德话题，我愿意把《傅雷家书》当作家庭伦理的教科书。在梳理父子关系方面，这本书堪称典范。往正面说，我们可以获得方法，往反面说，我们可以获取教益。

——毕飞宇

☆阅读指导

阅读进度指导

本书是由一封封家信连缀而成，彼此既有关联，也独立存在。每封信篇幅不大，阅读没有难度，给同学们两个方案供参考。

方案一：每天阅读十多页，利用一个月的闲散时间读完。任何好的行为，都贵在坚持、形成习惯。一谈到坚持，很多人就信心不足、压力巨大，觉得长时间保持一种状态进行一项活动是挺艰难的事。其实坚持读书、养成读书的好习惯，并不需要常立志、立长志，就是每天阅读几分钟、几十分钟，充分利用各种零碎时间：上下学路上、上卫生间时间、睡前、课余，时间久了就养成了习惯，日积月累就会取得阅读成效。《傅雷家书》最适合利用闲散时间进行碎片式阅读。

方案二：利用假期，用一个星期的时间阅读完毕。很多读过《傅雷家书》的成人都有恨不能一口气读完的心理，因为其中的父子情深、谆谆教诲、谈人说事、谈艺术、讲文化能深深感动、感染人，引发共鸣，让人欲罢不能。所以，同学们可以在假期时间充裕的时候来一次一口气进行完毕的酣畅淋漓的阅读实践。

阅读方法指导

前面说过，本书是一封封家信以时间为序集合而成的，每封信之间既有联系又相对独立，所以同学们在阅读的时候可以按顺序阅读，也可以挑着读，跳着读。这种阅读方法，就是选择性阅读。

选择性阅读

选择性阅读，往大了说，是指在浩瀚的书海中选择适合自己的、自己喜欢的、对自己有益的书。正如俄国文学批评家别林斯基所说："我们必须学会这样的本领：选择最有价值、最适合自己的读物。"俄国作家屠格涅夫也说过："不要读信手拈来的书，而是要严格加以挑选。"往小了说，具体到一本书，就是选择重点、选择感兴趣的、选择适合自己的内容进行的阅读。

加大阅读量、拓展阅读范围，是当下语文教学改革的重要内容之一。阅读对于学生而言，不仅是学习、考试所要求的，也是一个社会人一生成长和自我修养的必修课之一。对于学业多、时间和精力有限的学生来说，在多读书、读好书的同时，还要会读书、高效率读书。选择性阅读，是一种特别适合学生实际情况的阅读方法。

实行选择性阅读时，还需要细分步骤、细化办法。具体说，第一步粗读，确定精读的目标；第二步精读，获得切实有效的阅读收获。

粗读

粗读是个形象的说法，是相对于精读而言的。常用的粗读方法有扫读、略读等。扫读就是带着目的、一目十行、留意关键词的一种追踪式的、跳跃性的阅读。略读，又称跳读或浏览，是一种非常实用的快速阅读技能，阅读时，可跳过某些细节，只抓作品的大概。不管是扫读还是略读，需要带着目的进行，比如找感兴趣的段落、找精彩词句、找醒目观点，等等。总的目的，就是首先了解作品大概内容，然后确定需要精读的部分。

粗读只是了解作品的大概，对于吸收精华、获得启发和教益、塑造"三观"的阅读终极目的而言，还是不够的。傅雷夫妇的这部家信集，字里行间闪烁着一个传统知识分子的精神光华，凝聚着一代学者几十年的学习和思考精华。正如傅雷的老朋友概括的：是一部"充满父爱"的伟大的教子篇，也是"艺术学徒修养读物"。要想深刻体会包含在书信中的深厚、博大的情感和思想，必须得精读、细读、品读。

精读

精读一本书或者某一部分，就是字字句句看在眼里，明白无误地理解字面意思，还能咂摸出隐含其中的思想与深意，然后在个人头脑里经过一番理解吸收，产生感慨、感想、感悟，继而产生想表达出来的冲动。这就是精读的过程和收获。本书中，傅雷关于"赤子之心"和"成功与失败"的两封信，非常值得反复阅读、体味和琢磨。当然，还有不少精彩段落，需要同学们根据自己的学习需要和兴趣有重点地进行精读。

在精读本书的时候，建议一边读，一边圈划要点、做批注。批注可以是概括主题，可以抒写感受，可以借题发挥，可以存疑发问，可以批判针砭，等等。

同学们在阅读时还可以做读书笔记，一方面可以为写作积累素材，增加语言积累（字词、句、段、表达方式等），另一方面也是增强记忆力的好办法。许多人说，钱锺书记忆力特强，过目不忘。杨绛说："他只是好读书，肯下功夫，不仅读，还做笔记；不仅读一遍两遍，还会读三遍四遍，笔记上不断地添补。所以他读的书虽然很多，也不易遗忘。"

另外，在阅读本书时，还可以采用共读、讨论读的方法。

英国作家萧伯纳说："你有一个苹果，我有一个苹果，我们彼此交换，每人还是一个苹果；你有一种思想，我有一种思想，我们彼此交换，每人可拥有两种思想。"这句话可以视作共读、讨论读的绝妙描述。

共读和讨论读可以与父母、与同学进行，通过开展共读和讨论，拓展思路，加深理解。共读，很多同学小时候都有和父母共读的经历，一起看绘本、读故事，家长引导，孩子配合，有问有答，形成良性互动。到了中学阶段，同学们的阅读能力和独立性都大大增强了，共读可以不限于一起读，仅仅是约定读同一本书，各自根据自己的时间安排阅读。与父母共读后，可以饭间或闲暇时间讨论阅读心得，交流看法。同学之间的共读讨论，可在课间、课后进行。

专题探究指导

专题一：傅雷的教子之道

傅雷给孩子们的家信，事无巨细，从衣食住行到为人处世，从弹琴学艺到提高文化艺术修养，从谈情说爱到精打细算过日子，事事关心、处处悉心指导。通过阅读，总结一下，在生活方面，傅雷给予孩子哪些提醒和教育？在艺术的道路上，给孩子什么样的帮助和指导？对待孩子的成功和失败是怎样的态度？傅雷夫妇希望自己的孩子成为什么样的人？傅雷的教子观对你、对你的父母和老师有帮助和启发吗？结合自己的家庭教育和成长经历，谈谈对傅雷教子之道的看法。

专题二：父子情深

任何读过傅雷写给孩子的信的读者，都能清晰而深刻地感受到渗透在字里行间的浓厚的父子深情。在家信中，傅雷对孩子的爱体现在方方面面和许多细节中，对孩子的感情和情绪流露也非常丰富：有思念、有期待、有自豪、有愧疚、有牵挂、有批评、有提醒，有时急躁有时舒缓，有时直接有时含蓄，既有精神关怀也有生活小节关注。阅读时可以一边圈画，一边总结，一边揣摩一下父亲的心境。结合自己的心理体验和所思所想，就父子感情的话题，写一篇文章。

专题三：我给傅雷写回信

本书虽为家信，实际上涉及了道德修养、文化艺术、历史传统、爱国情怀等很多问题。

傅雷在音乐和美术方面具有很深的造诣，有自己独特的看法。在给傅聪的信中，很多篇幅就是谈美术作品、造型艺术、音乐作品、艺术手法、表现技巧、艺术修养的。同学们可以在阅读时记录、整理一下，傅雷谈艺术涉及哪些方面，表达了什么样的观点，还可以找来信中提及的一些音乐和美术作品，欣赏一下。

傅雷特别注重对傅聪进行品德修养和传统文化的教育。例如他时时敦促傅聪读中国经典作品、写中文信，给傅聪寄中国艺术品，常提醒傅聪不忘祖国、不忘民族，为中国人争光，等等。这些不仅体现了傅雷的如山父爱，也展现了他的民族情感和爱国情怀。

同学们可就这些内容，结合自己的认识、感想或者困惑，以写信的方式，和傅雷进行交流、探讨。

☆阅读延伸

傅雷夫妇的遗书

人秀：

尽管所谓反党罪证（一面小镜子和一张褪色的旧画报）是在我们家里搜出的，百口莫辩，可是我们至死也不承认是我们自己的东西（实系寄存箱内理出之物）。我们纵有千万罪行，却从来不曾有过变天思想。我们也知道搜出的罪证虽然有口难辩，在英明的共产党领导和伟大的毛主席领导之下的中华人民共和国，决不至因之而判重刑。只是含冤不白，无法洗刷的日子比坐牢还要难过。何况光是教育出一个叛徒傅聪来，在人民面前已经死有余辜了！更何况像我们这种来自旧社会的渣滓早应该自动退出历史舞台了！

因为你是梅馥的胞兄，因为我们别无至亲骨肉，善后事只能委托你了。如你以立场关系不便接受，则请向上级或法院请示后再行处理。

委托数事如下：

一、代付九月份房租 55.29 元（附现款）。

二、武康大楼（淮海路底）606 室沈仲章托代修奥米茄自动男手表一只，请交还。

三、故老母剩余遗款，由人秀处理。

四、旧挂表（钢）一只，旧小女表一只，赠保姆周菊娣。

五、六百元存单一纸给周菊娣，作过渡时期生活费。

六、姑母傅仪寄存我们家存单一纸六百元，请交还。

七、姑母傅仪寄存之联义山庄墓地收据一纸，此次经过红卫兵搜查后遍觅不得，很抱歉。

八、姑母傅仪寄存我们家之饰物，与我们自有的同时被红卫兵取去没收，只能以存单三纸（共 370 元）又小额储蓄三张，作为赔偿。

九、三姐朱纯寄存我们家之饰物，亦被一并充公，请代道歉。她寄存衣箱贰只（三楼）暂时被封，瓷器木箱壹只，将来待公家启封后由你代领。尚有家具数件，问周菊娣便知。

十、旧自用奥米茄自动手表一只，又旧男手表一只，本拟给敏儿与魏惜蓉，但恐妨碍他们的政治立场，故请人秀自由处理。

十一、现钞 53.30 元，作我们火葬费。

十二、楼上宋家借用之家具，由陈叔陶按单收回。

十三、自有家具，由你处理。图书字画听候公家决定。

使你为我们受累，实在不安，但也别无他人可托，

谅之谅之！

傅雷

梅馥

一九六六年九月二日夜

本书所选信件、文章，有些译名、标点、数字和字词（如"的"、"地"、"得"等）与现在规范用法不一样，为保留作品原貌，未做修改。原信中的外文均在括号内做了相应的中文解释，重复出现的外文，相邻处未重复解释，相隔甚远的再次解释。书中页下注释，为编者注。

给傅聪的信

一九五四年

一九五四年一月十八日晚

　　车一开动,大家都变了泪人儿,呆呆的直立在月台上,等到冗长的列车全部出了站方始回身。出站时沈伯伯①再三劝慰我。但回家的三轮车上,个个人都止不住流泪。敏一直抽抽噎噎。昨天一夜我们都没睡好,时时刻刻惊醒。今天睡午觉,刚刚蒙眬阖眼,又是心惊肉跳的醒了。昨夜月台上的滋味,多少年没尝到了,胸口抽痛,胃里难过,只有从前失恋的时候有过这经验。今儿一天好像大病之后,一点劲都没得。妈妈随时随地都想哭——眼睛已经肿得不像样了,干得发痛了,还是忍不住要哭。只说了句"一天到晚堆着笑脸",她又呜咽不成声了。真的,孩子,你这一次真是"一天到晚堆着笑脸"! 教人怎么舍得! 老想到五三年正月的事,我良心上的责备简直消释不了。孩子,我虐待了你,我永远对不起你,我永远补赎不了这种罪过! 这些念头整整一天没离开过我的头脑,只是不敢向妈妈说。人生做错了一件事,良心就永久不得安宁! 真的,巴尔扎克说得好:有些罪过只能补赎,不能洗刷!②

一九五四年一月十九日晚

　　昨夜一上床,又把你的童年温了一遍。可怜的孩了,怎么你的童年会

---

① 指时任上海音乐学院作曲系主任的沈知白(1904—1968)。
② 一九五四年一月十六日,傅聪从上海到北京,准备赴波兰参加第五届萧邦国际钢琴比赛,并在波兰留学。

跟我的那么相似呢？我也知道你从小受的挫折对于你今日的成就并非没有帮助；但我做爸爸的总是犯了很多很重大的错误。自问一生对朋友对社会没有做什么对不起的事，就是在家里，对你和你妈妈做了不少有亏良心的事①。——这些都是近一年中常常想到的，不过这几天特别在脑海中盘旋不去，像噩梦一般。可怜过了四十五岁，父性才真正觉醒！

今儿一天精神仍未恢复。人生的关是过不完的，等到过得差不多的时候，又要离开世界了。分析这两天来精神的波动，大半是因为：我从来没爱你像现在这样爱得深切，而正在这爱得最深切的关头，偏偏来了离别！这一关对我，对你妈妈都是从未有过的考验。别忘了妈妈之于你不仅仅是一般的母爱，而尤其因为她为了你花的心血最多，为你受的委屈——当然是我的过失——最多而且最深最痛苦。园丁以血泪灌溉出来的花果迟早得送到人间去让别人享受，可是在离别的关头怎么免得了割舍不得的情绪呢？

跟着你痛苦的童年一齐过去的，是我不懂做爸爸的艺术的壮年。幸亏你得天独厚，任凭如何打击都摧毁不了你，因而减少了我一部分罪过。可是结果是一回事，当年的事实又是一回事：尽管我埋葬了自己的过去，却始终埋葬不了自己的错误。孩子，孩子！孩子！我要怎样的拥抱你才能表示我的悔恨与热爱呢！

一九五四年一月三十日晚

亲爱的孩子，你走后第二天，就想写信，怕你嫌烦，也就罢了。可是没一天不想着你，每天清早六七点就醒，翻来覆去的睡不着，也说不出为什么。好像克利斯朵夫的母亲独自守在家里，想起孩子童年一幕幕的形象一样，我和你妈妈老是想着你二三岁到六七岁间的小故事。——这一类的话我们不知有多少可以和你说，可是不敢说，你这个年纪是一切向前的，不愿意回顾的；我们噜哩噜苏的抖出你尿布时代的往事，会引起你的憎厌。孩子，这些我都很懂得，妈妈也懂得。只是你的一切终身会印在我们脑海中，随时随地会浮起来，像一幅幅的小品图画，使我们又快乐又

---

① 指教子严格给母子带来的压力和伤害。

惆怅。

真的，你这次在家一个半月，是我们一生最愉快的时期；这幸福不知应当向谁感谢，即使我没宗教信仰，至此也不由得要谢谢上帝了！我高兴的是我又多了一个朋友；儿子变了朋友，世界上有什么事可以和这种幸福相比的！尽管将来你我之间离多别少，但我精神上至少是温暖的，不孤独的。我相信我一定会做到不太落伍，不太冬烘①，不至于惹你厌烦。也希望你不要以为我在高峰的顶尖上所想的，所见到的，比你们的不真实。年纪大的人终是往更远的前途看，许多事你们一时觉得我看得不对，日子久了，现实却给你证明我并没大错。

孩子，我从你身上得到的教训，恐怕不比你从我得到的少。尤其是近三年来，你不知使我对人生多增了几许深刻的体验，我从与你相处的过程中学得了忍耐，学到了说话的技巧，学到了把感情升华！

你走后第二天，妈妈哭了，眼睛肿了两天：这叫作悲喜交集的眼泪。我们可以不用怕羞的这样告诉你，也可以不担心你憎厌而这样告诉你。人毕竟是感情的动物。偶然流露也不是可耻的事。何况母亲的眼泪永远是圣洁的，慈爱的！

一九五四年一月三十日晚②

自昨天起我们开始等你的信了，算起日子来，也该有信来了。你真不知道为娘的牵肠挂肚，放怀不开。你走后，忙着为你搬运钢琴的事，今天中午已由旅行社车去，等车皮有空就可装运。接着阴历年底快要到了，我又忙着家务，整天都是些琐碎事儿，可是等到空下来，或是深夜，就老是想着你，同爸爸两人谈你，过去的，现在的，抱着快乐而带点惆怅的心情，忍不住要流下泪来，不能自已。你这次回来的一个半月，真是值得纪念的，因为是我一生中最愉快、最兴奋、最幸福的一个时期。看到你们父子之间的融洽，互相倾诉，毫无顾忌，以前我常常要为之担心的恐惧扫除一空，我只有抱着欢乐静听你们的谈论，我觉得多幸福、多安慰，由痛苦换来的欢乐才是永恒的。虽是我们将来在一起的时候不会多，但是凭了回忆，宝贵

---

① 冬烘，指迂腐、糊涂。
② 此信是傅雷夫人朱梅馥所写。

的回忆，我也会破涕而笑了。我们之间，除了"爱"之外，没有可说的了。我对你的希望和前途是乐观的，就是有这么一点母子之情割舍不得。只要常常写信来，只要看见你写着"亲爱的爸爸妈妈"，我已满足了。

一九五四年二月二日（除夕）

昨晚七时一刻至八时五十分电台广播你在市三弹的四曲Chopin（萧邦）①，外加encore（喝彩声"再来一个"）的一支*Polonaise*（《波洛奈兹》）②，效果甚好，就是低音部分模糊得很；琴声太扬，像我第一天晚上到小礼堂空屋子里去听的情形。以演奏而论，我觉得大体很好，一气呵成，精神饱满，细腻的地方非常细腻，tone colour（音色）变化的确很多。我们听了都很高兴，很感动。好孩子，我真该夸奖你几句才好。回想五一年四月刚从昆明回沪的时期，你真是从低洼中到了半山腰了。希望你从此注意整个的修养，将来一定能攀登峰顶。从你的录音中清清楚楚感觉到你一切都成熟多了，尤其是我盼望了多少年的你的意志，终于抬头了。我真高兴，这一点我看得比什么都重。你能掌握整个的乐曲，就是对艺术加增深度，也就是你的艺术灵魂更坚强更广阔，也就是你整个的人格和心胸扩大了。孩子，我要重复Bronstein（勃隆斯丹）③信中的一句话，就是我为了你而感到骄傲！

今天是除夕了，想到你在远方用功，努力，我心里说不尽的欢喜。别了，孩子，我在心中拥抱你！

一九五四年二月十日

……屋内要些图片，只能拣几张印刷品。北京风沙大，没有玻璃框子，好一些的东西不能挂；黄宾虹④的作品，小幅的也有，尽可给你；只是不装框不行。好在你此次留京时期并不长，马虎一下再说。Chopin（萧邦）肖像是我二十三岁时在巴黎买的，又是浪漫派大画家Delacroix（德拉

---

① 萧邦（1810—1849），波兰钢琴家、作曲家。
② 波洛奈兹，一种四三拍的、中等或偏慢速度的舞曲，源于波兰。
③ 指导傅聪钢琴的上海音乐学院钢琴系的前苏联老师。
④ 即黄宾虹（1865—1955），山水画家。

克洛瓦)①名作的照相;Mozart(莫扎特)②那幅是 Paci(梅百器)③遗物,也是好镂版,都不忍让它们到北京光秃秃的吃灰土,故均不给你。

读俄文别太快,太快了记不牢,将来又要重头来过,犯不上。一开头必须从容不迫,位与格必须要记忆,像应付考试般临时强记是没用的。现在读俄文只好求一个概念,勿野心太大。主要仍须加功夫在乐理方面。外文总是到国外去念进步更快。目前贪多务得,实际也不会如何得益,切记切记!望主动向老师说明,至少过二三月方可加快速度。……

上海这两天忽然奇暖,东南风加沙土,很像昆明的春天。阿敏和恩德一起跟我念"诗",敏说你常常背"朝回日日典春衣,每日江头尽醉归"二句,现在他也背得了。我正在预备一样小小的礼物,将来给你带出国的,预料你一定很欢喜。再过一星期是你妈妈的生日,再过一个月是你的生日,想到此不由得悲喜交集。Hindemith(亨德密特)④的乐理明日即寄出。……

这几日开始看服尔德⑤的作品,他的故事性不强,全靠文章的若有若无的讽喻。我看了真是栗栗危惧,觉得没能力表达出来。那种风格最好要必姨⑥、钱伯母⑦那一套。我的文字太死板,太"实",不够俏皮,不够轻灵。

一九五四年二月二十四日⑧

你的信今天终于收到了,很快慰。你走后,我们心里的矛盾真是无法形容,当然为你的前途,我们应该庆幸,你有那么好的机会,再幸运也没有了;可是一想到那么长的别离,总有些不舒服,但愿你努力学习,保重身体,我相信你决不会辜负国家对你的期望,我们的一番苦心。你在国外,

---

① 德拉克洛瓦(1798—1863),法国浪漫主义画家。
② 莫扎特(1756—1791),奥地利古典主义音乐作曲家。
③ 梅百器(1878—1946),意大利音乐家,曾是傅聪的钢琴老师。
④ 亨德密特(1895—1963),德国作曲家。
⑤ 即伏尔泰(1694—1778),法国文学家、思想家。
⑥ 指杨绛的妹妹杨必。
⑦ 钱伯母与下文的钱伯伯指杨绛、钱锺书夫妇。
⑧ 此信是傅雷夫人朱梅馥所写。

千万多些家信，把什么都告诉我们，不论琐碎的重大的，我们都乐意知道，有机会拍了照片，也不时寄来。你的信我们看得多宝贵，我们虽然分离了，可是心永久在一起，这是你给我们的唯一的安慰。

在京洗的衣服成绩怎么样？希望你慢慢的仔仔细细整理东西，妈妈不能代你理东西，真是件遗憾的事。今天冒雨为你添印了一打派司①照片，现在附上，希望你收到后就放在黑包内，以备将来派用场。维他命 B 一定要吃，以后生活一定要有规律，你现在懂事了，我也不再操心了。不过空下来老念着你，很高兴会常常梦见你，孩子，妈妈多疼你，只愿你多多来信，我们才感谢不尽呢！不多谈了，要说的话，爸爸也写了许多，望你多多保重！祝快乐！

一九五四年三月五日夜

音乐会成绩未能完全满意，还是因为根基问题。将来多多修养，把技术克服，再把精神训练得容易集中，一定可大为改善。钱伯伯前几天来信，因我向他提起，故说"届时当作牛听贤郎妙奏"，其实那时你已弹过了，可见他根本没知道。但钱伯母最近病了一星期，恐校内消息更隔膜。

我仍照样忙，正课未开场，旧译方在校对；而且打杂的事也多得很。林伯伯②论歌唱的书稿，上半年一定要替他收场，现在每周要为他花四五小时。柯灵先生写了一个电影剧本又要我提意见。

一九五四年三月十九日

上回刚想写信给你，不料病倒了，病好了不及两天，又发烧，前后八九天，至今还没恢复。今天初到阳台上一望，柳枝上星星的已经有了绿意，想起"娇草如碧丝，秦桑低绿枝"两句，不知北地春光是否已有消息？

我病的时候，恩德差不多每天来陪我。初期是热度高，昏沉的厉害；后来是眼睛昏花（到现在还没好），看校样每两三行就像一片云雾在眼前

---

① 上海话"身份证件"，源自英文 Pass。
② 指声乐家林俊卿(1904—2000)，一九四〇年年获北京协和医学院医学博士学位。一九四一年后跟意大利音乐家学声乐。建国后，任上海声乐研究所所长。

飘过,书也不能看,只能躺躺坐坐,整日呆着;幸亏恩德来给我说说笑笑,还拿我打趣,逗我上当,解了不少寂寞。

你近来忙得如何?乐理开始没有?希望你把练琴时间抽一部分出来研究理论。琴的问题一时急不来,而且技巧根本要改。乐理却是可以趁早赶一赶,无论如何要有个初步概念。否则到国外去,加上文字的困难,念乐理比较更慢了。此点务要注意。

川戏中的《秋江》,艄公是做得好,可惜戏本身没有把陈妙常急于追赶的心理同时并重。其余则以《五台会兄》中的杨五郎为最妙,有声有色,有感情,唱做俱好。因为川戏中的"生"这次角色都差。唱正派的尤其不行,既无嗓子,又乏训练。倒是反派角色的"生"好些。大抵川戏与中国一切的戏都相同,长处是做工特别细腻,短处是音乐太幼稚,且编剧也不够好;全靠艺人自己凭天才去咂摸出来,没有经作家仔细安排。而且tempo(速度,节奏)松弛,不必要的闲戏总嫌太多。

一九五四年三月二十四日上午

在公共团体中,赶任务而妨碍正常学习是免不了的,这一点我早料到。一切只有你自己用坚定的意志和立场,向领导婉转而有力的去争取。否则出国的准备又能做到多少呢?——特别是乐理方面,我一直放心不下。从今以后,处处都要靠你个人的毅力、信念与意志——实践的意志。

另外一点我可以告诉你:就是我一生任何时期,闹恋爱最热烈的时候,也没有忘却对学问的忠诚。学问第一,艺术第一,真理第一,——爱情第二,这是我至此为止没有变过的原则。你的情形与我不同:少年得志,更要想到"盛名之下,其实难副",更要战战兢兢,不负国人对你的期望。你对政府的感激,只有用行动来表现才算是真正的感激!我想你心目中的上帝一定也是Bach(巴赫),Beethoven(贝多芬)①,Chopin(萧邦)等等第一,爱人第二。既然如此,你目前所能支配的精力与时间,只能贡献给你第一个偶像,还轮不到第二个神明。你说是不是?可惜你没有早学好写作的技术,否则过剩的感情就可用写作(乐曲)来发泄,一个艺术家必

---

① 贝多芬(1770—1827),德国音乐家。

须能把自己的感情"升华"，才能于人有益。我决不是看了来信，夸张你的苦闷，因而着急；但我知道你多少是有苦闷的，我随便和你谈谈，也许能帮助你廓清一些心情。

一九五四年三月二十九日

感情问题能自己想通，我们听了都很安慰。你还该想到，目前你一切都已"如愿以偿"，全中国学音乐的青年，没有一个人有你那么好的条件。你冬天回沪前所担心的事都迎刃而解，顺利出乎你的意料之外。你也该满足了。满足以后更当在别方面多多克制。人生没有一桩幸福是不要付代价的。东边占了便宜，西边就得吃亏些。何况如我前信所云，这也不是吃亏的事，而是"明哲"的举动。好孩子，安心用功吧，保重身体，医生非"常看"不可，吃药不能有一顿没一顿。再见了，孩子！

一九五四年三月三十一日①

聪！我心里有一件事，已经放在肚里嘀咕了好久，一直想跟你谈谈。牛恩德这次开刀，吃了很多苦，开刀时的痛苦，比去年加了十倍，去年开刀你是知道的，而且你常常陪着她，念书给她听，解了她不少病中的苦闷。这次医生说她眼睛的肌肉非常弱，恢复的时期会更长，要她耐心静养，真要极大的克制功夫及努力，要三四个月不能弹琴，想她这样的性格，真是相当苦闷的，而且后果如何，谁也不知道。我们只有安慰她，鼓励她，叫她耐心等待。你与她一度感情非常深，为了友谊，你也应该给她写封信，至少站在朋友的立场上，也应该给她一些精神上的帮助。

这孩子，心地厚道，天真，坦白，我很同情她。她对你非常关心，从无怨言。这次在医院里住了九天，出院的前一天，牛伯母突然眼睛发炎，很厉害，不能去接她出院，于是由我们去接她出的院。

聪！你们既然是很好的朋友，你在百忙中终得写封信给她，安慰安慰

---

① 此信是傅雷夫人朱梅馥所写。

她，鼓励鼓励她！给她一些勇气。现在她们母女两人，都是瞎眼睛，此情此景，也够可怜的了！她常常跟我们谈起你，你这次回来，给她不少启发，她很需要你在音乐方面的帮助。可怜她眼睛将来就是复原，我想受了伤，终要打折扣，这是她天生的缺陷，谁也没有办法。她记忆力很好，爸爸教了她六十几首诗歌，她都能背诵，闭着眼睛想想诗歌，想想音乐，就这样过日子。这几天可以听听唱片了，否则日子的确很不容易过。好了，谈得很多了，抽空给她一封信，不一定要长信，给她一些精神上的安慰够了！

一九五四年四月七日

记得我从十三岁到十五岁，念过三年法文；老师教的方法既有问题，我也念得很不用功，成绩很糟（十分之九已忘了）。从十六岁到二十岁在大同改念英文，也没念好，只是比法文成绩好一些。二十岁出国时，对法文的知识只会比你现在的俄文程度差。到了法国，半年之间，请私人教师与房东太太双管齐下补习法文，教师管读本与文法，房东太太管会话与发音，整天的改正，不用上课方式，而是随时在谈话中纠正。半年以后，我在法国的知识分子家庭中过生活，已经一切无问题。十个月以后开始能听几门不太难的功课。可见国外学语文，以随时随地应用的关系，比国内的进度不啻一与五六倍之比。这一点你在莫斯科遇到李德伦时也听他谈过。我特意跟你提，为的是要你别把俄文学习弄成"突击式"。一个半月之间念完文法，这是强记，决不能消化，而且过了一响大半会忘了的。我认为目前主要是抓住俄文的要点，学得慢一些，但所学的必须牢记，这样才能基础扎实。贪多务得是没用的，反而影响钢琴业务，甚至使你身心困顿，一空下来即昏昏欲睡。——这问题希望你自己细细想一想，想通了，就得下决心更改方法，与俄文老师细细商量。一切学问没有速成的，尤其是语言。倘若你目前停止上新课，把已学的从头温一遍，我敢断言你会发觉有许多已经完全忘了。

你出国去所遭遇的最大困难，大概和我二十六年前的情形差不多，就是对所在国的语言程度太浅。过去我再三再四强调你在京赶学理论，便是为了这个缘故。倘若你对理论有了一个基本概念，那么日后在国外念的时候，不至于语言的困难加上乐理的困难，使你对乐理格外觉得难学。

换句话说:理论上先略有门径之后,在国外念起来可以比较方便些。可是你自始至终没有和我提过在京学习理论的情形,连是否已开始亦未提过。我只知道你初到时因罗君①患病而搁置,以后如何,虽经我屡次在信中问你,你也没复过一个字。——现在我再和你说一遍:我的意思最好把俄文学习的时间分出一部分,移作学习乐理之用。

提早出国,我很赞成。你以前觉得俄文程度太差,应多多准备后再走。其实像你这样学俄文,即使用最大的努力,再学一年也未必能说准备充分,——除非你在北京不与中国人来往,而整天生活在俄国人堆里。但领导方面究竟如何决定,最好请周广仁或别的比较能参与机密的朋友时时探听,让我们早些知道,早些准备。

恩德那里无论如何忙也得写封信去。自己责备自己而没有行动表现,我是最不赞成的。这是做人的基本作风,不仅对某人某事而已,我以前常和你说的,只有事实才能证明你的心意,只有行动才能表明你的心迹。待朋友不能如此马虎。生性并非"薄情"的人,在行动上做得跟"薄情"一样,是最冤枉的,犯不着的。正如一个并不调皮的人要调皮而结果反吃亏,一个道理。

德伏夏克②谱二册收到没有?尽管忙,写信时也得提一提"来信及谱二册均已收到",不能光提"来信都收到"。

一切做人的道理,你心里无不明白,吃亏的是没有事实表现;希望你从今以后,一辈子记住这一点。大小事都要对人家有交代!

其次,你对时间的安排,学业的安排,轻重的看法,缓急的分别,还不能有清楚明确的认识与实践。这是我为你最操心的。因为你的生活将来要和我一样的忙,也许更忙。不能充分掌握时间与区别事情的缓急先后,你的一切都会打折扣。所以有关这些方面的问题,不但希望你多听听我的意见,更要自己多想想,想过以后立刻想办法实行,应改的应调整的都应当立刻改,立刻调整,不以任何理由耽搁。

---

① 指著名作曲家罗忠镕(1924—)。
② 德伏夏克(1841—1904),信中有时也译为特伏夏克,现译为德沃夏克,捷克作曲家。《新世界》(*New World*)为他的第九交响曲。

一九五四年四月二十日

孩子:接十七日信,很高兴你又过了一关。人生的苦难,theme(主题)不过是这几个,其余只是 *variations*(《变奏曲》)而已。爱情的苦汁早尝,壮年中年时代可以比较冷静。古语说得好,塞翁失马,未始非福。你比一般青年经历人事都更早,所以成熟也早。这一回痛苦的经验,大概又使你灵智的长成进了一步。你对艺术的领会又可深入一步。我祝贺你有跟自己斗争的勇气。一个又一个的筋斗栽过去,只要爬得起来,一定会逐渐攀上高峰,超脱在小我之上。辛酸的眼泪是培养你心灵的酒浆。不经历尖锐的痛苦的人,不会有深厚博大的同情心。所以孩子,我很高兴你这种蜕变的过程,但愿你将来比我对人生有更深切的了解,对人类有更热烈的爱,对艺术有更诚挚的信心!孩子,我相信你一定不会辜负我的期望。

我对于你的学习(出国以前的)始终主张减少练琴时间,俄文也勿太紧张,倒是乐理要加紧准备。我预言你出国以后两年之内,一定要深感这方面的欠缺。故出去以前要尽量争取基本常识。

三四月在北京是最美的季节(除了秋天之外);丁香想已开罢,接着是牡丹盛放。有空不妨上中山公园玩玩。中国的古代文物当然是迷人的,我也常常缅怀古都,不胜留恋呢。

最近正加工为林伯伯修改讨论歌唱的文字;精神仍未完全复原,自己的工作尚未正式开始。

一九五四年六月二十四日下午

亲爱的孩子:终于你的信到了!联络局没早告诉你出国的时期,固然可惜,但你迟早要离开我们,大家感情上也迟早要受一番考验;送君十里终须一别,人生不是都要靠隐忍来撑过去吗? 你初到的那天,我心里很想要你二十以后再走,但始终守法和未雨绸缪的脾气把我的念头压下去了,在此等待期间,你应当把所有留京的琴谱整理一个彻底,用英文写两份目录,一份寄家里来存查。这种工作也可以帮助你消磨时间,省却烦恼。孩子,你此去前程远大,这几天更应当仔仔细细把过去种种作一个总结,未来种种作一个安排;在心理上精神上多作准备,多多锻炼意志,预备忍受四五年中的寂寞和感情的波动。这才是你目前应做的事。孩子，别烦恼。我前信把心里的话和你说了，精神上如释重负。一个人发泄是要求心理健康，不是使自己越来越苦闷。多听听贝多芬的第五，多念念《克利斯朵夫》里几段艰苦的事迹（第一册末了，第四册第九卷末了），可以增加你的勇气，使你更镇静。好孩子，安安静静的准备出国罢。一切零星小事都要想周到，别怕天热，贪懒，一切事情都要做得妥帖。行前必须把带去的衣服什物记在"小手册"上，把留京及寄沪的东西写一清账。想念我们的时候，看看照相簿。为什么写信如此简单呢？要是我，一定把到京时罗君来接及到团以后的情形描写一番，即使借此练练文字也是好的。

近来你很多地方像你妈妈，使我很高兴。但是办事认真一点，都望你像我。最要紧，不能怕烦！

一九五四年七月十五日①

你临走前七日发的信，到十日下午才收到，那儿天我们左等右等老不见你来信，焦急万分，究竟怎么回事？走了没有？终于信来了，一块石头落了地。原来你是一个人走的，旅途的寂寞，这种滋味我也想象得出来。到了苏联、波兰，是否都有人来接你，我们只有等你的消息了。

关于你感情的事，我看了后感到无限惶惑不安。对这个问题我总觉得你太冲动，不够沉着。这次发生的，有些出乎人情之常，虽然这也是对你多一次教训，但是你应该深深的自己检讨一番，对自己应该加以严厉的责备。我也不愿对你多所埋怨，不过我觉得你有些滥用感情，太不自爱了，这是不必要的痛苦。

得到这次教训后，千万要提高警惕，不能重蹈覆辙。你的感情太多了，对你终身是个累。所以你要大彻大悟，交朋友的时候，一定要事先考虑周详，而且也不能五分钟热度，凭一时冲动，冒冒失失的做了。我有句话，久已在心里嘀咕：我觉得你的爱情不专，一个接着一个，在你现在的年龄上，不算少了。我是一个女子，对这方面很了解女人的心理，要是碰到

---

① 此信是傅雷夫人朱梅馥所写。

你这样善变,见了真有些寒心。你这次出国数年,除了努力学习以外,再也不要出乱子,这事出入重大,除了你,对你爸爸的前途也有影响的。

望你把全部精力放在研究学问上,多用理智,少用感情,当然,那是要靠你坚强的信心,克制一切的烦恼,不是件容易的事,但是非克服不可。对于你的感情问题,我向来不参加任何意见,觉得你各方面都在进步,你是聪明人,自会觉悟的。我既是你妈妈,我们是休戚相关的骨肉,不得不要唠叨几句,加以规劝。

回想我跟你爸爸结婚以来,二十余年感情始终如一,我十四岁上,你爸爸就爱上了我(他跟你一样早熟),十五岁就订婚,当年冬天爸爸就出国了。在他出国的四年中,虽然不免也有波动,可是他主意老,觉悟得快,所以回国后就结婚。婚后因为他脾气急躁,大大小小的折磨终是难免的,不过我们感情还是那么融洽,那么牢固,到现在年龄大了,火气也退了,爸爸对我更体贴了,更爱护我了。我虽不智,天性懦弱,可是靠了我的耐性,对他无形中或大或小多少有些帮助,这是我觉得可以骄傲的,可以安慰的。我们现在真是终身伴侣,缺一不可的。现在你也长大成人,父母对儿女的终身问题,也常在心中牵挂,不过你年纪还轻,不要操之过急。以你这些才具,将来不难找到一个满意的对象。好了,唠唠叨叨写得太多,你要头痛了。

一九五四年七月二十七日深夜

你车上的信写得很有趣,可见只要有实情、实事,不会写不好信。你说到李、杜的分别,的确如此。写实正如其他的宗派一样,有长处也有短处。短处就是雕琢太甚,缺少天然和灵动的韵致。但杜也有极浑成的诗,例如"风急天高猿啸哀,渚清沙白鸟飞回,无边落木萧萧下,不尽长江滚滚来……"那首,胸襟意境都与李白相仿佛。还有《梦李白》、《天末怀李白》几首,也是缠绵悱恻,至情至性,非常动人的。但比起苏、李的离别诗来,似乎还缺少一些浑厚古朴。这是时代使然,无法可想的。汉魏人的胸怀比较更近原始,味道浓,苍茫一片,千古之下,犹令人缅想不已。杜甫有许多田园诗,虽然受渊明影响,但比较之下,似乎也"隔"(王国维语)了一层。回过来说:写实可学,浪漫底克不可学;故杜可学,李不可学;国人谈诗的尊杜的多于尊李的，也是这个缘故。而且究竟像太白那样的天纵之才不多，共鸣的人也少。所谓曲高和寡也。同时，积雪的高峰也令人有"琼楼玉宇，高处不胜寒"之感，平常人也不敢随便瞻仰。

词人中苏、辛确是宋代两大家，也是我最喜欢的。苏的词颇有些咏田园的，那就比杜的田园诗洒脱自然了。此外，欧阳永叔的温厚蕴藉也极可喜，五代的冯延巳也极多佳句，但因人品关系，我不免对他有些成见。

你现在住哪里？食宿是否受招待？零用钱是怎样的？将来倘住定一处，讲定多少钱一个月包定伙食，那么有一点需要注意（也是我从前的经验），就是事先可以协商，倘隔天通知下一天少吃一顿或两顿（早餐当然不算），房东可以不准备饭菜，因此可少算一顿或两顿饭钱。预料你将来不时有人请吃饭，请吃饭也得送些小礼，便是半打花也行，那就得花钱；把平时包饭地方少算的饭钱移作此用，恰好 cover（弥补）。否则很容易闹亏空。尤其你现在的情形，无论在经济上讨救兵，故我特别要嘱咐你。

在外倘有任何精神苦闷，也切勿隐瞒，别怕受埋怨。一个人有个大二十几岁的人代出主意，决不会坏事。你务必信任我，也不要怕我说话太严，我平时对老朋友讲话也无顾忌，那是你素知的。并且有些心理波动或是郁闷，写了出来等于有了发泄，自己可痛快些，或许还可免做许多傻事。孩子，我真恨不得天天在你旁边，做个监护的好天使，随时勉励你，安慰你，劝告你，帮你铺平将来的路，准备将来的学业和人格……

一九五四年七月二十八日夜

上星期我替敏讲《长恨歌》与《琵琶行》，觉得大有妙处。白居易对音节与情绪的关系悟得很深。凡是转到伤感的地方，必定改用仄声韵。《琵琶行》中"大弦嘈嘈""小弦切切"一段，好比 staccato（断音）像琵琶的声音急切；而"此时无声胜有声"的几句，等于一个长的 pause（休止）。"银瓶……水浆迸"两句，又是突然的 attack（乐句或者乐段起音明确、过段），声势雄壮。至于《长恨歌》，那气息的超脱，写情的不落凡俗，处处不脱帝皇的 nobleness（高贵），更是千古奇笔。

看的时候可以有几种不同的方法：一是分出段落看叙事的起伏转折；二是看情绪的忽悲忽喜，忽而沉潜，忽而飘逸；三是体会全诗音节与韵的变化。再从总的方面看，把悲剧送到仙界上去，更显得那段罗曼史的奇丽清新，而仍富于人间味（如太真对道士说的一番话）。还有白居易写动作的手腕也是了不起："侍儿扶起娇无力"，"君王掩面救不得"，"九华帐里梦魂惊"几段，都是何等生动！"九重城阙烟尘生，千乘万骑西南行"，写帝王逃难自有帝王气概。"翠华摇摇行复止"，又是多鲜明的图画！最后还有一点妙处：全诗写得如此婉转细腻，却仍不失其雍容华贵，没有半点纤巧之病！（细腻与纤巧大不同。）明明是悲剧，而写得不过分的哭哭啼啼，多么中庸有度，这是浪漫底克兼有古典美的绝妙典型。

一九五四年七月二十九日①

亲爱的聪：上星期六（七月二十四日）爸爸说三天之内应该有聪的信，果然，他的预感一点儿也不错，二十六日收到你在车中写的，莫斯科发的，由张宁和转寄的信，我们多高兴！你的信，字迹虽是草率，可是写得太好了，我们大为欣赏，一个人孤独了，思想集中，所发的感想都是真情实意。你所赏识的李太白、白居易、苏东坡、辛稼轩等各大诗人也是我们所喜欢，一切都有同感，亦是一乐也。

等到你有什么苦闷、寂寞的时候，多多接触我们祖国的伟大诗人，可以为你遣兴解忧，给你温暖。……阿敏的琴也脱胶了，正在修理。这一星期来，他又恢复正常，他也有自知之明，并不固执了，因为我们同他讲欣赏与学习是两件事。他是平均发展的，把中学放弃了，未免可惜，我们赞成他提琴不要放弃，中学也不要放弃，陈又新的看法亦然如此。现在他似乎想通了，不闹情绪了，每天拉琴四小时，余下时间看《克利斯朵夫》，还有听音乐，偶尔出去看看电影。这次波兰电影周，《Chopin（萧邦）的青年时代》他陪我去看了，有些不过瘾，编剧有问题，光线太阴暗，还不是理想的。修理的房子，还没有干透，爸爸还在三楼工作，他对工作的有规律，你是深知的。服尔德的作品译了三分之二，每天总得十小时以上，预计九月可出版。近来工作紧张了，晚上不容易睡好，我叫他少做些，他总是非把每天规定的做完不可，性格如此，也没办法。一空下来，他还要为你千思百虑

————————————

① 此信是傅雷夫人朱梅馥所写

的操心,替你想这样想那样,因为他是出过国的,要把过去的经验尽量告诉你,可以减少许多不必要的周折。他又是样样想得周到,有许多宝贵的意见,他得告诉你,指导你,提醒你,孩子,千万别把爸爸的话当耳边风,一定要牢牢记住,而且要经过一番思索,我们的信可以收起来,一个人孤寂的时候,可以不时翻翻。我们做父母的人,为了儿女,不怕艰难,不辞劳苦,只要为你们好,能够有助于你们的,我们总尽量的给。希望你也能多告诉我们,你的忧,你的乐,就是我们的,让我们永远联结在一起。我们虽然年纪会老,可是不甘落后,永远也想追随在你们后面。

一九五四年八月十一日午前

八月一日的信收到了,今天是十一日,就是说一共只有十天工夫。

你的生活我想象得出,好比一九二九年我在瑞士。但你更幸运,有良师益友为伴,有你的音乐做你崇拜的对象。我二十一岁在瑞士正患着青春期的、浪漫底克的忧郁病;悲观,厌世,彷徨,烦闷,无聊;我在《贝多芬传》译序中说的就是指那个时期。孩子,你比我成熟多了,所有青春期的苦闷,都提前几年,早在国内度过;所以你现在更能够定下心神,发愤为学;不至于像我当年蹉跎岁月,到如今后悔无及。

你的弹琴成绩,叫我们非常高兴。对自己父母,不用怕"自吹自捧"的嫌疑,只要同时分析一下弱点,把别人没说出而自己感觉到的短处也一齐告诉我们。把人家的赞美报告我们,是你对我们最大的安慰;但同时必须深深的检讨自己的缺陷。这样,你写的信就不会显得过火;而且这种自我批判的功夫也好比一面镜子,对你有很大帮助。把自己的思想写下来(不管在信中或是用别的方式),比着光在脑中空想是大不同的。写下来需要正确精密的思想,所以写在纸上的自我检讨,格外深刻,对自己也印象深刻。你觉得我这段话对不对?

我对你这次来信还有一个很深的感想。便是你的感受性极强,极快。这是你的特长,也是你的缺点。你去年一到波兰,弹 Chopin(萧邦)的 style(风格)立刻变了;回国后却保持不住;这一回一到波兰又变了。这证明你的感受力快极。但是天下事有利必有弊,有长必有短,往往感受快的,不能沉浸得深,不能保持得久。去年时期短促,固然不足为定论。但你至少得承认,你的不容易"牢固执着"是事实。我现在特别提醒你,希望你时时警惕,对于你新感受的东西不要让它浮在感觉的表面;而要仔细分析,究竟新感受的东西,和你原来的观念、情绪、表达方式有何不同。这是需要冷静而强有力的智力,才能分析清楚的。希望你常常用这个步骤来"巩固"你很快得来的新东西(不管是技术是表达)。长此做去,不但你的演奏风格可以趋于稳定、成熟(当然所谓稳定不是刻板化、公式化);而且你一般的智力也可大大提高,受到锻炼。孩子! 记住这些! 深深的记住! 还要实地做去! 这些话我相信只有我能告诉你。

还要补充几句:弹琴不能徒恃 sensation(感觉),sensibility(灵敏)。那些心理作用太容易变。从这两方面得来的,必要经过理性的整理、归纳,才能深深的化入自己的心灵,成为你个性的一部分,人格的一部分。当然,你在波兰几年住下来,熏陶的结果,多少也(自然而然的)会把握住精华。但倘若你事前有了思想准备,特别在智力方面多下功夫,那么你将来的收获一定更大更丰富,基础也更稳固。再说得明白些:艺术家天生敏感,换一个地方,换一批群众,换一种精神气氛,不知不觉会改变自己的气质与表达方式。但主要的是你心灵中最优秀最特出的部分,从人家那儿学来的精华,都要紧紧抓住,深深的种在自己性格里,无论何时何地这一部分始终不变。这样你才能把独有的特点培养得厚实。

关于这个问题,我想你听了必有所感。不妨跟我多谈谈。

其次,我不得不再提醒你一句:尽量控制你的感情,把它移到艺术中去。你周围美好的天使太多了,我怕你又要把持不住。你别忘了,你自誓要做几年清教徒的,在男女之爱方面要过几年僧侣生活,禁欲生活的! 这一点千万要提醒自己! 时时刻刻提防自己! 一切都要醒悟得早,收篷收得早;不要让自己的热情升高之后再去压制,那时痛苦更多,而且收效也少。亲爱的孩子,无论如何你要在这方面听从我的忠告! 爸爸妈妈最不放心的不过是这些。

你上课以后,老师如何批评? 那时他一定有更切实更具体的指摘,不会光是夸奖了。我们都急于要知道。你对 Chopin(萧邦)的了解,他们认为的长处短处,都望详细报告。technic(技巧)问题也是我最关心的。老师的意见怎样?是否需要从头来起?还是目前只改些小地方,待比赛以后再彻底修改?这些你也不妨请问老师。

罗忠镕和李凌①都有回信来,你的行李因大水为灾,货车停开,故耽误了。你不必再去信向他们提。我认为你也应该写信给李凌,报告一些情形,当然口气要缓和。人家说你好的时候,你不妨先写上"承蒙他们谬许""承他们夸奖"一类的套语。李是团体的负责人,你每隔一个月或一个半月都应该写信;信末还应该附一笔,"请代向周团长致敬"。这是你的责任,切不能马虎。信不妨写得简略,但要多报告一些事实。切不可二三月不写信给李凌——你不能忘了团体对你的好意与帮助,要表示你不忘记,除了不时写信没有第二个办法。

你记住一句话:青年人最容易给人一个"忘恩负义"的印象。其实他是眼睛望着前面,饥渴一般的忙着吸收新东西,并不一定是"忘恩负义";但懂得这心理的人很少;你千万不要让人误会。

一九五四年八月十六日②

……这几天这里为了防台防汛,各单位各组织都紧张非凡,日夜赶着防御工程,抵抗大潮汛的侵袭。据预测今年的潮水特别大,有高出黄浦江数尺的可能,为预防起见,故特别忙碌辛苦。长江淮河水患已有数月之久,非常艰苦,为了抢修抢救,不知牺牲了多少生命,同时又保全了多少生命财产。都是些英雄与水搏斗。听说水涨最高的地方,老百姓无处安身,躲在树上,大小便,死尸,脏物都漂浮河内,多少的党员团员领先抢救。筑堤筑坝,先得打桩,但是水势太猛,非有一个人把桩把住,让另外一个人打下去不可;听说打桩的人,有时会不慎打在抱桩的身上、头上、手上或是水流湍急就这么把抱着桩的人淹没了;光是打桩一件事,已不知牺牲了多少人,他们都是不出怨言的那么无声无息的死去,为了与自然斗争而死去。许多悲惨的传闻,都令人心惊胆战。牛家的大妹,不久就要出发到淮河做卫生工作,同时去有上千的医务人员,这是困苦万状的工作,都是冒着生

---

① 李凌,时任中央乐团团长。
② 此信是傅雷夫人朱梅馥所写。

命危险去的。你想先是饮水一项,已是危险万分,何况疟疾伤寒那些病菌的传染,简直不堪设想。我看了《保卫延安》以后,更可以想象得出大小干部为了水患而艰苦的斗争是怎么一回事。那是一样的可怕,一样的伟大。(好像楼伯伯送你一部,你看过没有?)我常常联想起你,你不用参加这件与自然的残酷斗争。幸运的孩子,你在中国可说是史无前例的天之骄子。一个人的机会,享受,是以千千万万人的代价换来的,那是多么宝贵。你得抓住时间,提高警惕,非苦修苦练,不足以报效国家,对得住同胞。看重自己就是看重国家。不要忘记了祖国千万同胞都在自己的岗位上努力,为人类的幸福而努力。尤其要想到目前国内生灵所受的威胁,所作的牺牲。把你个人的烦闷,小小的感情上的苦恼,一齐割舍干净。这也是你爸爸常常和我提到的。我想到爸爸前信要求你在这几年中要过等于僧侣的生活,现在我觉得这句话更重要了。你在万里之外,这样舒服,跟着别人跟不到的老师;学到别人学不到的东西;感受到别人感受不到的气氛;享受到别人享受不到的山水之美、艺术之美;所以在大大小小的地方不能有对不起国家,对不起同胞的事发生。否则艺术家的慈悲与博爱就等于一句空话了。爸爸一再说你懂得多而表现少,尤其是在人事方面,我也有同感。但我相信你慢慢会有进步的,不会辜负我们的,我又想到国内学艺术的人中间,没有一个像你这样,从小受了那么多的道德教训。你爸爸花的心血,希望你去完成它;你的成功,应该是你们父子两人合起来的成功。我的感想很多,可怜我不能完全表达出来。

一九五四年八月十六日晚

我忙得很,只能和你谈几桩重要的事。

你素来有两个习惯:一是到别人家里,进了屋子,脱了大衣,却留着丝围巾;二是常常把手插在上衣口袋里,或是裤袋里。这两件都不合西洋的礼貌。围巾必须和大衣一同脱在衣帽间,不穿大衣时,也要除去围巾,手插在上衣袋里比插在裤袋里更无礼貌,切忌切忌!何况还要使衣服走样,你所来往的圈子特别是有教育的圈子,一举一动务须特别留意。对客气的人,或是师长,或是老年人,说话时手要垂直,人要立直。你这种规矩成了习惯,一辈子都有好处。

在饭桌上,两手不拿刀叉时,也要平放在桌面上,不能放在桌下,搁在自己腿上或膝盖上。你只要留心别的有教养的青年就可知道。刀叉尤其不要掉在盘下,叮叮当当的!

出台行礼或谢幕,面部表情要温和,切勿像过去那样太严肃。这与群众情绪大有关系,应及时注意。只要不急,心里放平静些,表情自然会和缓。

你的老师有多少年纪了?是哪个音乐学院的教授?过去经历如何?面貌怎样的?不妨告诉我们听听。别忘了爸爸有时也像你们一样,喜欢听故事呢。

总而言之,你要学习的不仅仅在音乐,还要在举动、态度、礼貌各方面吸收别人的长处。这些,我在留学的时代是极注意的;否则,我对你们也不会从小就管这管那,在各种 manners(礼仪)方面跟你们烦了。但望你不要嫌我繁琐,而要想到一切都是要使你更完满、更受人欢喜!

一九五四年八月三十一日

八月十三日自波发的第三信已经于二十三日收到。我们十六日发的(波五)一信,想你亦可收到。这时期全家都特别忙,故半个月不能给你写信。

我译的服尔德到昨夜终算完成,寄到北京去。从初译以后,至寄出为止,已改过六道,仍嫌不够古雅,十八世纪风格传达不出。

妈妈忙着杂物,搬书房、书橱,打扫,理衣服,零碎事儿简直做不完。阿敏今天已去缴费,明儿就上课了。整个暑假我没有休息,星期日上午要教恩德、阿敏国文等等,下午又有许多客人。我今夏身心极感疲劳,腰酸得很,从椅上站起来,一下子伛着背,挺不直。比往年差多了。精神也不及从前那么不知疲倦。除了十小时半以外的经常工作,再要看书,不但时间不够,头脑也吃不消了。

你的学习情形令人大为兴奋。两天上一课,就是每周三课。别的学生是否也是如此?我猜你是因为技巧落后,他们对你特别加紧,不知是否?来信说又要表演给委员会听,别人也是的;结果如何?别人的进步与你比起来又如何?

一九五四年九月四日

聪,亲爱的孩子!多高兴,收到你波兰第四信和许多照片,邮程只有九日,比以前更快了一天。看照片,你并不胖,是否太用功,睡眠不足?还是室内拍的照,光暗对比之下显得瘦?又是谁替你拍的?在什么地方拍的,怎么室内有两架琴?又有些背后有竞赛会的广告,是怎么回事呢?通常总该在照片反面写印日期、地方,以便他日查考。

你的鬆字始终写"别",记住:上面是"髟",下面是"松","松"便是鬆字的读音,记了这点就不会写错了。要写行书,可以如此写:鬆。高字的草书是高。

还有一件要紧的小事情:信封上的字别太大,把整个封面都占满了;两次来信,一封是路名被邮票掩去一部分,一封是我的姓名被贴去一只角。因为信封上实在没有地位可贴邮票了。你看看我给你的信封上的字,就可知道怎样才合适。

你的批评精神越来越强,没有被人捧得"忘其所以",我真快活!你说的脑与心的话,尤其使我安慰。你有这样的了解,才显出你真正的进步。一到波兰,遇到一个如此严格、冷静、注重小节和分析曲体的老师,真是太幸运了。经过他的锻炼,你除了热情澎湃以外,更有个钢铁般的骨骼,使人觉得又热烈又庄严,又有感情又有理智,给人家的力量更深更强!我祝贺你,孩子,我相信你早晚会走到这条路上:过了几年,你的修养一定能够使你的 brain(智慧)与 heart(感情)保持平衡。你的性灵越发掘越深厚、越丰富,你的技巧越磨越细,两样凑在一处,必有更广大的听众与批评家会欣赏你。孩子,我真替你快活。

你此次上台紧张,据我分析,还不在于场面太严肃,——去年在罗京比赛不是一样严肃得可怕吗?主要是没先试琴,一上去听见 tone(声音)大,已自吓了一跳,touch(触键)不平均,又吓了一跳,pedal(踏板)不好,再吓了一跳。这三个刺激是你二十日上台紧张的最大原因。你说是不是?所以今后你切须牢记,除非是上台比赛,谁也不能先去摸琴,否则无论在私人家或在同学演奏会中,都得先试试 touch 与 pedal。我相信下一回你决不会再 nervous(紧张不安)的。

大家对你的欣赏,妈妈一边念信一边直淌眼泪。你瞧,孩子,你的成功给我们多大的欢乐!而你的自我批评更使我们喜悦得无可形容。

要是你看我的信,总觉得有教训意味,仿佛父亲老做牧师似的;或者我的一套言论,你从小听得太熟,耳朵起了茧;那么希望你从感情出发,体会我的苦心;同时更要想到:只要是真理,是真切的教训,不管出之于父母或朋友之口,出之于熟人生人,都得接受。别因为是听腻了的,无动于衷,当作耳边风!你别忘了:你从小到现在的家庭背景,不但在中国独一无二,便是在世界上也很少很少。哪个人教育一个年轻的艺术学生,除了艺术以外,再加上这么多的道德的?我完全信任你,我多少年来播的种子,必有一日在你身上开花结果——我指的是一个德艺具备,人格卓越的艺术家!

你的随和脾气多少得改掉一些。对外国人比较容易,有时不妨直说:我有事,或者:我要写家信。艺术家特别需要冥思默想。老在人堆里(你自己已经心烦了),会缺少反省的机会;思想、感觉、感情,也不能好好的整理、归纳。

Krakow(克拉可夫)①是一个古城,古色古香的街道,教堂,桥,都是耐人寻味的。清早,黄昏,深夜,在这种地方徘徊必另有一番感触,足以做你诗情画意的材料。我从前住在法国内地一个古城里,叫作 Peitier(佩尔蒂埃)②,十三世纪的古城,那种古文化的气息至今不忘,而且常常梦见在那儿踯躅。北欧莪特式(Gothique)③建筑,Krakow(克拉可夫)一定不少,也是有特殊风格的。我恨不得飞到你身畔,和你一同赏玩呢!倘有什么风景片(那到处都有卖,很便宜的),不妨写上地名,作明信片寄来。

八月十六到二十五日,北京举行了全国文学翻译工作会议。周扬作总结时说:(必姨参加了,讲给我听的)技术一边倒。哪有这话?几曾听说有英国化学法国化学的?只要是先进经验,苏联的要学,别的西欧资本主

①　波兰的一个城市。
②　法国古城名。
③　即哥特式。

义国家的也要学。

还有,你现在练新曲子,是否开始仍旧很慢的练? 如 *Fantansy*(《幻想曲》),是否仍每天慢练几遍? 这是为了恩德作参考,同时也为了要知道手放松后,technic(技巧)的保持是否仍须常常慢练才行? 这次的 *Scherzo*(《诙谐曲》)你写的是 *Op.* 36(《C 大调小奏鸣曲》),大概是作品三十九号之误吧? 应该是第二支 Scherzo 吧? *Polonaise*(《波洛奈兹》)是否尚未练熟? 以后的 *Concerto*(《协奏曲》)预备练那一支早先练过的,还是另外一支?

以后听到别的同学弹奏,希望能来信告诉你的意见和感想。我对音乐上的事太感兴趣了。

这几日因为译完了服尔德,休息几天,身心都很疲倦。夏天工作不比平时,格外容易累人。周扬平日谈翻译极有见解,前天送来万余字精心苦练过的译稿要我看看,哪知一塌糊涂。可见理论与实践距离之大! 北京那位苏联戏剧专家老是责备导演们:"为什么你们都是理论家,为什么不提提具体问题?"我真有同感。三年前北京《翻译通报》几次要我写文章,我都拒绝了,原因即是空谈理论是没用的,主要是自己动手。

一九五四年九月二十一日晨

十二日信上所写的是你在国外的第一个低潮。这些味道我都尝过。孩子,耐着性子,消沉的时间,无论谁都不时要遇到,但很快会过去的。游子思乡的味道你以后常常会有呢。

你说起讲英文的人少,不知你跟教授 Drzewiecki(杰维茨基)是讲什么话的? 还有这 DRZ 三个开头的字母念成什么音? 整个字应如何读,望告知。来信只说学校没开学,却没说起什么时候开学? 住在音乐院,吃得如何? 病了有人来问没有? 看医生没有? 平时饮食寒暖务必小心,我们不在你身边,你得多管管自己才好! 加衣进食等等,切不能偷懒马虎! 我们的心老挂着你身上,每隔十天总等着信了,错过了头;所以直耽到今日才提笔。其实从十日起就想写了。

昨天还有一件事,使我去开了一次会:华东美协为黄宾虹办了一个个人展览会,昨日下午举行开幕式,兼带座谈。我去了,画是非常好。一百多件近作,虽然色调浓黑,但是浑厚深沉得很,而且好些作品远看很细致,近看则笔头仍很粗。这种技术才是上品!我被赖少其(美协主席)逼得没法,座谈会上也讲了话。大概是:(1)西画与中画,近代已发展到同一条路上;(2)中画家的技术根基应向西画家学,如写生,写石膏等等;(3)中西画家应互相观摩、学习;(4)任何部门的艺术家都应对旁的艺术感兴趣。发言的人一大半是颂扬作者,我觉得这不是座谈的意义。颂扬话太多了,听来真讨厌。

开会之前,昨天上午八点半,黄老先生就来我家。昨天在会场中遇见许多国画界的老朋友,如贺天舰[①]刘海粟[②]等,他们都说:黄先生常常向他们提到我,认为我是他平生一大知己。

因为你好久没接到我们的信,所以先把此信急急收场,寄出去,这几日我又重伤风,不舒服得很。新开始的巴尔扎克,一天只能译二三页,真是蜗牛爬山!你别把“比赛”太放在心上。得失成败尽量置之度外,只求竭尽所能,无愧于心;效果反而好,精神上平日也可减少负担,上台也不致紧张。千万千万!

另外一点,你的手特别是左手常常有“塌”下去的倾向,教授纠正没有?他是否特别注意手的姿势好看不好看?你 tone(音质)的问题是否十之八九也已解决?这是恩德打听的。因夏先生极重视手的好看问题,以为弹琴的手应如跳舞的姿势一样。我个人是不赞成此说。所以要得到一些你的学校经验作参考。

另外,夏先生一定要学生的大拇指不用时屈在掌心下,要用到时再伸出来。我觉得这也极不自然。你以为如何?

一九五四年九月二十一日[③]

我差不多无时无刻不在念着你!这次的信隔了二十天才收到。知道你病了几天,做妈妈的更心痛了,我不能照顾你,真有些难受。望你自己格外保重,为了我们,也要特别当心。只身在外,言语隔膜,相当孤寂,那

---

① 即画家贺天健(1891—1977)。
② 刘海粟(1896—1994),现代画家、美术教育家。
③ 此信是傅雷夫人朱梅馥所写。

是一定的,好在你有音乐陶醉,尤其还有那个艰难的任务,需要你努力,需要你完成。不过练琴也要有个节制、计算,第一不要妨碍你的健康为上。

想到自己的儿子,我也想到年老白发的母亲,最近阿敏搬三楼,我已把你外婆接来了,她老态龙钟,知觉迟钝,很是可怜。

烦闷时,可独自上街走走,看看古教堂、古建筑,或是到郊外散散步。多接近大自然,精神即会松动。

一九五四年十月二日

聪,亲爱的孩子。收到九月二十二晚发的第六信,很高兴。我们并没为你前信感到什么烦恼或是不安。我在第八信中还对你预告,这种精神消沉的情形,以后还是会有的。我是过来人,决不至于大惊小怪。你也不必为此担心,更不必硬压在肚里不告诉我们。心中的苦闷不在家信中发泄,又哪里去发泄呢? 孩子不向父母诉苦向谁诉呢? 我们不来安慰你,又该谁来安慰你呢? 人一辈子都在高潮—低潮中浮沉,唯有庸碌的人,生活才如死水一般;或者要有极高的修养,方能廓然无累,真正的解脱。只要高潮不过分使你紧张,低潮不过分使你颓废,就好了。太阳太强烈,会把五谷晒焦;雨水太猛,也会淹死庄稼。我们只求心理相当平衡,不至于受伤而已。你也不是栽了筋斗爬不起来的人。我预料国外这几年,对你整个的人也有很大的帮助。这次来信所说的痛苦,我都理会得;我很同情,我愿意尽量安慰你,鼓励你。克利斯朵夫不是经过多少回这种情形吗?他不是一切艺术家的缩影与结晶吗? 慢慢的你会养成另外一种心情对付过去的事:就是能够想到而不再惊心动魄,能够从客观的立场分析前因后果,做将来的借鉴,以免重蹈覆辙。一个人唯有敢于正视现实,正视错误,用理智分析,彻底感悟,终不至于被回忆侵蚀。我相信你逐渐会学会这一套,越来越坚强的。我以前在信中和你提过感情的 ruin(毁灭,损失),就是要你把这些事当作心灵的灰烬看,看的时候当然不免感触万端,但不要刻骨铭心的伤害自己,而要像对着古战场一般的存着凭吊的心怀。倘若你认为这些话是对的,对你有些启发作用,那么将来在遇到因回忆而痛苦的时候(那一定免不了会再来的),拿出这封信来重读几遍。

说到音乐的内容，非大家指导见不到高天厚地的话，我也有另外的感触，就是学生本人先要具备条件：心中没有的人，再经名师指点也是枉然的。

为了你，我前几天已经在《大英百科辞典》上找 Krakow（克拉可夫）那一节看了一遍，知道那是七世纪就有的城市，从十世纪起，城市的历史即很清楚。城中有三十余所教堂。希望你买一些明信片，并成一包，当印刷品（不必航空）寄来，让大家看看喜欢一下。

一九五四年十月十九日夜

星期日（十七）出去玩了一天。上午到博物馆去看古画，看商周战国的铜器等等；下午到文化俱乐部（即从前的法国总会，兰心斜对面）参观华东参加全国美展的作品预展。结果看得连阿敏都频频摇头，连喊吃不消。大半是月份牌式，其幼稚还不如好的广告画。漫画木刻之幼稚，不在话下。其余的几个老辈画家，也是轧时髦，涂抹一些光光滑滑的，大幅的着色明信片，长至丈余，远看也像舞台布景，近看毫无笔墨。××的爸爸在黄宾虹画展中见到我，大为亲热。这次在华东的展览中，有二张油画，二张国画。国画仍是野狐禅，徒有其貌，毫无精神，一味取巧，骗人眼目；画的黄山峭壁，千千万万的线条，不过二三寸长的，也是败笔，而且是琐琐碎碎接连起来的，毫无生命可言。艺术品是用无数"有生命力"的部分，构成一个有生命的总体，倘若拿描头画角的匠人功夫而欲求全体有生命，岂非南辕北辙？那天看了他的作品，我就断定他这一辈子的艺术前途完全没有希望了。我几十年不见他的作品，原希望他多少有些进步，不料仍是老调。而且他的油画比以前还退步。笔触谈不到，色彩也俗不可耐，而且俗到出乎意外。可见一个人弄艺术非真实、忠诚不可。××一生就缺少这两点。所以嘴里说得天花乱坠，实际上从无虚怀若谷的谦德，更不肯下苦功研究。

柯子歧送来奥艾斯脱拉①与奥勃林②的 Franck（法朗克）③ Sonata（《奏

---

① 奥艾斯脱拉（1908—1974），现译为奥伊斯特拉赫，前苏联小提琴家。
② 奥勃林（1907—1974），前苏联钢琴家。
③ 法朗克（1900—1946），比利时作曲家。

鸣曲》），借给我们听。第一个印象是太火暴，不够 Franck（法朗克）味。volume（音量）太大，而 melody（旋律）应付得太粗糙。第三章不够神秘味儿；第四章 violin（小提琴）转弯处显然出了角，不圆润，连我都听得很清楚。piano（钢琴）也有一个地方，tone（声音，音质）的变化与上面不调和。后来又拿出 Thibaud - Cortot（狄博 - 柯尔托）①来一比，更显出这两人的修养与了解。有许多句子结尾很轻（指小提琴部分）很短，但有一种特别的气韵，我认为便是法朗克的"隐忍"与"舍弃"精神的表现。这一点在俄国演奏家中就完全没有。我又回想起你和韦前年弄的时候，大家听过好几遍 Thibaud - Cortot（狄博 - 柯尔托）的唱片，都觉得没有什么可学的；现在才知道那是我们的程度不够，体会不出那种深湛、含蓄、内在的美。而回忆之下，你的 piano part（钢琴部分）也弹得大大的过于 romantic（浪漫）。T. C. 的演奏还有一妙，是两样乐器很平衡。苏联的是 violin（小提琴）压倒 piano（钢琴），不但 volume（音量）如此，连 music（音乐）也是被小提琴独占了。我从这一回听的感觉来说，似乎奥艾斯脱拉的 tone（音感）太粗豪，不宜于拉十分细腻的曲子。

一九五四年十月二十二日晨

昨天××打电话来，约我们到他家去看作品，给他提些意见。话说得相当那个，不好意思拒绝。下午三时便同你妈妈一起去了。他最近参加华东美展落选的油画《洛神》，和以前画佛像、观音等等是一类东西。面部既没有庄严沉静的表情（《观音》），也没有出尘绝俗的世外之态（《洛神》），而色彩又是既不强烈鲜明，也不深沉含蓄。显得作者的思想只是一些莫名其妙的烟雾，作者的情绪只是混混沌沌的一片无名东西。我问："你是否有宗教情绪，有佛教思想?"他说："我只喜欢富丽的色彩，至于宗教的精神，我也曾从佛教画中追寻他们的天堂……等等的观念。"我说："他们是先有了佛教思想，佛教情绪，然后求那种色彩来表达他们那种思想与情绪的。你现在却是倒过来。而且你追求的只是色彩，而你的色彩又没有感情的根源。受外来美术的影响是免不了的，但必须与一个人的

---

① 狄博（1880—1953），法国小提琴家。柯尔托（1877—1962），法国钢琴家。

思想感情结合。否则徒袭形貌,只是做别人的奴隶。佛教画不是不可画,而是要先有强烈、真诚的佛教感情,有佛教人生观与宇宙观。或者是自己有一套人生观宇宙观,觉得佛教美术的构图与色彩恰好表达出自己的观念情绪,借用人家的外形,这当然可以。倘若单从形与色方面去追求,未免舍本逐末,犯了形式主义的大毛病。何况即以现代欧洲画派而论,纯粹感官派的作品是有极强烈的刺激感官的力量的。自己没有强烈的感情,如何叫看的人被你的作品引起强烈的感情?自己胸中的境界倘若不美,人家看了你作品怎么会觉得美?你自以为追求富丽,结果画面上根本没有富丽,只有俗气乡气;岂不说明你的情绪就是俗气乡气?(当时我措辞没有如此露骨。)唯其如此,你虽犯了形式主义的毛病,连形式主义的效果也丝毫产生不出来。"

我又说:"神话题材非不能画,但第一,跟现在的环境距离太远;第二,跟现在的年龄与学习阶段也距离太远。没有认清现实而先钻到神话中去,等于少年人醇酒妇人的自我麻醉,对前途是很危险的。学西洋画的人第一步要训练技巧,要多看外国作品,其次要把外国作品忘得干干净净——这是一件很艰苦的工作——同时再追求自己的民族精神与自己的个性。"

以××的根基来说,至少再要在人体花五年十年功夫才能画理想的题材,而那时是否能成功,还要看他才具而定。后来又谈了许多整个中国绘画的将来问题,不再细述了。总之,我很感慨,学艺术的人完全没有准确的指导。解放以前,上海、杭州、北京三个美术学校的教学各有特殊缺点,一个都没有把艺术教育用心想过、研究过。解放以后,成天闹思想改造,而没有击中思想问题的要害。许多有关根本的技术训练与思想启发,政治以外的思想启发,不要说没人提过,恐怕脑中连影子也没有人有过。

学画的人事实上比你们学音乐的人,在此时此地的环境中更苦闷。先是你们有唱片可听,他们只有些印刷品可看;印刷品与原作的差别,和唱片与原演奏的差别,相去不可以道里计。其次你们是讲解西洋人的著作(以演奏家论),他们是创造中国民族的艺术。你们即使弄作曲,因为音乐在中国是处女地,故可以自由发展;不比绘画有一千多年的传统压在青年们精神上,缚手缚脚。你们不管怎样无好先生指导,至少从小起有科学方法的训练,每天数小时的指法练习给你们打根基;他们画素描先在时间上远不如你们的长,顶用功的学生也不过画一二年基本素描,其次也没有科学方法帮助。出了美术院就得"创作",不创作就谈不到有表现;而创作是解放以来整个文艺界,连中欧各国在内,都没法找出路。(心理状态与情绪尚未成熟,还没到瓜熟蒂落、能自然而然找到适当的形象表现。)

你的比赛问题固然是重负,但无论如何要作一番思想准备。只要尽量以得失置之度外,就能心平气和,精神肉体完全放松,只有如此才能希望有好成绩。这种修养趁现在做起还来得及,倘若能常常想到"文章千古事,得失寸心知"的名句,你一定会精神上放松得多。唯如此才能避免过度的劳顿与疲乏的感觉。最折磨人的不是脑力劳动,也不是体力劳动(那种疲乏很容易消除,休息一下就能恢复精力),而是操心(worry)!孩子,千万听我的话。

下功夫叫自己心理上松动,包管你有好成绩。紧张对什么事都有弊无利。从现在起,到比赛,还有三个多月,只要凭"愚公移山"的意志,存着"我尽我心"的观念;一紧张就马上叫自己宽弛,对付你的精神要像对付你的手与指一样,时时刻刻注意放松,我保证你明年有成功。这个心理卫生的功夫对你比练琴更重要,因为练琴的成绩以心理的状态为基础,为主要条件!你要我们少为你操心,也只有尽量叫你放松。这些话你听了一定赞成,也一定早想到的,但要紧的是实地做去,而且也要跟自己斗争;斗争的方式当然不是紧张,而是冲淡,而是多想想人生问题,宇宙问题,把个人看得渺小一些,那么自然会减少患得患失之心,结果身心反而舒泰,工作反而顺利!下次信来,希望你报告我们,在这方面努力的结果如何。

平日你不能太忙。人家拉你出去,你事后要补足功课,这个对你精力是有妨碍的。还是以练琴的理由,多推辞几次吧。要不紧张,就不宜于太忙;宁可空下来自己静静的想想,念一二首诗玩味一下。切勿一味重情,不好意思。工作时间不跟人出去,做成了习惯,也不会得罪人的。人生精力有限,谁都只有二十四小时;不是安排得严密,像你这样要弄坏身体的,人家技巧不需苦练，比你闲，你得向他们婉转说明。这一点上，你不妨常常想起我的榜样，朋友们也并不怪怨我呀。

一九五四年十一月一日夜

亲爱的孩子，刚听了波兰 Regina Smangzianka（里贾纳·斯曼齐安卡）①音乐会回来；上半场由上海乐队奏特伏夏克的第五（*New World*），下半场是 *Egmond Overture*（《艾格蒙特序曲》）②和 Smangianka（斯曼齐安卡）弹的贝多芬第一 *Concerto*（《协奏曲》）。Encore（加演）四支：一，Beethoven：*Ecossaise*（贝多芬：《埃克塞斯》）③；二，Scarlatti：*Jonata in C Maj.*（斯卡拉蒂：《C 大调奏鸣曲》）④；三，Chopin：*Etude Op. 25*，*No. 12*；（萧邦：《练习曲》作品之十二）；四，Khachaturian：*Toccata*（哈恰图良：《托卡塔》）⑤。

Concerto（协奏曲）弹得很好；乐队伴奏居然也很像样，出乎意外，因为照上半场的特伏夏克听来，叫人替他们捏一把汗的。Scarlatti（斯卡拉蒂）光芒灿烂，意大利风格的 brio（生动）都弹出来了。Chopin（萧邦）的 *Etude*（《练习曲》），又有火气，又是干净。这是近年来听到的最好的音乐会。

我们今晚送了一只花篮，附了一封信（法文）给她，说你早在九月中报告过，我借此机会表示欢迎和祝贺之意。不知她能否收到，因为门上的干事也许会奇怪，从来没有"个人"送礼给外宾的。

前二天听了捷克代表团的音乐会：一个男中音，一个钢琴家，一个提琴家。后两人都是头发花白的教授，大提琴的 tone（音质）很贫乏，技巧也不高明，感情更谈不到；钢琴家则是极呆极木，弹 Liszt（李斯特）⑥的 *Hungarian Rhapsody NO. 12*（《匈牙利狂想曲第十二号》），各段不连贯，也没有 briancy（明亮）；弹 Smetana（斯美塔那）⑦的 *Concert Fantasy*（《音乐会幻想

---

① 里贾纳·斯曼齐安卡（1924—2011），波兰女钢琴家。
② 贝多芬作品。
③ 即贝多芬的《降 E 大调埃克塞斯舞曲》。
④ 斯卡拉蒂（1685—1757），意大利作曲家。他的奏鸣曲大多以练习曲为目的，也是音乐会常见的表演曲目。
⑤ 哈恰图良（1903—1978），前苏联作曲家、指挥家。托卡塔，是一种富有自由即兴性的键盘乐曲。
⑥ 李斯特（1811—1886），匈牙利著名钢琴家、作曲家。
⑦ 斯美塔那（1824—1884），捷克作曲家。

曲》），也是散散率率，毫无味道，也没有特殊的捷克民族风格。三人之中还是唱的比较好，但音质不够漂亮，有些"空"；唱莫扎特的 *Marriage of Figaro*（《费加罗的婚礼》）没有那种柔婉妩媚的气息。唱 *Carman*（《卡门》）中的《斗牛士歌》，还算不差，但火气不够，野性不够。Encore（加唱）唱莫索斯基的《跳蚤之歌》，倒很幽默，但钢琴伴奏（就是弹独奏的教授）呆得很，没有 humorist（滑稽）味道。呆的人当然无往而不呆。唱的那位是本年度"Prague（布拉格）之春"的一等奖，由此可见国际上唱歌真好的也少，这样的人也可得一等奖，人才也就寥落可怜得很了！

我的服尔德八月底完成了，给他们左耽搁右耽搁，现在不过排了八十页。大约要下个月方出版。新的巴尔扎克译了一半，约旧历年底完工，等到印出来，恐怕你的比赛也已完毕多时了。近一个月天气奇好，看看窗外真是诱惑力很大，恨不得出门一次。但因工作进度太慢，只得硬压下去。

一九五四年十一月六日午

S①说你平日工作大多。工作时也太兴奋。她自己练琴很冷静，你的练琴，从头至尾都跟上台弹一样。她说这太伤精神，太动感情，对健康大有损害。我觉得这话很对。艺术是你的终身事业，艺术本身已是激动感情的，练习时万万不能再紧张过度。人寿有限，精力也有限，要从长里着眼，马拉松赛跑才跑得好。你原是感情冲动的人，更要抑制一些。S说Drz②老师也跟你谈过几次这一点。希望你听从他们的劝告，慢慢的学会控制。这也是人生修养的一个大项目。

一九五四年十一月十七日午

从十月二十一日接到你波兰第七信到现在，已有二十七天，算是隔得最长久的一次得不到你消息。所担心的是你身体怎样，无论如何忙，总不至于四星期不写信吧？你到波以后常常提到精神极度疲乏，除了工作的"时间"以外，更重要的恐怕还是工作时"消耗精力"的问题。倘使练琴时

---

①　即前面提到的波兰钢琴家里贾纳·斯曼齐安卡。
②　即波兰钢琴家、教育家杰维茨基(1890—1971)，后面信里有时称为杰老师。

能多抑制情感,多着重于技巧,多用理智,我相信一定可以减少疲劳。比赛距今尚有三个多月,长时期的心理紧张与感情高昂,足以影响你的成绩;千万小心,自己警惕,尽量冷静为要!我十几年前译书,有时也一边译一边感情冲动得很,后来慢慢改好了。

因为天气太好了,忍不住到杭州去溜了三天,在黄宾翁家看了一整天他收藏的画,元、明、清都有。回沪后便格外忙碌,上星期日全天"加班"。除了自己工作以外,尚有朋友们托的事。例如最近×××译了一篇罗曼·罗兰写的童年回忆,拿来要我校阅,从头至尾花了大半日功夫,把五千字的译文用红笔画出问题,又花了三小时和×××当面说明。他原来文字修养很好,但译的经验太少,根本体会不到原作的风格、节奏。原文中的短句子,和一个一个的形容词,都译成长句,拼在一起,那就走了样,失了原文的神韵。而且用字不恰当的地方,几乎每行都有。毛病就是他功夫用得不够,没吃足苦头决不能有好成绩!

星期一(十五日)晚上到音乐院去听苏联钢琴专家(目前在上海教课)的个人演奏。节目如下:

I

(1) Handel(汉德尔)[1]:*Suite G Min.*(《G 小调组曲》)

(2) Beethoven(贝多芬):*Poudo*,*Op.* 51(《回旋曲》,作品第五十一号)

(3) Beethoven(贝多芬):*Sonata*,*Op.* 111(《奏鸣曲》,作品第一百一十一号)

II

(4) Choph(萧邦):*Polonaise C Min.*,(《C 小调波洛奈兹》)

(5) ——*Mazurka E Min.*(《E 小调玛祖卡》)*Mazrka C# Min.*(《升 C 小调玛祖卡》)

(6) *Ballad No.* 4(《第四叙事曲》)

(7) *Nocturlne D^b Maj.*(《降 D 大调夜曲》)

---

① 汉德尔(1685—1759),生于德国,后加入英国籍的作曲家。

(8)*Scherzo No.* 3(《第三诙谐曲》)

III

Encore(加奏)三支

(1)*Mazurka*(《玛祖卡》)

(2)*Etude*(《练习曲》)

(3)*Berceuse*(《摇篮曲》)

(1)(2)两支弹得很普通,(1)两手的线条都不够突出,对比不够,没有华彩;(2)没有贝多芬早期那种清新、可爱的阳刚之气。(3)第二乐章一大段的 trill(颤音)(你记得一共有好几 pages(页)呢)! 弹得很轻,而且tempo(速度)太慢,使那段 variation(变奏)(第二乐章共有五个 variations(变奏))毫无特点。(4)*Polonaise*(《波洛奈兹》)没有印象。(5)两支玛祖卡毫无诗意;(6)对比不够,平凡之极,深度更谈不到。(7)夜曲的 tone(音质)毫无变化,melody(旋律)的线条不够柔媚。(8)算是全部节目中弹得最好的,因为技巧成分较多。总的批评是技巧相当好,但是敲出夹音也不少;tone 没有变化,只有 p、mp、mf、f、ff①,所以从头至尾呆板,诗意极少,没有细腻柔婉之美,也没有光芒四射的华彩,也没有大刀阔斧的豪气。他年纪不过三十岁,人看来温文尔雅,颇有学者风度。大概教书不会坏的。但他上课,不但第一次就要学生把曲子背出(比如今天他指定你弹三个曲子,三天后上课,就要把那三支全部背;否则他根本不给你上课),而且改正时不许看谱(当场把谱从琴上拿掉的),只许你一边背,一边改正。这种教授法,你认为怎样? ——我觉得不合理。(一)背谱的快慢,人各不同,与音乐才具的高低无关;背不出即不上第一课,太机械化;(二)改正不许看谱,也大可商榷;因为这种改法不够发挥 intellectual(理智的)的力量,学生必须在理智上认识错的原因与改正的道理,才谈得上"消化","吸收"。我很想听听你的意见。

孩子,你尽管忙,家信还是要多写,即使短短几行也可以;你不知父母常常在心里惦念,沉默久了,就要怕你身体是否健康;我这一星期就是精神很不安定,虽则忙着工作,肚里老是有个疙瘩;一定要收到了你的信,才

---

① 均为表示力度的音乐术语。p = piano 弱, mp = Mezzo Piano 中弱, mf = Mezzo Forte 中强, f = forte 强, ff = fortissimo 很强。

"一块石头落地"！

　　练琴一定要节制感情，你既然自知责任重大，就应当竭力爱惜精神。好比一个参加世运的选手，比赛以前的几个月，一定要把身心的健康保护得非常好，才能有充沛的精力出场竞赛。俗语说"养兵千日"，"养"这个字极有道理。

　　你收发家信也要记账，平日可以查查，有多少天不写信了。最近你是十月十二日写的信，你自己可记得吗？多少对你的爱，对你的友谊，不知如何在笔底下传达给你！孩子，我精神上永远和你在一起！

一九五四年十一月二十三日夜

　　多少天的不安，好几夜三四点醒来睡不着觉，到今日才告一段落。你的第八信和第七信相隔整整一个月零三天。我常对你妈说："只要是孩子工作忙而没写信或者是信在路上丢了，倒也罢了。我只怕他用功过度，身体不舒服，或是病倒了。"谢天谢地！你果然是为了太忙而少写信。别笑我们，尤其别笑你爸爸这么容易着急。这不是我能够克制的。天性所在，有什么办法？以后若是太忙，只要寥寥几行也可以，让我们知道你平安就好了。

　　你为了俄国钢琴家，兴奋得一晚睡不着觉；我们也常常为了些特殊的事而睡不着觉。神经锐敏的血统，都是一样的，所以我常常劝你尽量节制。那钢琴家是和你同一种气质的，有些话只能加增你的偏向。比如说每次练琴都要让整个人的感情激动。我承认在某些 romantic（浪漫）性格，这是无可避免的；但"无可避免"并不一定就是艺术方面的理想；相反，有时反而是一个大累！为了艺术的修养，在 heart（感情）过多的人还需要尽量自制。中国哲学的理想，佛教的理想，都是要能控制感情，而不是让感情控制。假如你能掀动听众的感情，使他们如醉如狂，哭笑无常，而你自己屹如泰山，像调度千军万马的大将军一样不动声色，那才是你最大的成功，才是到了艺术与人生的最高境界。你该记得贝多芬的故事，有一回他弹完了琴，看见听的人都流着泪，他哈哈大笑道："嘿！你们都是傻子。"艺术是火，艺术家是不哭的。这当然不能一蹴即成，尤其是你，但不能不把这境界作为你终生努力的目标。罗曼·罗兰心目中的大艺术家，也是这一派。

（关于这一点，最近几信我常与你提到；你认为怎样？）

我前响对恩德说："音乐主要是用你的脑子，把你蒙蒙眬眬的感情（对每一个乐曲，每一章，每一段的感情。）分辨清楚，弄明白你的感觉究竟是怎么一回事；等到你弄明白了，你的境界十分明确了，然后你的 technic（技巧）自会跟踪而来的。"你听听，这话不是和 Richier（李赫特）①说的一模一样吗？我很高兴，我从一般艺术上了解的音乐问题，居然与专门音乐家的了解并无分别。

技巧与音乐的宾主关系，你我都是早已肯定了的；本无须逢人请教，再在你我之间讨论不完，只因为你的技巧落后，存了一个自卑感，我连带也为你操心；再加近两年来国内为什么 school（学派，流派），什么派别，闹得惶惶然无所适从，所以不知不觉对这个问题特别重视起来。现在我深信这是一个魔障，凡是一天到晚闹技巧的，就是艺术工匠而不是艺术家。一个人跳不出这一关，一辈子也休想梦见艺术！艺术是目的，技巧是手段：老是只注意手段的人，必然会忘了他的目的。甚至一切有名的 virtuoso（演奏能手）也犯的这个毛病，不过程度高一些而已。

你到处的音乐会，据我推想，大概是各地的音乐团体或是交响乐队来邀请的，因为十一月至明年四五月是欧洲各地的音乐节。你是个中国人，能在 Chopin（萧邦）的故国弹好 Chopin（萧邦），所以他们更想要你去表演。你说我猜得对不对？

昨晚陪你妈妈去看了昆剧：比从前差多了。好几出戏都被"戏改会"改得俗滥，带着绍兴戏的浅薄的感伤味儿和骗人眼目的花花绿绿的行头。还有是太卖弄技巧（武生）。陈西禾②也大为感慨，说这个才是"纯技术观点"。其实这种古董只是音乐博物馆与戏剧博物馆里的东西，非但不能改，而且不需要改。它只能给后人作参考，本身已没有前途，改它干什么？

---

① 李赫特（1915—1997），前苏联德裔钢琴家。
② 陈西禾（1911—1984），曾任厦门女子文理学院教授、苦干剧团编导，建国后任上海电影制片厂导演。

改得好也没意思,何况是改得"点金成铁"！

一九五四年十二月二日夜

苏联歌剧团正在北京演出,中央歌舞团利用机会,请他们的合唱指挥每天四时至六时训练团中的合唱队。唱的是苏联歌剧,由指挥一句一句的教,成绩不错。只是声音不够好,队员的音乐修养不行。指挥说女高音的唱,活像母鸡被捉的怪叫。又说唱快乐的曲子,脸部表情应该快乐,但队员都哭丧着脸,直到唱完后,才有如释重负似的笑容浮现。女低音一向用假声唱,并且强调用假声唱才美。林伯伯去京时就主张用真声,受她们非难。这回苏联指挥说怎么女低音都低不下去,浮得很。中间有几个是林伯伯正在教的学生,便用真声唱下去,他即说:对了,应该这样唱,浓,厚,圆滑,多美！合唱队才恍然大悟,一个个去问林伯伯如何开始改正。

苏联歌剧,林伯伯在京看了二出,第二出叫作《暴风雨》(不知哪个作家,他没说明)。他自称不够 musical(精通音乐),居然打瞌睡。回到团里,才知道有人比他更不 musical(精通音乐)的,竟睡了一大觉,连一共几幕都不知道！林分析这歌剧引不起兴趣的原因,是主角配角都没有了不起的声音。他慨叹世界上给人听不厌的声音实在太少。

林伯伯在北京录过两次音,由巫漪丽伴奏。第一次录了四支,他自己挑了四支,因为他说:歌唱以情绪为主,情绪常常是第一遍最好,多唱就渐趋虚伪。——关于这一点,我认为一部分对,一部分并不对。以情绪为主,当然。每次唱,情绪可能每次稍有出入,但大体不会相差过远。至于第一遍唱的情绪比较真实,多唱会渐渐虚伪,则还是唱的人修养不到家,浸入音乐不深,平日练习不够的缘故。我这意见,不知你觉得如何？

一九五四年十二月二十七日

十八日收到节目单、招贴、照片及杰老师的信,昨天(二十六日)又收到你的长信(这是你第九封),好消息太多了,简直来不及,不知欢喜了哪一样好！妈妈老说:"想起了小团,心里就快活！"好孩子,你太使人兴奋了。

一天练出一个 concerto(协奏曲)的三个乐章带 cadenza(华彩段),你的 technic(技巧)和了解,真可以说是惊人。你上台的日子还要练足八小时以上的琴,也叫人佩服你的毅力。孩子,你真有这个劲儿,大家说还是像我,我听了好不 flattered(得意)! 不过身体还得保重,别为了多争半小时一小时,而弄得筋疲力尽。从现在起,你尤其要保养得好,不能太累,休息要充分,常常保持 fresh(饱满)的精神。好比参加世运的选手,离上场的日期愈近,身心愈要调养得健康,精神饱满比什么都重要。所谓 The first prize is always"luck"(第一名总是"好运气")这句话,一部分也是这个道理。目前你的比赛节目既然差不多了,technic(技巧),pedal(踏板)也解决了,那更不必过分拖累身子! 再加一个半月的琢磨,自然还会百尺竿头,更进一步;你不用急,不但你有信心,老师也有信心,我们大家都有信心:主要仍在于心理修养,精神修养,存了"得失置之度外"、"胜败兵家之常"那样无挂无碍的心,包你没有问题的。第一,饮食寒暖要极小心,一点儿差池不得。比赛以前,连小伤风都不让它有,那就行了。

到波兰五个月,有这样的进步,恐怕你自己也有些出乎意外吧。李先生今年一月初说你:gains come with maturity(进步随成熟而来),真对。勃隆斯丹过去那样赏识你,也大有先见之明。还是我做父亲的比谁都保留,其实我也是 expect the worst,hope for the best(做最坏的打算,抱最好的希望)。我是你的舵工,责任最重大;从你小时候起,我都怕好话把你宠坏了。现在你到了这地步,样样自己都把握得住,我当然不再顾忌,要跟你说:我真高兴,真骄傲! 中国人气质,中国人灵魂,在你身上和我一样强,我也大为高兴。

还要打听你一件事:上次匈牙利小提琴家(音乐院院长)演奏,从头至尾都是拿出谱来拉的;我从前在欧洲从未见过,便是学生登台也没有这样的事;不知你在波兰见过这等例子吗? 不妨问问人家。我个人总觉得"差些劲"。周伯伯前晌谈到朗读诗歌,说有人看了原文念,那是念不好的;一定要背,感情才浑成。我觉得这话很有见地。诗歌朗诵尚且如此何况弹琴、拉琴! 我自己教恩德念诗,也有这经验。凡是空口背而念的,比看着原作念的,精神更一贯,情绪更丰富。

你现在手头没有散文的书(指古文),《世说新语》大可一读。日本人几百年来都把它当作枕中秘宝，我常常缅怀两晋六朝的文采风流，认为是中国文化的一个高峰。

《人间词话》，青年们读得懂的太少了；肚里要不是先有上百首诗，几十首词，读此书也就无用。再说，目前的看法，王国维的美学是"唯心"的；在此俞平伯"大吃生活"之际，王国维也是受批判的对象，其实，唯心唯物不过是一物之两面，何必这样死拘！我个人认为中国有史以来，《人间词话》是最好的文学批评。开发性灵，此书等于一把金钥匙。一个人没有性灵，光谈理论，其不成为现代学究、当世腐儒、八股专家也鲜矣！为学最重要的是"通"，通才能不拘泥，不迂腐，不酸，不八股；"通"才能培养气节、胸襟、目光。"通"才能成为"大"，不大不博，便有坐井观天的危险。我始终认为弄学问也好，弄艺术也好，顶要紧是 humain（人），要把一个"人"尽量发展，没成为××家××家以前，先要学做人；否则那种××家无论如何高明也不会对人类有多大贡献。这套话你从小听腻了，再听一遍恐怕更觉得烦了。

妈妈说你的信好像满纸都是 sparkling（闪闪发光的）。当然你浑身都是青春的火花，青春的鲜艳，青春的生命、才华，自然写出来的有那么大的吸引力了。我和妈妈常说，这是你一生之中的黄金时代，希望你好好的享受、体验，给你一辈子做个最精彩的回忆的底子！眼看自己一天天的长大成熟，进步，了解的东西一天天的加多，精神领域一天天的加阔，胸襟一天天的宽大，感情一天天的丰满深刻：这不是人生最美满的幸福是什么！这不是最隽永最迷人的诗歌是什么！孩子，你好福气！

一九五四年十二月三十一日晚

寄你的书里，《古诗源选》、《唐五代宋词选》、《元明散曲选》，前面都有序文，写得不坏；你可仔细看，而且要多看几遍；隔些日子温温，无形中可以增加文学史及文学体裁的学识，和外国朋友谈天，也多些材料。谈词、谈曲的序文中都提到中国固有音乐在隋唐时已衰敝，宫廷盛行外来音乐；故真正古乐府（指魏晋两汉的）如何唱法在唐时已不可知。这一点不但是历史知识，而且与我们将来创作音乐也有关系。换句话说，非但现时不知唐宋人如何唱诗、唱词,即使知道了也不能说那便是中国本土的唱法。至于龙沐勋氏在序中说"唐宋人唱诗唱词,中间常加'泛音',这是不应该的"(大意如此);我认为正是相反:加泛音的唱才有音乐可言。后人把泛音填上实字,反而是音乐的大阻碍。昆曲之所以如此费力、做作,中国音乐的被文字束缚到如此地步;都是因为古人太重文字,不大懂音乐;懂音乐的人又不是士大夫,士大夫视音乐为工匠之事,所以弄来弄去,发展不出。汉魏之时有《相和歌》,明明是 duet(二重唱)的雏形,倘能照此路演进,必然早有 polyphonic(复调)的音乐。不料《相和歌》辞不久即失传,故非但无 polyphony(复调音乐),连 harmony(和声)也产生不出。真是太可惜了。

文化部决定要办一声乐研究所,叫林伯伯主持。他来信和我再三商榷,决定暂时回上海跟王鹏万医生加深研究喉科医术,一方面教学生,作实验,待一二年后再办声乐研究所。目前他一个人唱独脚戏,如何教得了二三十个以上的学生?他的理论与实验也还不够,多些时间研究,当然可以更成熟;那时再拿出来问世,才有价值。

顾圣婴暑假后已进乐队,三个月后上面忽然说她中学毕业不进音院,思想有问题,不要她了。这也是岂有此理,大概又是人事科搅出来的。

昨晚请唐云来吃夜饭,看看古画,听他谈谈,颇学得一些知识。此人对艺术甚有见地,人亦高雅可喜,为时下国画家中不可多得之才;可惜整天在美协办公,打杂,创作大受影响。艺术家与行政工作,总是不两立的。不多谈了,希望你多多养神,勿太疲劳!

一九五五年

一九五五年一月九日深夜

说起星期,不知你是否整天完全休息的?你工作时间已那么长,你的个性又是从头至尾感情都高昂的,倘星期日不再彻底休息,我们更要不放心了。

开音乐会的日子,你仍维持八小时工作;你的毅力,精神,意志,固然是惊人,值得佩服,但我们毕竟为你操心。孩子,听我们的话,不要在已经觉得疲倦的时候再 force(强迫)自己。多留一分元气,在长里看还是占便宜的。尤其在比赛以前半个月,工作时间要减少一些,最要紧的是保养身心的新鲜,元气充沛,那么你的演奏也一定会更丰满,更 fresh(新鲜)!

人文新印的巴尔扎克精装本,已有三部寄来,可怜得很,印刷与装订都糟透,社内办事又外行,寄书只用一张牛皮纸,到上海,没有一本书脊不是上下端碰伤了的。里封面格式也乱来,早替他们安排好的,他们都莫名其妙。插图铜版还是我在上海监督,做好了寄去的;否则更不像样了。

一九五五年一月二十二日夜①

差不多快一个月了。没接到你的信,天天希望有你的信,真是望眼欲穿了。最近为了爸爸跌伤了右腿,又正逢过年,里里外外把我忙得不可开交,因此也不能静下来给你写信。上星期日(十七日)中午有位老先生,是黄宾虹的老朋友,请爸爸和周伯伯(煦良)在锦江饭店吃午饭。不幸得很,他一进门(是侧门),不知里面有四五级石阶,就往下走的,眼睛忙着看什么厅什么厅的一间间餐室,脚下却不留意,以为是平地,就这么踩空了,一跤摔下去,地下是水门汀,所以一跌下去就不能动,许多人把他扶起来,痛得厉害,勉强吃了一点东西。一方面周伯伯打电话回来告诉我,把我急死了,就通知林医生,等周伯伯送爸爸回来,经林医生诊断结果,真是不幸中之万幸,骨头没有跌断,伤了神经,可是也够痛苦的,自己一些也不能动弹,什么事都要人家帮忙,后来又找了一个伤科医生,诊断也是如此,贴了伤膏药,同时吃林医生给的止痛药,总算一天好似一天,到今天为止,在床上躺了一星期,痛是好多了,可是还不能行动,只能偶尔坐坐。今年天气特别冷,我就陪着他睡在书房内,开头几天,痛得不能安睡,自己又不能翻身,我一夜要起来几次,幸而有炉子,就是睡眠不足而已。现在好得多了,我也安心些了。你知道爸爸还有腰酸背痛的病,这次的到底跌得太重了,所以又引起了腰酸的病,这几天倒是腰酸重于腿痛。希望能早日恢复,否则更要心焦。

---

① 此信是傅雷夫人朱梅馥所写。

一九五五年一月二十六日

元旦一手扶杖，一手搭在妈妈肩上，试了半步，勉强可走，这两日也就半坐半卧。但和残废一样，事事要人服侍，单独还是一步行不得。大概再要养息一星期方能照常。

早预算新年中必可接到你的信，我们都当作等待什么礼物一般的等着。果然昨天早上收到你（波十）来信，而且是多少可喜的消息。孩子！要是我们在会场上，一定会禁不住涕泗横流的。世界上最高的最纯洁的欢乐，莫过于欣赏艺术，更莫过于欣赏自己的孩子的手和心传达出来的艺术！其次，我们也因为你替祖国增光而快乐！更因为你能借音乐而使多少人欢笑而快乐！想到你将来一定有更大的成就，没有止境的进步，为更多的人更广大的群众服务，鼓舞他们的心情，抚慰他们的创痛，我们真是心都要跳出来了！能够把不朽的大师的不朽的作品发扬光大，传布到地球上每一个角落去，真是多神圣，多光荣的使命！孩子，你太幸福了，天待你太厚了。我更高兴的更安慰的是：多少过分的谀词与夸奖，都没有使你丧失自知之明，众人的掌声，拥抱，名流的赞美，都没有减少你对艺术的谦卑！总算我的教育没有白费，你二十年的折磨没有白受！你能坚强（不为胜利冲昏了头脑是坚强的最好的证据），只要你能坚强，我就一辈子放了心！成就的大小高低，是不在我们掌握之内的，一半靠人力，一半靠天赋，但只要坚强，就不怕失败，不怕挫折，不怕打击——不管是人事上的，生活上的，技术上的，学习上的——打击；从此以后你可以孤军奋斗了。何况事实上有多少良师益友在周围帮助你，扶掖你。还加上古今的名著，时时刻刻给你精神上的养料！孩子，从今以后，你永远不会孤独的了，即使孤独也不怕的了！

赤子之心这句话，我也一直记住的。赤子便是不知道孤独的。赤子孤独了，会创造一个世界，创造许多心灵的朋友！永远保持赤子之心，到老也不会落伍，永远能够与普天下的赤子之心相接相契相抱！你那位朋友说得不错，艺术表现的动人，一定是从心灵的纯洁来的！不是纯洁到像明镜一般，怎能体会到前人的心灵？怎能打动听众的心灵？

斯曼齐安卡说的萧邦协奏曲的话，使我想起前二信你说 Richter（李赫特）弹柴可夫斯基的协奏曲的话。一切真实的成就，必有人真正的赏识。

音乐院长说你的演奏像流水,像河;更令我想到克利斯朵夫的象征。天舅舅说你小时候常以克利斯朵夫自命;而你的个性居然和罗曼·罗兰的理想有些相像了。河,莱茵,江声浩荡……钟声复起,天已黎明……中国正到了"复旦"的黎明时期,但愿你做中国的——新中国的——钟声,响遍世界,响遍每个人的心!滔滔不竭的流水,流到每个人的心坎里去,把大家都带着,跟你一块到无边无岸的音响的海洋中去吧!名闻世界的扬子江与黄河,比莱茵的气势还要大呢!……黄河之水天上来,奔流到海不复回!……无边落木萧萧下,不尽长江滚滚来!……有这种诗人灵魂的传统的民族,应该有气吞牛斗的表现才对。

你说常在矛盾与快乐之中,但我相信艺术家没有矛盾不会进步,不会演变,不会深入。有矛盾正是生机蓬勃的明证。眼前你感到的还不过是技巧与理想的矛盾,将来你还有反复不已更大的矛盾呢:形式与内容的枘凿,自己内心的许许多多不可预料的矛盾,都在前途等着你。别担心,解决一个矛盾,便是前进一步!矛盾是解决不完的,所以艺术没有止境,没有 perfect(完美)的一天,人生也没有 perfect(完美)的一天!唯其如此,才需要我们日以继夜,终生的追求、苦练;要不然大家做了羲皇上人,垂手而天下治,做人也太腻了!

一九五五年三月六日①

一天不接到你的信,我们一天不得安心。在比赛期间,我们也跟着紧张;比赛以后,太兴奋了,也是不定心。于是天天伸长头颈等你的信。我们预算月底月初一定会有你的信,可是到了今天已经是六日了,还是杳无音讯。我们满怀着愉快的心情写的前后八九封信,好像石沉大海,你竟只字不回。我们做了种种,以为比赛过后你太忙了,也许紧张了一个月,身体支持不住而病了。这到底是怎么回事呢?实在弄不明白。至少马思聪先生②离开华沙的时候,你是好好的,因为他来信没有说你有什么病的情

① 此信是傅雷夫人朱梅馥所写。
② 马思聪(1912—1987),中国著名小提琴家、作曲家,中央音乐学院首任院长,本届萧邦钢琴比赛唯一中国评委。

况。你是知道我们日夜关心你,尤其是爸爸,忍耐着。左等右等,等急了,只是叹气。这个不必要的给我们的磨难,真是太突兀了。爸爸说,工作对他是一种麻醉剂,可是一有空就会想到你。晚上翻来覆去的睡不着,也是想到你。因为弄不明白其中的原因而感到痛苦。孩子,你明明知道你是我们的安慰,为什么轻而易举的事,这样吝啬起来呢! 我们之间是无话不谈的,你有什么意见,尽可来信商量,爸爸会深思熟虑的帮你解决问题,因为他可以冷静的客观的分析问题,对你有很大的帮助。不论在哪方面,尤其在人情上来讲。你比赛后,一定急急的要告诉我们前后的经过,这是天经地义没有问题的。怎么你会令人不解到如此地步呢! 因为没有你的信,我们做什么事都没有情绪,真是说不出的忧虑!

一九五五年三月十五日夜

马先生有家信到京(还在比赛前写的),由王棣华转给我们看。他说你在琴上身体动得厉害,表情十足,但指头触及键盘时仍紧张。他给你指出了,两天以内你的毛病居然全部改正,使老师也大为惊奇,不知经过情形究竟如何?

好些人看过 Glinka(格林卡)①的电影,内中 Richter(李赫特)扮演李斯特在钢琴上表演,大家异口同声对于他火暴的表情觉得刺眼。我不知这是由于导演的关系,还是他本人也倾向于琴上动作偏多? 记得你十月中来信,说他认为整个的人要跟表情一致。这句话似乎有些毛病,很容易鼓励弹琴的人身体多摇摆。以前你原是动得很剧烈的,好容易在一九五三年上改了许多。从波兰寄回的照片上,有几张可看出你又动得加剧了。这一点希望你注意。传说李斯特在琴上的戏剧式动作,实在是不可靠的;我读过一段当时人描写他的弹琴,说像 rock(磐石)一样。罗宾斯坦(安东)也是身如岩石。唯有肉体静止,精神的活动才最圆满:这是千古不变的定律。在这方面,我很想听听你的意见。

---

① 格林卡(1804—1857),俄国作曲家。

一九五五年三月二十日上午

聪，亲爱的孩子！

期待了一个月的结果终于揭晓了，多少夜没有好睡，十九晚更是神思恍惚，昨（二十日）夜为了喜讯过于兴奋，我们仍没睡着。先是昨晚五点多钟，马太太从北京来长途电话；接着八时许无线电报告（仅至第五名为止），今晨报上又披露了十名的名单，难为你，亲爱的孩子！你没有辜负大家的期望，没有辜负祖国的寄托，没有辜负老师的苦心指导，同时也没辜负波兰师友及广大群众这几个月来对你的鼓励！

也许你觉得应该名次再前一些才好，告诉我，你是不是有"美中不足"之感？可是别忘了，孩子，以你离国前的根基而论，你七个月中已经作了最大的努力，这次比赛也已经 do your best（尽力）。不但如此，这七个月的成绩已经近乎奇迹。想不到你有这么些才华，想不到你的春天来得这么快，花开得这么美，开到世界的乐坛上放出你的异香。东方升起了一颗星，这么光明，这么纯净，这么深邃；替新中国创造了一个辉煌的世界纪录！我做父亲的一向低估了你，你把我的错误用你的才具与苦功给点破了，我真高兴，我真骄傲，能够有这么一个儿子把我错误的估计全部推翻！妈妈是对的，母性的伟大不在于理智，而在于那种直觉的感情；多少年来，她嘴上不说，心里是一向认为我低估你的能力的；如今她统统向我说明了。我承认自己的错误，但是用多么愉快的心情承认错误：这也算是一个奇迹吧？

回想到一九五三年十二月你从北京回来，我同意你去波学习，但不鼓励你参加比赛，还写信给周巍峙①要求不让你参加：虽说我一向低估你，但以你那个时期的学力，我的看法也并不全错。你自己也觉得即使参加，未必有什么把握。想你初到海滨时，也不见得有多大信心吧？可见这七个月的学习，上台的经验，对你的帮助简直无法形容，非但出于我们意料之外，便是你以目前和七个月以前的成绩相比，你自己也要觉得出乎意料之外，是不是？

今天清早柯子歧打电话来，代表他父亲母亲向我们道贺。子歧说：与

---

① 周巍峙（1916—2014），音乐家，曾担任文化部代部长、中国文联主席。

其你光得第二,宁可你得第三,加上一个玛祖卡奖的。这句话把我们心里的意思完全说中了。你自己有没有这个感想呢?

再想到一九四九年第四届比赛的时期,你流浪在昆明,那时你的生活,你的苦闷,你的渺茫的前途,跟今日之下相比,不像是作梦吧?谁想得到,一九五一年回上海时只弹 *Pathetique Sonata*(《悲怆奏鸣曲》)[①]还没弹好的人,五年以后会在国际乐坛的竞赛中名列第三?多少迂回的路,多少痛苦,多少失意,多少挫折,换来你今日的成功! 可见为了获得更大的成功,只有加倍努力,同时也得期待别的迂回,别的挫折。我时时刻刻要提醒你,想着过去的艰难,让你以后遇到困难的时候更有勇气去克服,不至于失掉信心! 人生本是没穷尽没终点的马拉松赛跑,你的路程还长得很呢:这不过是一个光辉的开场。

回过来说:我过去对你的低估,在某些方面对你也许有不良的影响,但有一点至少是对你有极大的帮助的。唯其我对你要求严格,终不至于骄纵你,——你该记得罗马尼亚三奖初宣布时你的愤懑心理,可见年轻人往往容易估高自己的力量。我多少年来把你紧紧拉着,至少养成了你对艺术的严肃的观念,即使偶尔忘形,也极易拉回来。我提这些话,不是要为我过去的做法辩护,而是要趁你成功的时候特别让你提高警惕,绝对不让自满和骄傲的情绪抬头。我知道这也用不着多嘱咐,今日之下,你已经过了这一道骄傲自满的关,但我始终是中国儒家的门徒,遇到极盛的事,必定要有"如临深渊,如履薄冰"的格外郑重、畏惧、戒备的感觉。

现在再谈谈实际问题:

据我们猜测,你这一回还是吃亏在 technic(技巧),而不在于 music(音乐);根据你技巧的根底,根据马先生到波兰后的家信,大概你在这方面还不能达到极有把握的程度。当然难怪你,过去你受的什么训练呢?七个月能有这成绩已是奇迹,如何再能苛求?你几次来信,和在节目单上的批语,常常提到"佳,但不完整"。从这句话里,我们能看出你没有列入第一二名的最大关键。大概马先生到波以后的几天,你在技巧方面又进了一步,要不然,眼前这个名次恐怕还不易保持。在你以后的法、苏、波几

---

① 《悲怆奏鸣曲》是贝多芬于一七九八至一七九九年初的作品。

位竞争者,他们的技巧也许还胜过你呢？假若比赛是一九五四年夏季举行,可能你是会名落孙山的;假若你过去二三年中就受着杰维茨基教授指导,大概这一回稳是第一;即使再跟他多学半年吧,第二也该不成问题了。

告诉我,孩子,你自己有没有这种感想？

说到"不完整",我对自己的翻译也有这样的自我批评。无论译哪一本书,总觉得不能从头至尾都好;可见任何艺术最难的是"完整"！你提到 perfection(完美),其实 perfection(完美)根本不存在的,整个人生,世界,宇宙,都谈不上 perfection(完美)。要就是存在于哲学家的理想和政治家的理想之中。我们一辈子的追求,有史以来多少世代的人的追求,无非是 perfection(完美),但永远是追求不到的,因为人的理想、幻想,永无止境,所以 perfection(完美)像水中月、镜中花,始终可望而不可即。但能在某一个阶段求得总体的"完整"或是比较的"完整",已经很不差了。

比赛既然过去了,我们希望你每个月能有两封信来。尤其是我希望多知道:(1)国外音乐界的情形;(2)你自己对某些乐曲的感想和心得。千万抽出些功夫来！以后不必再像过去那样日以继夜的扑在琴上。修养需要多方面的进行,技巧也得长期训练,切勿操之过急。静下来多想想也好,而写信就是强迫你整理思想,也是极好的训练。

乐理方面,你打算何时开始？当然,这与你波兰文程度有关。

一九五五年三月二十七日夜

聪:为你参考起见,我特意从一本专论莫扎特的书里译出一段给你。另外还有罗曼·罗兰论莫扎特的文字,来不及译。不知你什么时候学莫扎特？萧邦在写作的 taste(品味)方面,极注意而且极感染莫扎特的风格。刚弹完萧邦,接着研究莫扎特,我觉得精神血缘上比较相近。不妨和杰老师商量一下。你是否可在贝多芬第四弹好以后,接着上手莫扎特？等你快要动手时,先期来信,我再寄罗曼·罗兰的文字给你。

从我这次给你的译文中,我特别体会到,莫扎特的那种温柔妩媚,所以与浪漫派的温柔妩媚不同,就是在于他像天使一样的纯洁,毫无世俗的感伤或是靡靡的 sweetness(甜蜜)。神明的温柔,当然与凡人的不同,就是达·芬奇与拉斐尔的圣母,那种妩媚的笑容决非尘世间所有的。能够把握到什么叫作脱尽人间烟火的温馨甘美,什么叫作天真无邪的爱娇,没有一点儿拽心,没有一点儿情欲的骚乱,那么我想表达莫扎特可以"虽不中,不远矣"。你觉得如何,往往十四五岁到十六七岁的少年,特别适应莫扎特,也是因为他们童心没有受过玷染。

将来你预备弹什么近代作家,望早些安排,早些来信;我也可以供给材料。在精神气氛方面,我还有些地方能帮你忙。

我再要和你说一遍:平日来信多谈谈音乐问题。你必有许多感想和心得,还有老师和别的教授们的意见。这儿的小朋友们一个一个都在觉醒,苦于没材料。他们常来看我,和我谈天;我当然要尽量帮助他们,你身在国外,见闻既广,自己不断的在那里进步,定有不少东西可以告诉我们。同时一个人的思想是一边写一边谈出来的,借此可以刺激头脑的敏捷性,也可以训练写作的能力与速度。此外,也有一个道义的责任,使你要尽量的把国外的思潮向我们报导。一个人对人民的服务不一定要站在大会上演讲或是做什么惊天动地的大事业,随时随地,点点滴滴的把自己知道的、想到的告诉人家,无形中就是替国家播种、施肥、垦植! 孩子,你千万记住这些话,多多提笔!

黄宾虹先生于本月二十五日在杭患胃癌逝世,享寿九十二岁。以艺术家而论,我们希望他活到一百岁呢。去冬我身体不好,中间摔了一跤,很少和他通信;只是在十一月初到杭州去,连续在他家看了二天画,还替他拍了照,不料竟成永诀。听说他病中还在记挂我,跟不认识我的人提到我。我听了非常难过,得信之日,一晚没睡好。

莫扎特的作品不像他的生活,而像他的灵魂

莫扎特的作品跟他的生活是相反的。他的生活只有痛苦,但他的作品差不多整个儿只叫人感到快乐。他的作品是他灵魂的小影①。这样,所有别的和谐都归纳到这个和谐,而且都融化在这个和谐中间。

后代的人听到莫扎特的作品,对于他的命运可能一点消息都得不到;

---

① 译者注:作品是灵魂的小影,便是一种和谐。下文所称这种"和谐"指此。

但能够完全认识他的内心。你看他多么沉着，多么高贵，多么隐藏！他从来没有把他的艺术来作为倾吐心腹的对象，也没有用他的艺术给我们留下一个证据，让我们知道他的苦难，他的作品只表现他长时期的耐性和天使般的温柔。他把他的艺术保持着笑容可掬和清明平静的面貌，决不让人生的考验印上一个烙印，决不让眼泪把它沾湿。他从来没有把他的艺术当作愤怒的武器，来反攻上帝；他觉得从上帝那儿得来的艺术是应当用作安慰的，而不是用作报复的。一个反抗、愤怒、憎恨的天才固然值得钦佩，一个隐忍、宽恕、遗忘的天才，同样值得钦佩。遗忘？岂止是遗忘！莫扎特的灵魂仿佛根本不知道莫扎特的痛苦；他的永远纯洁，永远平静的心灵的高峰，照临在他的痛苦之上。一个悲壮的英雄会叫道："我觉得我的斗争多么猛烈！"莫扎特对于自己所感到的斗争，从来没有在音乐上说过是猛烈的。在莫扎特最本色的音乐中，就是说不是代表他这个或那个人物的音乐，而是纯粹代表他自己的音乐中，你找不到愤怒或反抗，连一点儿口吻都听不见，连一点儿斗争的痕迹，或者只是一点儿挣扎的痕迹都找不到。*G Min.*（《G 小调》）钢琴与弦乐四重奏的开场，*C Min.*（《C 小调》）幻想曲的开场，甚至于安魂曲中的"哀哭"①的一段，比起贝多芬的 *C Min.*（《C 小调》）交响乐来，又算得什么？可是在这位温和的大师的门上，跟在那位悲壮的大师门上，同样由命运来惊心动魄的敲过几下了。但这几下的回声并没传到他的作品里去，因为他心中并没去回答或抵抗那命运的叩门，而是向他屈服了。

莫扎特既不知道什么暴力，也不知道什么叫作惶惑和怀疑，他不像贝多芬那样，尤其不像华葛耐②那样，对于"为什么"这个永久的问题，在音乐中寻求答案；他不想解答人生的谜。莫扎特的朴素，跟他的温和与纯洁都到了同样的程度。对他的心灵而论，便是在他心灵中间，根本无所谓谜，无所谓疑问。

怎么！没有疑问没有痛苦吗？那么跟他的心灵发生关系的，跟他的心灵协和的，又是哪一种生命呢？那不是眼前的生命，而是另外一个生命，一个不会再有痛苦，一切都会解决了的生命。他与其说是，"我们的现

---

① 译者注：这是《安魂曲》（*Requiem*）中一个乐章的表情名称，叫作 lagnmoso。
② 华葛耐（1813—1883），现译为瓦格纳，德国歌剧作曲家，指挥家。

在"的音乐家,不如说是,"我们的将来"的音乐家,莫扎特比华葛耐更其是未来的音乐家。丹纳①说得非常好:"他的本性爱好完全的美。"这种美只有在上帝身上才有,只能是上帝本身。只有在上帝旁边,在上帝身上,我们才能找到这种美,才会用那种不留余地的爱去爱这种美。但莫扎特在尘世上已经在爱那种美了。在许多原因中间,尤其是这个原因,使莫扎特有资格称为超凡入圣的(divine)。

法国音乐学者 Camille Bellaique(嘉密·贝莱克)著《莫扎特》P.
111—113。

一九五五年三月二十四日译

一九五五年四月三日

今日接马先生(三十日)来信,说你要转往苏联学习,又说已与文化部谈妥,让你先回国演奏几场;最后又提到预备叫你参加明年二月德国的Schumann(舒曼)②比赛。

我认为回国一行,连同演奏,至少要花两个月;而你还要等波兰的零星音乐会结束以后方能动身。这样,前前后后要费掉三个多月。这在你学习上是极大的浪费。尤其你技巧方面还要加工,倘若再想参加明年的Schumann(舒曼)比赛,他的技巧比萧邦的更麻烦,你更需要急起直追。

与其让政府花了一笔来回旅费而耽误你几个月学习,不如叫你在波兰灌好唱片(像我前信所说)寄回国内,大家都可以听到,而且是永久性的;同时也不妨碍你的学业。我们做父母的,在感情上极希望见见你,听到你这样成功的演奏,但为了你的学业,我们宁可牺牲这个福气。我已将此意写信告诉马先生,请他与文化部从长考虑。我想你对这个问题也不会不同意吧?

其次,转往苏联学习一节,你从来没和我们谈过。你去波以后我给你二十九封信,信中表现我的态度难道还使你不敢相信,什么事都可以和我细谈、细商吗?你对我一字不提,而扎马先生直接向中央提出,老实说,我是很有自卑感的,因为这反映你对我还是不放心。大概我对你从小的不

---

① 伊波利特·丹纳(1828—1893),法国文艺理论家和史学家。
② 舒曼(1810—1856),德国作曲家、音乐评论家。他的妻子克拉拉·舒曼也是钢琴家。

得当、不合理的教育,后果还没有完全消灭。你比赛以后一直没信来。大概心里又有什么疙瘩吧!马先生回来,你也没托带什么信,因此我精神上的确非常难过,觉得自己功不补过。现在谁都认为(连马先生在内)你今日的成功是我在你小时候打的基础,但事实上,谁都不再对你当前的问题再来征求我一分半分意见;是的,我承认老朽了,不能再帮助你了。

可是我还有几分自大的毛病,自以为看事情还能比你们青年看得远一些,清楚一些。

同时我还有过分强的责任感,这个责任感使我忘记了自己的老朽,忘记了自己帮不了你忙而硬要帮你忙。

所以倘使下面的话使你听了不愉快,使你觉得我不了解你,不了解你学习的需要,那么请你想到上面两个理由而原谅我,请你原谅我是人,原谅我抛不开天下父母对子女的心。

一个人要做一件事,事前必须考虑周详。尤其是想改弦易辙,丢开老路,换走新路的时候,一定要把自己的理智做一个天平,把老路与新路放在两个盘里很精密的秤过。现在让我来替你做一件工作,帮你把一项项的理由,放在秤盘里:

(甲盘)

(一)杰老师过去对你的帮助是否不够? 假如他指导得更好,你的技术是否还可以进步?

(二)六个月在波兰的学习,使你得到这次比赛的成绩,你是否还不满意?

(三)波兰得第一名的,也是杰老师的学生,他得第一的原因何在?

(四)技术训练的方法,波兰派是否有毛病,或是不完全?

(五)技术是否要靠时间慢慢的提高?

(六)除了萧邦以外,对别的作家的了解,波兰的教师是否不大使你佩服?

(七)去年八月周小燕在波兰知道杰老师为了要教你,特意训练他的英语,这点你知道吗?

(乙盘)

(一)苏联的教授法是否一定比杰老师的高明? 技术上对你可以有

更大的帮助？

（二）假定过去六个月在苏联学，你是否觉得这次的成绩可以更好？名次更前？

（三）苏联得第二名的，为什么只得一个第二？

（四）技术训练的方法，在苏联是否一定胜过任何国家？

（五）苏联是否有比较快的方法提高？

（六）对别的作家的了解，是否苏联比别国也高明得多？

（七）苏联教授是否比杰老师还要热烈？

（一般性的）

（八）以你个人而论，是否换一个技术训练的方法，一定还能有更大的进步？所以对第（二）项要特别注意，你是否觉得以你六个月的努力，倘有更好的方法教你，你是否技术上可以和别人并驾齐驱，或是更接近？

（九）以学习 Schumann（舒曼）而论，是否苏联也有特殊优越的条件？

（十）过去你盛称杰老师教古典与近代作品教得特别好，你现在是否改变了意见？

（十一）波兰居住七个月来的总结，是不是你的学习环境不大理想？苏联是否在这方面更好？

（十二）波兰各方面对你的关心、指点，是否在苏联同样可以得到？

（十三）波兰方面一般的带着西欧气味，你是否觉得对你的学习不大好？

这些问题希望你平心静气，非常客观的逐条衡量，用"民主表决"的方法，自己来一个总结。到那时再作决定。总之，听不听由你，说不说由我。你过去承认我"在高山上看事情"，也许我是近视眼，看出来的形势都不准确。但至少你得用你不近视的眼睛，来检查我看到的是否不准确。果然不准确的话，你当然不用，也不该听我的。

假如你还不以为我顽固落伍，而愿意把我的意见加以考虑的话，那对我真是莫大的"荣幸"了！等到有一天，我发觉你处处比我看得清楚，我第一个会佩服你，非但不来和你"缠夹二"乱提意见，而且还要遇事来请教你呢！目前，第一不要给我们一个闷葫芦！磨难人最厉害的莫如 unknown（不知道）和 uncertain（不确定）！对别人同情之前，对父母先同情一下吧!

一九五五年四月二十一日夜

孩子,能够起床了,就想到给你写信。

邮局把你比赛后的长信遗失,真是害人不浅。我们心神不安半个多月,都是邮局害的。三月三十日是我的生日,本来预算可以接到你的信了。到四月初,心越来越焦急,越来越迷糊,无论如何也想不通你始终不来信的原因。到四月十日前后,已经根本抛弃希望,似乎永远也接不到你家信的了。

四月十日上午九时半至十一时,听北京电台广播你弹的 Berceuse(《摇篮曲》)和一支 Mazurka(《玛祖卡》),一边听,一边说不出有多少感触。耳朵里听的是你弹的音乐,可是心里已经没有把握孩子对我们的感情怎样——否则怎么会没有信呢?——真的,孩子,你万万想不到我跟你妈妈这一个月来的精神上的波动,除非你将来也有了孩子,而且也是一个像这样的孩子!马先生三月三十日就从北京寄信来,说起你的情形,可见你那时身体是好的,那么迟迟不写家信更叫我们惶惑“不知所措”了。何况你对文化部提了要求,对我连一个字也没有:难道又不信任爸爸了吗?这个疑问给了我最大的痛苦,又使我想到舒曼痛惜他父亲早死的事,又想到莫扎特写给他父亲的那些亲切的信:其中有一封信,是莫扎特离开了Salzburg(萨尔斯堡)大主教,受到父亲责难,莫扎特回信说:

“是的,这是一封父亲的信,可不是我的父亲的信!”

聪,你想,我这些联想对我是怎样的一种滋味!四月三日(第三十号)的信,我写的时候不知怀着怎样痛苦、绝望的心情,我是永远忘不了的。

妈妈说的:“大概我们一切都太顺利了,太幸福了,天也嫉妒我们,所以要给我们受这些挫折!”要不这样说,怎么能解释邮局会丢失这么一封要紧的信呢?

你那封信在我们是有历史意义的,在我替你编录的“学习经过”和“国外音乐报导”(这是我把你的信分成的类别,用两本簿子抄下来的),是极重要的材料。我早已决定,我和你见了面,每次长谈过后,我一定要把你谈话的要点记下来。为了青年朋友们的学习,为了中国这么一个处在音乐萌芽时代的国家,我作这些笔记是有很大的意义的。所以这次你长信的失落,逼得我留下一大段空白,怎么办呢?

可是事情不是没有挽回的。我们为了丢失那封信,二十多天的精神痛苦,不能不算是付了很大的代价;现在可不可以要求你也付些代价呢?只要你每天花一小时的功夫,连续三四天,补写一封长信给我们,事情就给补救了。而且你离开比赛时间久一些,也许你一切的观感倒反客观一些。我们极需要知道你对自己的演出的评价,对别人的评价,——尤其是对于上四五名的。我一向希望你多发表些艺术感想,甚至对你弹的 Chopin(萧邦)某几个曲子的感想。我每次信里都谈些艺术问题,或是报告你国内乐坛消息,无非想引起你的回响,同时也使你经常了解国内的情形。

你每次要东西,我们无不立刻商量,上哪儿买,找哪种货;然后妈妈立刻出动,有时她出去看了回来,再和我一同去买。但是你收到以后从来不提,连是否收到我们都没有把握。我早告诉你,收到东西,光是寄一张航空明信片也行。

你说要回来,马先生信中说文化部同意(三月三十日信)你回来一次表演几场;但你这次(四月九日)的信和马先生的信,都叫人看不出究竟是你要求的呢? 还是文化部主动的? 我认为以你的学习而论,回来是大大的浪费。但若你需要休息,同时你绝对有把握耽搁三四个月不会影响你的学习,那么你可以相信,我和你妈妈未有不欢迎的! 在感情的自私上,我们最好每年能见你一面呢!

至于学习问题,我并非根本不赞成你去苏联;只是觉得你在波兰还可以多耽二三年,从波兰转苏联,极方便;再要从苏联转波兰,就不容易了!这是你应当考虑的。但若你认为在波兰学习环境不好,或者杰老师对你不相宜,那么我没有话说,你自己决定就是了。但决定以前,必须极郑重、极冷静,从多方面、从远处大处想周到。

你去年十一月中还说:"希望比赛快快过去,好专攻古典和近代作品。杰老师教出来的古典真叫人佩服。"难道这几个月内你这方面的意见完全改变了吗?

倘说技巧问题,我敢担保,以你的根基而论,从去年八月到今年二月的成就,无论你跟世界上哪一位大师哪一个学派学习,都不可能超出这次比赛的成绩! 你的才具,你的苦功,这一次都已发挥到最高度,老师教你也施展出他所有的本领和耐性! 你可曾研究过 program(节目单)上人家的学历吗? 我是都仔细看过的;我敢说所有参加比赛的人,除了非洲来的以外,没有一个人的学历像你这样可怜的,——换句话说,跟到名师只有六七个月的竞选人,你是独一无二的例外! 所以我在三月二十一日(第二十八号)信上就说拿你的根基来说,你的第三名实际是远超过了第三名。说得再明白些,你想:Harasiewicz(哈拉谢维奇)①,Askenasi(阿希肯纳齐)②,Ringeissen(瑞格森)③,这几位,假如过去学琴的情形和你一样,只有十至十二岁半的时候,跟到一个 Paci(百器),十七至十八岁跟到一个 Bronstein(勃隆斯丹),再到比赛前七个月跟到一个杰维茨基,你敢说,他们能获得第三名和 Mazurka(玛祖卡)奖吗?

我说这样的话,绝对不是鼓励你自高自大,而是提醒你过去六七个月,你已经尽了最大的努力,杰老师也尽了最大的努力。假如你以为换一个 school(学派),你六七个月的成就可以更好,那你就太不自量,以为自己有超人的天才了。一个人太容易满足固然不行,太不知足而引起许多不现实的幻想也不是健全的! 这一点,我想也只有我一个人会替你指出来。假如我把你意思误会了(因为你的长信失落了,也许其中有许多理由,关于这方面的),那么你不妨把我的话当作"有则改之,无则加勉"。爸爸一千句、一万句,无非是为你好,为你个人好,也就是为我们的音乐界好,也就是为我们的祖国、人民,以及全世界的人类好!

我知道克利斯朵夫(晚年的)和乔治之间的距离,在一个动荡的时代是免不了的,但我还不甘落后,还想事事,处处,追上你们,了解你们,从你们那儿汲取新生命,新血液,新空气,同时也想竭力把我们的经验和冷静

---

① 哈拉谢维奇(1932—),波兰钢琴家,一九五五年萧邦国际钢琴比赛第一名。
② 阿希肯齐(1937—),前苏联钢琴家,一九七二年入冰岛籍。一九五五年萧邦国际钢琴比赛第二名。
③ 瑞格森(1934—),法国钢琴家,一九五五年萧邦国际钢琴比赛第四名。

的理智,献给你们,做你们一支忠实的手杖!万一有一天,你们觉得我这根手杖是个累赘的时候,我会感觉到,我会销声匿迹,决不来绊你们的脚!

你有一点也许还不大知道。我一生遇到重大的问题,很少不是找几个内行的、有经验的朋友商量的;反之,朋友有重大的事也很少不来找我商量的。我希望和你始终能保持这样互相帮助的关系。

杰维茨基教授四月五日来信说:"聪很少和我谈到将来的学习计划。我只知道他与苏联青年来往甚密,他似乎很向往于他们的学派。但若聪愿意,我仍是很高兴再指导他相当时期。他今后不但要在技巧方面加工,还得在情绪(emotion)和感情(sentimento)的平衡方面多下克制功夫(这都是我近二三年来和你常说的);我预备教他一些 less romantic(较不浪漫)的东西,即巴哈、莫扎特、斯卡拉蒂、初期的贝多芬等等。"

他也提到你初赛的 tempo(进度)拉得太慢,后来由马先生帮着劝你,复赛效果居然改得多等等。你过去说杰老师很 cold(冷淡),据他给我的信,字里行间都流露出热情,对你的热情。我猜想他有些像我的性格,不愿意多在口头奖励青年。你觉得怎么样?

四月十日播音中,你只有两支。其余有 Askenasi(阿希肯纳齐)的,Harasiewicz(哈拉谢维奇)的,田中清子的,Lidia Grych(利迪亚·格里奇)的,Ringeissen(瑞格森)的。李翠贞先生和恩德都很欣赏 Ringeissen(瑞格森)。Askenasi(阿希肯纳齐)的 Valse(《华尔兹》)我特别觉得呆板。杰老师信中也提到苏联 group(那一组)整个都是第一流的 technic(技巧),但音乐表达很少个性。不知你感觉如何?波兰同学及年长的音乐家们的观感如何?

说起 Berceuse(《摇篮曲》),大家都觉得你变了很多,认不得了;但你的 Mazurka(《玛祖卡》),大家又认出你的面目了!是不是现在的 style(风格)都如此? 所谓自然、简单、朴实,是否可以此曲(照你比赛时弹的)为例? 我特别觉得开头的 theme(主题)非常单调,太少起伏,是不是我的 taste(品味)已经过时了呢?

你去年盛称 Richter(李赫特),阿敏二月中在国际书店买了他弹的 Schumann(舒曼):The Evening(《夜曲》),平淡得很;又买了他弹的 Schubert(舒伯特)①: *Moment, Musicaux*(《音乐的瞬间》),那我可以肯定完全不行,笨重得难以形容,一点儿 Vienna(维也纳)风的轻灵、清秀、柔媚都没有,舒曼的我还不敢确定,他弹的舒伯特,则我断定不是舒伯特。可见一个大家要样样合格真不容易。

你是否已决定明年五月参加舒曼比赛,会不会妨碍你的正规学习呢?是否同时可以弄古典呢? 你的古典功夫一年又一年的耽下去,我实在不放心。尤其你的 mentality(心态),需要早早借古典作品的熏陶来维持它的平衡。我们学古典作品,当然不仅仅是为古典而古典,而尤其是为了整个人格的修养,尤其是为了感情太丰富的人的修养!

所以,我希望你和杰老师谈谈,同时自己也细细思忖一番,是否准备 Schumann(舒曼)和研究古典作品可以同时并进? 这些地方你必须紧紧抓住自己。我很怕你从此过的多半是选手生涯,选手生涯往往会限制大才的发展,影响一生的基础!

不知你究竟回国不回国? 假如不回国,应及早对外声明,你的代表中国参加比赛的身份已经告终;此后是纯粹的留学生了。用这个理由可以推却许多邀请和群众的热情的(但是妨碍你学业的)表示。做一个名人也是有很大的危险的,孩子,可怕的敌人不一定是面目狰狞的,和颜悦色、一腔热爱的友情,有时也会耽误你许许多多宝贵的光阴。孩子,你在这方面极需要拿出勇气来!

我坐不住了,腰里疼痛难忍,只希望你来封长信安慰安慰我们。

一九五五年五月八日至九日②

说到"不答复",我又有了很多感慨。我自问:长篇累牍的给你写信,不是空唠叨,不是莫名其妙的 gossip(闲话),而是有好几种作用的。第一我的确把你当作一个讨论艺术,讨论音乐的对手;第二,极想激出你一些青年人的感想,让我做父亲的得些新鲜养料,同时也可以间接传布给别的青年;第三,借通信训练你的——不但是文笔,而尤其是你的思想;第四,我想时时刻刻,随处给你做个警钟,做面"忠实的镜子",不论在做人方

---

① 舒伯特(1797—1828),奥地利作曲家。
② 此信原件保存不完整。

面,在生活细节方面,在艺术修养方面,在演奏姿态方面。我做父亲的只想做你的影子,既要随时随地帮助你、保护你,又要不让你对这个影子觉得厌烦。但我这许多心意,尽管我在过去的三十多封信中说了又说,你都似乎没有深刻的体会,因为你并没有适当的反应,就是说:尽量给我写信,"被动的"对我说的话或是表示赞成,或是表示异议,也很少"主动的"发表你的主张或感想——特别是从十二月以后。

你不是一个作家,从单纯的职业观点来看,固无须训练你的文笔。但除了多写之外,以你现在的环境,怎么能训练你的思想,你的理智,你的intellect(才智)呢? 而一个人思想、理智、intellect(才智)的训练,总不能说不重要吧? 多少读者来信,希望我多跟他们通信;可惜他们的程度与我相差太远,使我爱莫能助。你既然具备了足够的条件,可以和我谈各式各种的问题,也碰到我极热烈的渴望和你谈这些问题,而你偏偏很少利用! 孩子,一个人往往对有在手头的东西(或是机会,或是环境,或是任何可贵的东西)不知珍惜,直到要失去了的时候再去后悔! 这是人之常情,但我们不能因为是人之常情而宽恕我们自己的这种愚蠢,不想法去改正。

你不是抱着一腔热情,想为祖国、为人民服务吗? 而为祖国、为人民服务是多方面的,并不限于在国外为祖国争光,也不限于用音乐去安慰人家——虽然这是你最主要的任务,我们的艺术家还需要把自己的感想、心得,时时刻刻传达给别人,让别人去作为参考的或者是批判的资料。你的将来,不光是一个演奏家,同时必须兼做教育家;所以你的思想,你的理智,更其需要训练,需要长时期的训练。我这个可怜的父亲,就在处处替你作这方面的准备,而且与其说是为你作准备,还不如说为中国音乐界作准备更贴切。孩子,一个人空有爱同胞的热情是没用的,必须用事实来使别人受到我的实质的帮助。这才是真正的道德实践。别以为我们要求你多写信是为了父母感情上的自私,——其中自然也有一些,但决不是主要的。你很知道你一生受人家的帮助是应当用行动来报答的;而从多方面去锻炼自己就是为报答人家作基本准备。

你现在弹琴有时还要包橡皮膏或涂 paraffine oil(石蜡油)么? 是不是手放松了可以不损坏手指尖?

和你的话是谈不完的,信已经太长,妈妈怕你看的头昏脑涨,劝我结束。她觉得你不能回来一次，很遗憾。我们真是多么想念你啊！你放心，爸爸是相信你一切都很客观、冷静，对人的批评并非意气用事；但是一个有些成就的人，即使事实上不骄傲，也很容易被人认为骄傲的。（一个有些名和地位的人，就是这样的难做人！）所以在外千万谨慎，说话处处保留些。尤其双方都用一种非祖国的语言，意义轻重更易引起误会。

一九五五年五月十一日

三十五号信发出后，本来预备接着再写，和你讨论两个艺术的技术问题，因为这两天忙着替你理乐谱，写信给罗忠镕，又为你冬天的皮鞋出去试尺寸（非要以我的脚去试不可），所以耽下来尚未动笔。今晨又接五月二日来信，倒使我急了。孩子，别担心，你四月二十九、三十两信写得非常彻底，你的情形都报告明白了。我们决无误会。过去接不到你的信固然是痛苦，但一旦有了你的长信，明白了底细，我们哪里还会对你有什么不快，只有同情你，可怜你补写长信，又开了通宵的"夜车"，使我们心里老大的不忍。你出国七八个月，写回来的信并没什么过火之处，偶尔有些过于相信人或是怀疑人的话，我也看得出来，也会打些小折扣。一个热情的人，尤其是青年，过火是免不了的；只要心地善良、正直、胸襟宽，能及时改正自己的判断，不固执己见，那就很好了。你不必多责备自己，只要以后多写信，让我们多了解你的情况，随时给你提提意见，那就比空自内疚、后悔挽救不了的"以往"，有意思多了。你说写信退步，我们都觉得你是进步。你分析能力比以前强了，态度也和平得很。爸爸看文字多么严格，从文字上挑剔思想又多么认真，不会随便夸奖你的。

你回来一次的问题，我看事实上有困难。即使大使馆愿意再向国内请示，公文或电报往返，也需很长的时日，因为文化部外交部决定你的事也要作多方面的考虑。耽搁日子是不可避免的。而等到决定的时候，离联欢节已经很近，恐怕他们不大肯让你不在联欢节上参加表演，再说，便是让你回来，至早也要到六月底、七月初才能到家。而那时代表团已经快要出发，又要催你上道了。

以实际来说，你倘若为了要说明情形而回国，则大可不必，因为我已经完全明白，必要时我可以向文化部说明。倘若为了要和杰老师分手而离开一下波兰，那也并无作用。既然仍要回波学习，则调换老师是早晚的事，而早晚都得找一个说得过去的理由向杰老师作交代；换言之，你回国以后再去，仍要有个充分的借口方能离开杰老师。若这个借口，目前就想出来，则不回国也是一样。

以我们的感情来说，你一定懂得我们想见见你的心，不下于你想见见我们的心；尤其我恨不得和你长谈数日夜。可是我们不能只顾感情，我们不能不硬压着个人的愿望，而为你更远大的问题打算。

转苏学习一点，目前的确不很相宜。政府最先要考虑到邦交，你是波政府邀请去学习的，我政府正式接受之后，不上一年就调到别国，对波政府的确有不大好的印象。你是否觉得跟斯东加①学 technic（技巧）还是不大可靠？我的意思，倘若 technic（技巧）基本上有了 method（方法），彻底改过了，就是已经上了正轨，以后的 technic（技巧）却是看自己长时期的努力了。我想经过三四年的苦功，你的 technic（技巧）不见得比苏联的一般水准（不说最特出的）差到哪里。即如 H. 和 Smangianka（斯曼齐安卡），前者你也说他技巧很好，后者我们亲自领教过了，的确不错。像 Askenasi（阿希肯纳齐）——这等人，天生在 technic（技巧）方面有特殊才能，不能作为一般的水准。所以你的症结是先要有一个好的方法，有了方法，以后靠你的聪明与努力，不必愁在这方面落后，即使不能希望和 Horowitz（霍洛维茨）②那样高明。因为以你的个性及长处，本来不是 virtuoso（演奏能手）的一型。总结起来，你现在的确非立刻彻底改 technic（技巧）不可，但不一定非上苏联不可。将来倒是为了音乐，需要在苏逗留一个时期。再者，人事问题到处都有，无论哪个国家，哪个名教授，到了一个时期，你也会觉得需要更换，更换的时节一定也有许多人事上及感情上的难处。

假定杰老师下学期调华沙是绝对肯定的，那么你调换老师很容易解决。我可以写信给他，说"我的意思你留在克拉可夫比较环境安静，在华沙因为中国代表团来往很多，其他方面应酬也多，对学习不大相宜，所以总不能跟你转往华沙，觉得很遗憾，但对你过去的苦心指导，我和聪都是十二分感激"等等。（目前我听你的话，决不写信给他，你放心。）

---

① 斯东加，波兰钢琴家。
② 哈拉谢维奇·霍洛维茨(1903—1989)，美籍俄罗斯钢琴家。

假定杰老师调任华沙的事，可能不十分肯定，那么先要知道杰老师和Sztomka（斯东加）感情如何。若他们不像 Levy（莱维）[①]与 Long（朗）[②]那样的对立，那么你可否很坦白、很诚恳的，直接向杰老师说明，大意如下：

"您过去对我的帮助，我终生不能忘记。您对古典及近代作品的理解，我尤其佩服得不得了。本来我很想跟您在这方面多多学习，无奈我在长时期的、一再的反省之下，觉得目前最急切的是要彻底的改一改我的technic（技巧），我的手始终没有放松；而我深切的体会到方法不改将来很难有真正的进步；而我的年龄已经在音乐技巧上到了一个 critical age（关键时刻），再不打好基础，就要来不及了，所以我想暂时跟斯东加先生把手的问题彻底解决。希望老师谅解，我决不是忘恩负义（ungrateful）；我的确很真诚的感谢您，以后还要回到您那儿请您指导的。"我认为一个人只要真诚，总能打动人的：即使人家一时不了解，日后仍会了解的。我这个提议，你觉得如何？因为我一生做事，总是第一坦白，第二坦白，第三还是坦白。绕圈子，躲躲闪闪，反易叫人疑心；你耍手段，倒不如光明正大，实话实说，只要态度诚恳、谦卑、恭敬，无论如何人家不会对你怎么的。我的经验，和一个爱弄手段的人打交道，永远以自己的本来面目对付，他也不会用手段对付你，倒反看重你的。你不要害怕，不要羞怯，不要不好意思；但话一定要说得真诚老实。既然这是你一生的关键，就得拿出勇气来面对事实，用最光明正大的态度来应付，无须那些不必要的顾虑，而不说真话！就是在实际做的时候，要注意措辞及步骤。只要你的感情是真实的，别人一定会感觉到，不会误解的。你当然应该向杰老师表示你的确很留恋他，而且有"鱼与熊掌不可得而兼"的遗憾。即使杰老师下期一定调任，最好你也现在就和他说明；因为至少六月份一个月你还可以和斯东加学 technic（技巧），一个月，在你是有很大出入的！

以上的话，希望你静静的想一想，多想几回。

另外你也可向 Ewa（埃娃）[③]太太讨主意，你把实在的苦衷跟她谈一谈，征求她的意见，把你直接向杰老师说明的办法问问她。

---

① 恩斯特·莱维(1895—1981)，瑞士作曲家、钢琴家、指挥家。
② 玛格丽特·郎(1874—1966)，法国钢琴家。
③ 埃娃，波兰文化部一位官员。

最后，倘若你仔细考虑之后，觉得非转苏学习不能解决问题，那么只要我们的政府答应（只要政府认为在中波邦交上无影响），我也并不反对。

你考虑这许多细节的时候，必须心平气和，精神上很镇静，切勿烦躁，也切勿焦急。有问题终得想法解决，不要怕用脑筋。我历次给你写信，总是非常冷静、非常客观的。唯有冷静与客观，终能想出最好的办法。

对外国朋友固然要客气，也要阔气，但必须有分寸。像西卜太太之流，到处都有，你得提防。巴尔扎克小说中人物，不是虚造的。人的心理是：难得收到的礼，是看重的，常常得到的不但不看重，反而认为是应享的权利，临了非但不感激，倒容易生怨望，所以我特别要嘱咐你"有分寸"！

以下要谈两件艺术的技术问题：

恩德又跟了李先生学，李先生指出她不但身体动作太多，手的动作也太多，浪费精力之外，还影响到她的 technic（技巧）和 speed（速度），和 tone（音质）的深度。记得裘伯伯也有这个毛病，一双手老是扭来扭去。我顺便和你提一提，你不妨检查一下自己。关于身体摇摆的问题，我已经和你谈过好多次，你都没答复，下次来信务必告诉我。

其次是，有一晚我要恩德随便弹一支 Brahms（勃拉姆斯）①的 Intermezzo（《间奏曲》），一开场 tempo（节奏）就太慢，她一边哼唱一边坚持说不慢。后来我要她停止哼唱，只弹音乐，她弹了二句，马上笑了笑，把 tempo（节奏）加快了。由此证明，哼唱有个大缺点，容易使 tempo（节奏）不准确。哼唱是个极随意的行为，快些，慢些，吟哦起来都很有味道；弹的人一边哼一边弹，往往只听见自己哼的调子，觉得很自然很舒服，而没有留神听弹出来的音乐。我特别报告你这件小事，因为你很喜欢哼的。我的意思，看谱的时候不妨多哼，弹的时候尽量少哼，尤其在后来，一个曲子相当熟的时候，只宜于"默唱"，暗中在脑筋里哼。

此外，我也跟恩德提了以下的意见：

自己弹的曲子，不宜尽弹，而常常要停下来想想，想曲子的 picture（意

① 约翰内斯·勃拉姆斯（1833—1897），德国古典主义最后的作曲家，浪漫主义中期作曲家，被称为是贝多芬以后最伟大的交响曲作曲家之一。

境），追问自己究竟要求的是怎样一个境界，这是使你明白 what you want（你想要的是什么），而且先在脑子里推敲曲子的结构、章法、起伏、高潮、低潮等等。尽弹而不想，近乎 improvise（即兴创作），弹到哪里算哪里，往往一个曲子练了二三个星期，自己还说不出哪一种弹法（interpretation）最满意，或者是有过一次最满意的 interpretation（弹法），而以后再也找不回来（这是恩德常犯的毛病）。假如照我的办法做，一定可能帮助自己的感情更明确而且稳定！

其次，到先生那儿上过课以后，不宜回来马上在琴上照先生改的就弹，而先要从头至尾细细看谱，把改的地方从整个曲子上去体会，得到一个新的 picture（境界），再在琴上试弹，弹了二三遍，停下来再想再看谱，把老师改过以后的曲子的表达，求得一个明确的 picture（境界）。然后再在脑子里把自己原来的 picture（情景）与老师改过以后的 picture（情景）作个比较，然后再在琴上把两种不同的境界试弹，细细听，细细辨，究竟哪个更好，还是部分接受老师的，还是全盘接受，还是全盘不接受。不这样做，很容易“只见其小，不见其大”，光照了老师的一字一句修改，可能通篇不连贯，失去脉络，弄得支离破碎，非驴非马，既不像自己，又不像老师，把一个曲子搅得一团糟。

我曾经把上述两点问李先生觉得如何，她认为是很内行的意见，不知你觉得怎样？

你二十九信上说 Michelangeli（米开朗杰利）①的演奏，至少在“身如 rock（磐石）”一点上使我很向往。这是我对你的期望——最殷切的期望之一！唯其你有着狂热的感情，无穷的变化，我更希望你做到身如 rock（磐石），像统率三军的主帅一样。这用不着老师讲，只消自己注意，特别在心理上，精神上，多多修养，做到能入能出的程度。你早已是“能入”了，现在需要努力的是“能出”！那我保证你对古典及近代作品的风格及精神，都能掌握得很好。

你来信批评别人弹的萧邦，常说他们 cold（冷淡）。我因此又想起了以前的念头：欧洲自从十九世纪，浪漫主义在文学艺术各方面到了高潮以

---

① 阿尔图罗·贝内代托·米开朗杰利(1920—1995)，意大利钢琴大师。

后,先来一个写实主义与自然主义的反动(光指文学与造型艺术言),接着在二十世纪前后更来了一个普遍的反浪漫底克思潮。这个思潮有两个表现:一是非常重感官(sensual),在音乐上的代表是 R. Strauss(理查德·施特劳斯)①,在绘画上是马蒂斯②;一是非常的 intellectual(有才智的),近代的许多作曲家都如此。绘画上的 Picasso(毕加索)③亦可归入此类。近代与现代的人一反十九世纪的思潮,另走极端,从过多的感情走到过多的 mind(理智)的路上去了。演奏家自亦不能例外。萧邦是个半古典半浪漫底克的人,所以现代青年都弹不好。反之,我们中国人既没有上一世纪像欧洲那样的浪漫底克狂潮,民族性又是颇有 olympic(奥林匹克,希腊艺术的最高理想)精神,同时又有不太过分的浪漫底克精神,如汉魏的诗人,如李白,如杜甫[李后主算是最 romantic(浪漫)的一个,但比起西洋人,还是极含蓄而讲究 taste(品味)的],所以我们先天的具备表达萧邦相当优越的条件。

我这个分析,你认为如何?

反过来讲,我们和欧洲真正的古典,有时倒反隔离得远一些。真正的古典是讲雍容华贵,讲 graceful(雅致的),elegant(优美的),moderate(温和的,中庸的)。但我们也极懂得 discreet(谨慎,含蓄),也极讲中庸之道,一般青年人和传统不亲切,或许不能抓握这些,照理你是不难体会得深刻的。有一点也许你没有十分注意,就是欧洲的古典还多少带些宫廷气味,路易十四式的那种宫廷气味。

对近代作品,我们很难和欧洲人一样的浸入机械文明,也许不容易欣赏那种钢铁般的纯粹机械的美,那种"寒光闪闪"的 brightness(光芒),那是纯理智、纯 mind(智慧)的东西。

环境安静对你的精神最要紧。做事要科学化,要彻底!我恨不得在你身边,帮你解决并安排一切物质生活,让你安心学习,节省你的精力与时间,使你在外能够事半功倍,多学些东西,多把心思花在艺术的推敲与

---

① 理查德·施特劳斯(1864—1949),德国作曲家。
② 亨利·马蒂斯(1869—1954),法国画家、雕塑家、版画家。
③ 巴勃罗·毕加索(1881—1973),西班牙画家、雕塑家,现代艺术的创始人。

思索上去。一个艺术家若能很科学的处理日常生活,他对他人的贡献一定更大!

五月二日来信使我很难受。好孩子,不用焦心,我决不会怨你的,要说你不配做我的儿子,那我更不配做你父亲了,只要我能帮助你一些,我就得了最大的酬报。我真是要拿我所有的知识、经验、心血,尽量给你做养料,只要你把我每封信多看几遍,好好的思索几回,竭力吸收,"身体力行"的实践,我就快乐得难以形容了。

我又细细想了想杰老师的问题,觉得无论如何,还是你自己和他谈为妙。他年纪这么大,人生经验这么丰富,一定会谅解你的,倒是绕圈子,不坦白,反而令人不快。西洋人一般的都喜欢直爽。但你一定要切实表示对他的感激,并且声明以后还是要回去向他学习的。

这件事望随时来信商讨,能早一天解决,你的技巧就可早一天彻底改造。关于一面改技巧、一面练曲子的冲突,你想过没有?如何解决?恐怕也得向 Szomka(斯东加)先生请教请教,先作准备为妥。

一九五五年六月十六日

你现在对杰老师的看法也很对。"做人"是另外一个问题,与教学无关。对谁也不能苛求。你能继续跟杰老师上课,我很赞成,千万不要驼子摔跤,两头不着。有个博学的老师指点,总比自己摸索好,尽管他有些见解与你不同。但你还年轻,musical literature(音乐文献)的接触真是太有限了,乐理与曲体的知识又是几乎等于零,更需要虚心一些,多听听年长的,尤其是一个 scholarship(学术知识)很高的人的意见。

有一点,你得时时刻刻记住:你对音乐的理解,十分之九是凭你的审美直觉;虽则靠了你的天赋与民族传统,这直觉大半是准确的,但究竟那是西洋的东西,除了直觉以外,仍需要理论方面的,逻辑方面的,史的发展方面的知识来充实;即使是你的直觉,也还要那些学识来加以证实,自己才能放心。所以便是以口味而论觉得格格不入的说法,也得采取保留态度,细细想一想,多辨别几时,再作断语。这不但对音乐为然,治一切学问都要有这个态度。所谓冷静、客观、谦虚,就是指这种实际的态度。

来信说学习主要靠 mind(头脑),ear(听力),及敏感,老师的帮助是有限的。这是因为你的理解力强的缘故，一般弹琴的，十分之六七以上都是要靠老师的。这一点，你在波兰同学中想必也看得很清楚。但一个有才的人也有另外一个危机，就是容易自以为是的走牛角尖。所以才气越高，越要提防，用solid(扎扎实实)的学识来充实，用冷静与客观的批评精神，持续不断的检查自己。唯有真正能做到这一步，而且终身的做下去，才能成为一个真正的艺术家。

一扯到艺术，一扯到做学问，我的话就没有完，只怕我写得太多，你一下子来不及咂摸。

来信提到 Chopin(萧邦)的 Berceuse(《摇篮曲》)的表达，很有意思。以后能多写这一类的材料，最欢迎。

还要说两句有关学习的话，就是我老跟恩德说的："要有耐性，不要操之过急。越是心平气和，越有成绩。时时刻刻要承认自己是笨伯，不怕做笨功夫，那就不会期待太切，稍不进步就慌乱了。"对你，第一要紧是安排时间，多多腾出无谓的"消费时间"，我相信假如你在波兰能像在家一样，百事不打扰：每天都有七八小时在琴上，你的进步一定更快！

我译的莫扎特的论文，有些地方措辞不大妥当，望切勿"以辞害意"。尤其是说到"肉感"，实际应该这样了解："使感官觉得愉快的。"原文是等于英文的 sensual(感官上的)。

一九五五年十二月九日

唯有把过去的思想包袱，一起扔掉了，才能得到真正的精神上的和平恬静，才能真正心胸开朗的继续前进！孩子，勇敢些！别怕！别踌躇！而最要紧的是把日常生活安排得井井有条！日常生活一乱，精神绝不可能平静。

一九五五年十二月十一日夜

《毛选》中的《实践论》及《矛盾论》，可多看看，这是一切理论的根底。此次寄你的书中，一部分是纯理论，可以帮助你对马列主义及辩证法有深切了解。为了加强你的理智和分析能力，帮助你头脑冷静，彻底搞通马列及辩证法是一条极好的路。我本来富于科学精神，看这一类书觉得很容易体会，也很有兴趣，因为事实上我做人的作风一向就是如此的。你感情重,理智弱,意志尤其弱,亟须从这方面多下功夫。否则你将来回国以后,什么事都要格外赶不上的。

住屋及钢琴两事现已圆满解决,理应定下心来工作。倘使仍觉得心绪不宁,必定另有原因,索性花半天功夫仔细检查一下,病根何在?查清楚了才好对症下药,廓清思想。老是蒙着自己,不正视现实,不正视自己的病根,而拖泥带水,不晴不雨的糊下去,只有给你精神上更大的害处。该拿出勇气来,彻底清算一下。

廓清思想,心绪平定以后,接着就该周密考虑你的学习计划,把正规的学习和明春的灌片及南斯拉夫的演奏好好结合起来。事先多问问老师意见,不要匆促决定。决定后勿轻易更动。同时望随时来信告知这方面的情况。前信(第五十一号)要你谈谈技巧与指法手法,与你今后的学习很有帮助:我们不是常常对自己的工作(思想方面亦然如此)需要来个"小结"吗?你给我们谈技巧,就等于你自己作小结。千万别懒洋洋的拖延!我等着,同时不要一次写完,一次写必有遗漏,一定要分几次写才写得完全;写得完全是表示你考虑得完全,回忆得清楚,思考也细致深入。你务必听我的话,照此办法做。这也是一般工作方法的极重要的一个原则。

你始终太容易信任人。我素来不轻信人言,等到我告诉你什么话,必有相当根据,而你还是不大重视,轻描淡写。这样的不知警惕,对你将来是危险的!一个人妨碍别人,不一定是因为本性坏,往往是因为头脑不清,不知利害轻重。所以你在这些方面没有认清一个人的时候,切忌随口吐露心腹。一则太不考虑和你说话的对象,二则大不考虑事情所牵涉的另外一个人。(还不止一个呢!)来信提到这种事,老是含混得很。去夏你出国后,我为另一件事写信给你,要你检讨,你以心绪恶劣推掉了。其实这种作风,这种逃避现实的心理是懦夫的行为,决不是新中国的青年所应有的。你要革除小布尔乔亚根性①,就要从这等地方开始革除!

别怕我责备!(这也是小布尔乔亚的懦怯。)也别怕引起我心烦,爸爸不为儿子烦心,为谁烦心?爸爸不帮助孩子,谁帮助孩子?儿子苦闷不向爸爸求救,向谁求救?你这种顾虑也是一种短视的温情主义,要不得!

---

① 即小资产阶级或小资阶级。

懦怯也罢,温情主义也罢,总之是反科学,反马列主义。为什么一个人不能反科学、反马列主义? 因为要生活得好,对社会尽贡献,就需要把大大小小的事,从日常生活、感情问题,一直到学习、工作、国家大事,一贯的用科学方法、马列主义的方法,去分析,去处理。批评与自我批评所以能成为有力的武器,也就在于它能培养冷静的科学头脑,对己、对人、对事,都一视同仁,作不偏不倚的检讨。而批评与自我批评最需要的是勇气,只要存着一丝一毫懦怯的心理,批评与自我批评便永远不能作得彻底。我并非说有了自我批评(即挖自己的根),一个人就可以没有烦恼。不是的,烦恼是永久免不了的,就等于矛盾是永远消灭不了的一样。但是不能因为眼前的矛盾消灭了将来照样有新矛盾,就此不把眼前的矛盾消灭。挖了根,至少可以消灭眼前的烦恼。将来新烦恼来的时候,再去消灭新烦恼。挖一次根,至少可以减轻烦恼的严重性,减少它危害身心的可能;不挖根,老是有些思想的、意识的、感情的渣滓积在心里,久而久之,成为一个沉重的大包袱,慢慢的使你心理不健全,头脑不冷静,胸襟不开朗,创造更多的新烦恼的因素。这一点不但与马列主义的理论相合,便是与近代心理分析和精神病治疗的研究结果也相合。

至于过去的感情纠纷,时时刻刻来打扰你的缘故,也就由于你没仔细挖根。我相信你不是爱情至上主义者,而是真理至上主义者;那么你就该用这个立场去分析你的对象(不论是初恋的还是以后的),你跟她(不管是谁)在思想认识上,真理的执着上,是否一致或至少相去不远? 从这个角度上去把事情解剖清楚,许多烦恼自然迎刃而解。你也该想到,热情是一朵美丽的火花,美则美矣,无奈不能持久。希望热情能永久持续,简直是愚妄;不考虑性情、品德、品格、思想等等,而单单执着于当年一段美妙的梦境,希望这梦境将来会成为现实,那么我警告你,你可能遇到悲剧的!世界上很少如火如荼的情人能成为美满的、白头偕老的夫妇;传奇式的故事,如但丁之于裴阿脱里克斯,所以成为可哭可泣的千古艳事,就因为他们没有结合;但丁[①]只见过几面(似乎只有一面)裴阿脱里克斯。歌德[②]

---

①　但丁·阿利基耶里(1265—1321),意大利诗人,现代意大利语的奠基者,欧洲文艺复兴时代的开拓人物之一。
②　约翰·沃尔夫冈·冯·歌德(1749—1832),德国思想家、作家、科学家。

的太太克里斯丁纳是个极庸俗的女子,但歌德的艺术成就,是靠了和平宁静的夫妇生活促成的。过去的罗曼史,让它成为我们一个美丽的回忆,作为一个终身怀念的梦,我认为是最明哲的办法。老是自苦是只有消耗自己的精力,对谁都没有裨益的。孩子,以后随时来信,把苦闷告诉我,我相信还能凭一些经验安慰你呢。爸爸受的痛苦不能为儿女减除一些危险,那么爸爸的痛苦也是白受了。但希望你把苦闷的缘由写得详细些(就是要你自己先分析一个透彻),免得我空发议论,无关痛痒的对你没有帮助。好了,再见吧,多多来信,来信分析你自己就是一种发泄,而且是有益于心理卫生的发泄。爸爸还有足够的勇气担受你的苦闷,相信我吧! 你也有足够的力量摆脱烦恼,有足够的勇气正视你的过去,我也相信你!

一九五五年十二月二十一日晨

亲爱的孩子:今年暑天,因为身体不好而停工,顺便看了不少理论书;这一回替你买理论书,我也买了许多,这几天已陆续看了三本小册子:关于辩证唯物主义的一些基本知识,批评与自我批评是苏维埃社会发展的动力,社会主义基本经济规律。感想很多,预备跟你随便谈谈。

第一个最重要的感想是:理论与实践绝对不可分离。学习必须与现实生活结合;马列主义不是抽象的哲学,而是极现实极具体的哲学;它不但是社会革命的指导理论,同时亦是人生哲学的基础。解放六年来的社会,固然有极大的进步,但还存在着不少缺点,特别在各级干部的办事方面。我常常有这么个印象,就是一般人的政治学习,完全是为学习而学习,不是为了生活而学习,不是为了应付实际斗争而学习。所以谈起理论来头头是道,什么唯物主义,什么辩证法,什么批评与自我批评等等,都能长篇大论发挥一大套;一遇到实际事情,一坐到办公桌前面,或是到了工厂里,农村里,就把一切理论忘得干干净净。学校里亦然如此,据在大学里念书的人告诉我,他们的政治讨论非常热烈,有些同学提问题提得极好,也能作出很精辟的结论;但他们对付同学,对付师长,对付学校的领导,仍是顾虑重重,一派的世故,一派的自私自利。这种学习态度,我觉得根本就是反马列主义的;为什么把最实际的科学——唯物辩证法,当作标榜的门面话和口头禅呢? 为什么不能把嘴上说得天花乱坠的道理化到自己身上去,贯彻到自己的行为中、作风中去呢?

因此我的第二个感想以及以下的许多感想,都是想把马列主义的理论结合到个人修养上来。首先是马克思主义的世界观,应该使我们有极大的、百折不回的积极性与乐天精神。比如说:"存在决定意识,但并不是说意识便成为可有可无的了。恰恰相反,一定的思想意识,对客观事物的发展会起很大的作用。"换句话说,就是"主观能动作用"。这便是鼓励我们对样样事情有信心的话,也就是中国人的"人定胜天"的意思。既然客观的自然规律,社会的发展规律,都可能受到人的意识的影响,为什么我们要灰心,要气馁呢?不是一切都是"事在人为"吗?一个人发觉自己有缺点,分析之下,可以归纳到遗传的根性,过去旧社会遗留下来的坏影响,潜伏在心底里的资产阶级意识、阶级本能等等;但我们因此就可以听任自己这样下去吗,若果如此,这个人不是机械唯物论者,便是个自甘堕落的没出息的东西。

第三个感想也是属于加强人的积极性的。一切事物的发展,包括自然现象在内,都是由于内在的矛盾,由于旧的腐朽的东西与新的健全的东西作斗争。这个理论可以帮助我们摆脱许多不必要的烦恼,特别是留恋过去的烦恼,与追悔以往的错误的烦恼。陶渊明就说过:"觉今是而昨非。"还有一句老话,叫作:"过去种种譬如昨日死,现在种种譬如今日生。"对于个人的私事与感情的波动来说,都是相近似的教训。既然一切都在变,不变就是停顿,停顿就是死亡,那么为什么老是恋念过去,自伤不已,把好好的眼前的光阴也毒害了呢?认识到世界是不断变化的,就该体会到人生亦是不断变化的,就该懂得生活应该是向前看,而不是往后看。这样,你的心胸不是廓然了吗?思想不是明朗了吗?态度不是积极了吗?

第四个感想是单纯的乐观是有害的,一味的向前看也是有危险的。古人说,"鉴往而知来",便是教我们检查过去,为的是要以后生活得更好。否则为什么大家要作小结,作总结,左一个检查,右一个检查呢?假如不需要检讨过去,就能从今以后不重犯过去的错误,那么"我们的理性认识,通过实践加以检验与发展"这样的原则,还有什么意思?把理论到实践中去对证,去检视,再把实践提到理性认识上来与理论复核,这不就是需要分析过去吗?我前二信中提到一个人对以往的错误要作冷静的、客观的解剖，归纳出几个原则来，也就是这个道理。

　　第五个感想是"从感性认识到理性认识"这个原理，你这几年在音乐学习上已经体会到了。一九五一至五三年间，你自己摸索的时代，对音乐的理解多半是感性认识，直到后来，经过杰老师的指导，你才一步一步走上了理性认识的阶段。而你在去罗马尼亚以前的彷徨与缺乏自信，原因就在于你已经感觉到仅仅靠感性认识去理解乐曲，是不够全面的，也不够深刻的；不过那时你不得其门而入，不知道怎样才能达到理性认识，所以你苦闷。你不妨回想一下，我这个分析与事实符合不符合？所谓理性认识是："通过人的头脑，运用分析、综合、对比等等的方法，把观察到的（我再加上一句：感觉到的）现象加以研究，抛开事物的虚假现象。及其他种种非本质现象，抽出事物的本质，找出事物的来龙去脉，即事物发展的规律。"这几句，倘若能到处运用，不但对学术研究有极大的帮助，而且对做人处世，也是一生受用不尽。因为这就是科学方法。而我一向主张不但做学问，弄艺术要有科学方法，做人更其需要有科学方法。因为这缘故，我更主张把科学的辩证唯物论应用到实际生活上来。毛主席在《实践论》中说："我们的实践证明：感觉到了的东西，我们不能立刻理解它，只有理解了的东西才能更深刻地感觉它。"你是弄音乐的人，当然更能深切的体会这话。

　　第六个感想，是辩证唯物论中有许多原则，你特别容易和实际结合起来体会；因为这几年你在音乐方面很用脑子，而在任何学科方面多用头脑思索的人，都特别容易把辩证唯物论的原则与实际联系。比如"事物的相互联系与相互制限"，"原因和结果有时也会相互转化，相互发生作用"，不论拿来观察你的人事关系，还是考察你的业务学习，分析你的感情问题还是检讨你的起居生活，随时随地都会得到鲜明生动的实证。我尤其想到"从量变到质变"一点，与你的音乐技术与领悟的关系非常适合。你老是抱怨技巧不够，不能表达你心中所感到的音乐；但你一朝获得你眼前所追求的技巧之后，你的音乐理解一定又会跟着起变化，从而要求更新更高的技术。说得浅近些，比如你练萧邦的练习曲或诙谐曲中某些快速的段落，常嫌速度不够。但等到你速度够了，你的音乐表现也决不是像你现在所追求的那一种了。假如我这个猜测不错，那就说明了量变可以促成质变的道理。

以上所说,在某些人看来,也许是把马克思主义庸俗化了;我却认为不是庸俗化,而是把它真正结合到现实生活中去。一个人年轻的时候,当学生的时候,倘若不把马克思主义"身体力行",在大大小小的事情上实地运用,那么一朝到社会上去,遇到无论怎么微小的事,也运用不了一分一毫的马克思主义。所谓辩证法,所谓准确的世界观,必须到处用得烂熟,成为思想的习惯,才可以说是真正受到马克思主义的锻炼。否则我是我,主义是主义,方法是方法,始终合不到一处,学习一辈子也没用。从这个角度上看,马列主义绝对不枯燥,而是非常生动、活泼、有趣的,并且能时时刻刻帮助我们解决或大或小的问题的,——从身边琐事到做学问,从日常生活到分析国家大事,没有一处地方用不到。至于批评与自我批评,我前二信已说得很多,不再多谈。只要你记住两点:必须有不怕看自己丑脸的勇气,同时又要有冷静的科学家头脑,与实验室工作的态度。唯有用这两种心情,才不至于被虚伪的自尊心所蒙蔽而变成懦怯,也不至于为了以往的错误而过分灰心,消灭了痛改前非的勇气,更不至于茫然于过去错误的原因而将来重蹈覆辙。子路"闻过则喜",曾子的"吾日三省吾身",都是自我批评与接受批评的最好的格言。

从有关五年计划的各种文件上,我特别替你指出下面几个全国上下共同努力的目标:——

增加生产,厉行节约,反对分散使用资金,坚决贯彻重点建设的方针。

你在国外求学,"厉行节约"四字也应该竭力做到。我们的家用,从上月起开始每周做决算,拿来与预算核对,看看有否超过?若有,要研究原因,下周内就得设法防止。希望你也努力,因为你音乐会收入多,花钱更容易不假思索,满不在乎。至于后面两条,我建议为了你,改成这样的口号:反对分散使用精力,坚决贯彻重点学习的方针。今夏你来信说,暂时不学理论课程,专攻钢琴,以免分散精力,这是很对的。但我更希望你把这个原则再推进一步,再扩大,在生活细节方面都应用到。而在乐曲方面,尤其要时时注意。首先要集中几个作家。作家的选择事先可郑重考虑,决定以后切勿随便更改,切勿看见新的东西而手痒心痒——至多只宜作辅助性质的附带研究,而不能喧宾夺主。其次是练习的时候要安排恰当,务以最小限度的精力与时间,获得最大限度的成绩为原则。和避免分散精力连带的就是重点学习。选择作家就是重点学习的第一个步骤,第二个步骤是在选定的作家中再挑出几个最有特色的乐曲。譬如巴哈,你一定要选出几个典型的作品,代表他键盘乐曲的各个不同的面目的。这样,你以后对于每一类的曲子,可以举一反三,自动的找出路子来了。这些道理,你都和我一样的明白。我所以不惮烦琐的和你一再提及,因为我觉得你许多事都是知道了不做。学习计划,你从来没和我细谈,虽然我有好几封信问你。从现在起到明年(一九五六)暑假,你究竟决定了哪些作家,哪些作品? 哪些作品作为主要的学习,哪些作为次要与辅助性质的?理由何在? 这种种,无论如何希望你来信详细讨论。我屡次告诉你:多写信多讨论问题,就是多些整理思想的机会,许多感性认识可以变作理性认识。这样重要的训练,你是不能漠视的。只消你看我的信就可知道。至于你忙,我也知道;但我每个月平均写三封长信,每封平均有三千字,而你只有一封,只及我的三分之一:莫非你忙的程度,比我超过百分之二百吗?问题还在于你的心情:心情不稳定,就懒得动笔。所以我这几封信,接连的和你谈思想问题,急于要使你感情平下来。做爸爸的不要求你什么,只要求你多写信,多写有内容有思想实质的信;为了你对爸爸的爱,难道办不到吗? 我也再三告诉过你,你一边写信整理思想,一边就会发现自己有很多新观念;无论对人生,对音乐,对钢琴技巧,一定随时有新的启发,可以帮助你今后的学习。这样一举数得的事,怎么没勇气干呢? 尤其你这人是缺少计划性的,多写信等于多检查自己,可以纠正你的缺点。当然,要做到"不分散精力","重点学习","多写信,多发表感想,多报告计划",最基本的是要能抓紧时间。你该记得我的生活习惯吧? 早上一起来,洗脸,吃点心,穿衣服,没一件事不是用最快的速度赶着做的;而平日工作的时间,尽量不接见客人,不出门;万一有了杂务打岔,就在晚上或星期日休息时间补足错失的工作。这些都值得你模仿。要不然,怎么能抓紧时间呢,怎么能不浪费光阴呢? 如今你住的地方幽静,和克拉可夫音乐院宿舍相比,有天渊之别;你更不能辜负这个清静的环境。每天的工作与休息时间都要安排妥当,避免一切突击性的工作。你在国外,究竟不比国内常常有政治性的任务。临时性质的演奏也不会太多,而且宜尽量推辞。正式的音乐会,应该在一个月以前决定,自己早些安排练节目的日程,切勿在期前三四天内日夜不停的"赶任务",赶出来的东西总是不够稳,不够成熟的;并且还要妨碍正规学习;事后又要筋疲力尽,仿佛人要瘫下来似的。

我说了那么多,又是你心里都有数的话,真怕你听腻了,但也真怕你不肯下决心实行。孩子,告诉我,你已经开始在这方面努力了,那我们就安慰了,高兴了。

假如心烦而坐不下来写信,可不可以想到为安慰爸爸妈妈起见而勉强写?开头是为了我们而勉强写,但写到三四页以上,我相信你的心情就会静下来,而变得很自然很高兴的,自动的想写下去了。我告诉你这个方法,不但可逼你多写信,同时也可以消除一时的烦闷。人总得常常强迫自己,不强迫就解决不了问题。

一九五五年十二月二十七日午

《协奏曲》钢琴部分录音并不如你所说,连轻响都听不清;乐队部分很不好,好似蒙了一层,音不真,不清。钢琴 loud passage(强声片段)也不够分明。据懂技术的周朝帧先生说:这是录音关系,正式片也无法改进的了。

以音乐而论,我觉得你的《协奏曲》非常含蓄,绝无罗宾斯丹[1]那种感伤情调,你的情感都是内在的。第一乐章的技巧不尽完整,结尾部分似乎很显明的有些毛病。第二乐章细腻之极,touch(触键)是 delicate(精致)之极。最后一章非常 brilliant(出色)。《摇篮曲》比给奖音乐会上的好得多,mood(情绪)也不同,更安静。《幻想曲》全部改变了:开头的引子,好极,沉着,庄严,贝多芬气息很重。中间那段 slow(缓慢)的 singing part(歌唱部分),以前你弹得很 tragic(悲怆)的,很 sad(伤感)的,现在是一种惆怅的情调。整个曲子像一座巍峨的建筑,给人以厚重、扎实、条理分明、波涛汹涌而意志很热的感觉。

李先生说你的《协奏曲》,左于把 rhythm(节奏、韵律)控制得稳极,rubato(弹奏时速度的伸缩处理)很多,但不是书上的,也不是人家教的,全

---

[1] 罗宾斯丹(1886—1982),美籍俄罗斯钢琴家。

是你心中流出来的。她说从国外回来的人常说现在弹萧邦都没有 rubato 了，她觉得是不可能的；听了你的演奏，才证实她的怀疑并不错。问题不是没有 rubato，而是怎样的一种 rubato。

《玛祖卡》，我听了四遍以后才开始捉摸到一些，但还不是每支都能体会。我至此为止是能欣赏了 *OP. 59, No. 1*（库劳：《A 大调小奏鸣曲第一乐章》）；*OP. 68, No. 4*（萧邦：《F 小调玛祖卡舞曲》）；*OP. 41, No. 2*（萧邦：《E 小调玛祖卡》）；*OP. 33, No. 1*（拉赫玛尼诺夫：《音画练习曲》）。*OP. 68, No. 4* 的开头像是几句极凄怨的哀叹。*OP. 41, No. 2* 中间一段，几次感情欲上不上，几次悲痛冒上来又压下去，到最后才大恸之下，痛哭出声。第一支最长的 *OP. 56, No. 3*（萧邦：《玛祖卡舞曲 C 小调》），因为前后变化多，还来不及抓握。阿敏却极喜欢，恩德也是的。她说这种曲子如何能学，我认为不懂什么叫作"tone colour"（音色）的人，一辈子也休想懂得一丝半毫，无怪几个小朋友听了无动于衷，colour sense（音色识别力）也是天生的。孩子，你真怪，不知你哪儿来的这点悟性！斯拉夫民族的灵魂，居然你天生是具备的。斯克里亚宾①的 *prélude*（《序曲》）既弹得好，《玛祖卡》当然不会不好。恩德说，这是因为中国民族性的博大，无所不包，所以什么别的民族的东西都能体会得深刻。*Notre Temps No. 2*（萧邦：玛祖卡小调《我们的时代第二号》）好似太拖拖拉拉，节奏感不够。我们又找出罗宾斯丹的片子来听了，觉得他大部分都是节奏强，你大部分是诗意浓；他的音色变化不及你的多。

这几天除了为你的唱片兴奋而外，还忙着许多事。明年是"改造和重新安排高级知识分子"的"重点"年，各方面的领导都在作"重点"了解。故昨晚周而复、吴强两先生来找我谈。我事先想了几天，昨天写了七小时的书面意见，共九千字。除当面谈了以外，又把书面交给他们。据说，为配合五年计划，农业合作化，工商业改造，国家决定大力发动高级知识分子的潜在力量，在各方面——生活方面，工作环境条件方面，帮助他们解

---

① 亚历山大·尼古拉耶维奇·斯克里亚宾(1871—1915)，俄罗斯作曲家、钢琴家。

决困难,待遇也要调整提高。周、吴二位问我要不要搬个屋子,生活有何问题,我回答说自己过的是国内最好的生活,还有什么要求!住的地方目前也不成问题。我提的意见共分三大题目:一,关于高级知识分子的问题,二,关于音乐界,三,关于国画界。

妈妈觉得《旅行家》杂志很有意思,预备另订一份寄你。其中不但可以看到许多有趣的游记,还可以体会到祖国建设及各方面人才的众多。

一九五六年

一九五六年一月四日深夜

爱华根本忘了我最要紧的话,倒反缠夹了。临别那天,在锦江饭店我清清楚楚的,而且很郑重的告诉她说:"我们对他很有信心,只希望他做事要有严格的规律,学习的计划要紧紧抓住。"骄傲,我才不担心你呢!有一回信里我早说过的,有时提到也无非是做父母的过分操心,并非真有这个忧虑。你记得吗?所以传话是最容易出毛病的。爱华跑来跑去,太忙了,我当然不怪她。但我急于要你放心,爸爸决不至于这样不了解你的。说句真话,我最怕的是:一,你的工作与休息不够正规化;二,你的学习计划不够合理;三,心情波动。

近半个月,我简直忙死了。电台借你的唱片,要我写些介绍材料。中共上海市委文艺部门负责人要我提供有关高级知识分子的情况,我一共提了三份,除了高级知识分子的问题以外;又提了关于音乐界和国画界的;后来又提了补充,昨天又写了关于少年儿童读物的;前后也有一万字左右。近三天又写了一篇《萧邦的少年时代》,长五千多字,给电台下个月在萧邦诞辰时广播。接着还得写一篇《萧邦的成年(或壮年,题未定)时代》。先后预备两小时的节目,分两次播,每次都播几张唱片作说明。这都要在事前把家中所有的两本萧邦的传记(法文本)全部看过,所以很费时间。

我劝你千万不要为了技巧而烦恼,主要是常常静下心来,细细思考,发掘自己的毛病,寻找毛病的根源,然后想法对症下药,或者向别的师友讨教。烦恼只有打扰你的学习,反而把你的技巧拉下来。共产党员常常强调:"克服困难。"要克服困难,先得镇定!只有多用头脑才能解决问题。同时也切勿操之过急,假如经常能有些少许进步,就不要灰心,不管进步得多么少。而主要还在于内心的修养,性情的修养:我始终认为手的紧张和整个身心有关系,不能机械的把"手"孤立起来。练琴的时间必须正常化,不能少,也不能多;多了整个的人疲倦之极,只会有坏结果。要练琴时间正常,必须日常生活科学化,计划化,纪律化!假定有事出门,回来的时间必须预先肯定,在外面也切勿难为情,被人家随便多留,才能不打乱事先定好的日程。

二十九日寄你两份《旅行家》,以后每期寄你。内容太精彩了,你不但可以看着消遣,还可以看到祖国建设的成绩和各方面新出的人材,真是令人兴奋。

一九五六年一月二十日

亲爱的孩子:昨天接一月十日来信,和另外一包节目单,高兴得很。第一,你心情转好了,第二,一个月由你来两封信,已经是十个多月没有的事了。只担心一件,一天十二小时的工作对身心压力太重。我明白你说的"十二小时绝对必要"的话,但这句话背后有一个很重要的原因:倘使你在十一十二两月中不是常常烦恼,每天保持——不多说——六七小时的经常练琴,我断定你现在就没有一天练十二小时的"必要"。你说是不是?从这个经验中应得出一个教训:以后即使心情有波动,工作可不能松弛。平日练八小时的,在心绪不好时减成六七小时,那是可以原谅的,也不至于如何妨碍整个学习进展。超过这个尺寸,到后来势必要加紧突击,影响身心健康。往者已矣,来者可追,孩子,千万记住:下不为例!何况正规工作是驱除烦恼最有效的灵药!我只要一上桌子,什么苦闷都会暂时忘掉。

我九日航挂寄出的关于萧邦的文章二十页,大概收到了吧? 其中再三提到他的诗意,与你信中的话不谋而合。那文章中引用的波兰作家的话(见第一篇《少年时代》第三页至第四页),还特别说明那"诗意"的特点。又文中提及的两支 *Valse*(《华尔兹》),你不妨练熟了,当作 encore piece(加奏乐曲)用。我还想到,等你南斯拉夫回来,应当练些 Chopin *Prélude*(萧邦《前奏曲》)。这在你还是一页空白呢! 等我有空,再弄些材料给你,关于 *Prélude*(《前奏曲》)的,关于萧邦的 piano method(钢琴手法)的。

《协奏曲》第二乐章的情调,应该一点不带感伤情调,如你来信所说,也如那篇文章所说的。你手下表现的 Chopin(萧邦),的确毫无一般的感伤成分。我相信你所了解的 Chopin(萧邦)是正确的,与 Chopin(萧邦)的精神很接近——当然谁也不敢说完全一致。你谈到他的 rubato(弹奏时速度的伸缩处理)与音色,比喻甚精彩。这都是很好的材料,有空随时写下来。一个人的思想,不动笔就不大会有系统;日子久了,也就放过去了,甚至于忘了,岂不可惜! 就为这个缘故,我常常逼你多写信,这也是很重要的"理性认识"的训练。而且我觉得你是很能写文章的,应该随时练习。

你这一行的辛苦,当然辛苦到极点。就因为这个,我屡次要你生活正规化,学习正规化。不正规如何能持久? 不持久如何能有成绩? 如何能巩固已有的成绩? 以后一定要安排好,控制得牢,万万不能"空"与"忙"调配得不匀,免得临时着急,日夜加工的赶任务。而且作品的了解与掌握,就需要长时期的慢慢消化、咀嚼、吸收。这些你都明白得很,问题在于实践!

一九五六年一月二十二日晚

亲爱的孩子:今日星期,花了六小时给你弄了一些关于萧邦与特皮西①的材料。关于 tempo rubato(弹奏时速度的伸缩处理)的部分,你早已心领神会,不过看了这些文字更多一些引证罢了。他的 piano method(钢琴手法),似乎与你小时候从 Paci(百器)那儿学的一套很像,恐怕是李斯

---

① 特皮西(1862—1918),法国作曲家。

特从 Chopin（萧邦）那儿学来，传给学生，再传到 Paci（百器）的。是否与你有帮助，不得而知。

前天早上听了电台放的 Rubinstein（罗宾斯丹）弹的 *e Min. Concerto*（《E 小调协奏曲》）（当然是老灌音），觉得你的批评一点不错。他的 rubato 很不自然，第三乐章的两段（比较慢的，出现过两次，每次都有三四句，后又转到 minor），更糟不可言。转 minor（小调）的二小句也牵强生硬。第二乐章全无 singing（音乐之感）。第一乐章纯是炫耀技巧。听了他的，才知道你弹的尽管 simple（简单的），music（音乐感）却是非常丰富的。孩子，你真行！怪不得斯曼齐安卡前年冬天在克拉可夫就说："想不到这支 *Concerto*（《协奏曲》）会有这许多 music！"

今天寄你的文字中，提到萧邦的音乐有"非人世的"气息，想必你早体会到；所以太沉着，不行；太轻灵而客观也不行。我觉得这一点近于李白，李白尽管飘飘欲仙，却不是特皮西那一派纯粹造型与讲气氛的。

一九五六年二月八日

亲爱的孩子：早想写信给你了，这一向特别忙。连着几天开会。小组讨论后又推我代表小组发言，回家就得预备发言稿；上台念起来，普通话不行，又须事先练几遍，尽量纠正上海腔。结果昨天在大会上发言，仍不免"蓝青①"得很，不过比天舅舅他们的"蓝青"是好得多。开了会，回家还要作传达报告，我自己也有许多感想，一面和妈妈、阿敏讲，一面整理思想。北京正在开全国政协，材料天天登出来；因为上海政协同时也开会，便没时间细看。但忙里抢看到一些，北京大会上的发言，有些很精彩，提的意见很中肯。上海这次政协开会，比去年五月大会的情况也有显著进步。上届大会是歌功颂德的空话多，这一回发言的人都谈到实际问题了。这样，开会才有意义，对自己，对人民，对党都有贡献。政府又不是要人成天捧场。但是人民的进步也是政府的进步促成的。因为首长的报告有了具体内容，大家发言也跟着有具体内容了。以后我理些材料寄你。

勃隆斯丹太太有信来。她电台广播已有七八次。有一次是 Schu-

---

① 上海话"不地道"的意思。

mann：*Concerto*（舒曼：《协奏曲》）和乐队合奏的，一次是 Saint‐Saens（圣桑）①的 *G Min. Concerto*（《G 小调协奏曲》）(*Op. 22, No. 2*)（《音诗练习曲》）。她们生活很苦，三十五万人口的城市中有七百五十名医生，勃隆斯丹医生就苦啦。据说收入连付一部分家用开支都不够。

寄来的法、比、瑞士的材料，除了一份以外，字里行间，非常清楚的对第一名不满意，很显明是关于他只说得了第一奖，多少钱，对他的演技一字不提。英国的报导也只提你一人。可惜这些是一般性的新闻报导，太简略。法国的《法国晚报》的话讲得最显明：

"不管奖金的额子多么高，也不能使一个二十岁的青年得到成熟与性格"；——这句中文译得不好，还是译成英文吧："The prize in a competition，however high it may be，is not sufficient to give a pianist of 20 the maturity and personality." "尤其是头几名分数的接近，更不能说 the winner has won definitely（冠军实至名归）。总而言之，将来的时间和群众会评定的。在我们看来，the revelation of V Competition of Chopin is the Chinese pianist FouTs'ong，who stands very highly above the other competitors by a refined culture and quite matured sensitivity。（在第五届萧邦钢琴比赛中，才华毕露的是中国钢琴家傅聪，由于他优雅的文化背景与成熟的领悟能力，在全体参赛者之间，显得出类拔萃。）"

这是几篇报导中，态度最清楚的。

一九五六年二月十三日

亲爱的孩子，上海政协开了四天会，我第一次代表小组发言，第二次个人补充发言，附上稿子二份，给你看看。十日平信寄你一包报纸及剪报，内有周总理的政治报告，关于知识分子问题的报告，及全国政协大会的发言选辑，并用红笔勾出，使你看的时候可集中要点，节约时间。另有一本《农业发展纲要》小册子。预料那包东西在三月初可以到你手里，假使你没空，可以在去南途中翻阅。从全国政协的发言中，可看出我国各方

---

① 夏尔·卡米尔·圣桑(1835—1921)，法国钢琴及管风琴演奏家。

面的情况,各阶层的意见,各方面的人才。

上海政协此次会议与去年五月大会情形大不相同。出席人员不但情绪高涨,而且讲话都富有内容,问题提得很多,很具体。(上次大会歌功颂德的空话占十分之七八。)杨伯伯①代表音乐小组发言,有声有色,精彩之至。他说明了音乐家的业务进修需要怎么多的时间,现在各人的忙乱,业务水平天天在后退;他不但说的形象化,而且音响化。休息时间我遇到《文汇报》社长徐铸成,他说:"我今天上了一课(音乐常识)。"对社会人士解释音乐家的劳动性质,是非常必要的。只有在广大人民认识了这特殊的劳动性质,才能成为一种舆论,督促当局对音乐界的情况慢慢的改善。

大会发言,我的特点是全体发言中套头语最少,时间最短的。第一次发言不过十一分钟,第二次不过六分钟。人家有长到二十五分钟的,而且拖拖拉拉,重复的句子占了一半以上。

林伯伯由周伯伯(煦良,他是上海政协九个副秘书长之一,专门负责文化事业)推荐,作为社会人士,到北京去列席全国政协大会。从一月三十日起到二月七日为止,他在北京开会。行前我替他预备了发言稿,说了一些学校医学卫生(他是华东师大校医)和他的歌唱理论,也大概说了些音乐界的情形。结果他在小组上讲了,效果很好。他到京后自己又加了一段检讨自己的话,大致是:"我个人受了宗派主义的压迫,不免抱着报复的心思,埋头教学生,以为有了好的歌唱人才出来,自然你们这些不正派的人会垮台。我这个思想其实就是造成宗派主义思想,把自己的一套建立成另外一个宗派;而且我掉进了宗派主义而不自知。"你看,这段话说得好不好?

他一向比较偏,只注意歌唱,只注意音质;对音乐界一般情况不关心,对音乐以外的事更不必说。这一回去北京,总算扩大了他的心胸与视野。毛主席请客,他也有份,碰杯也有份。许多科学家和他谈得很投机。中央统战部部长李维汉也和他谈了"歌唱法",打电话给文化部丁副部长燮林(是老辈科学家),丁又约了林谈了二十分钟。大概在这提倡科学研究的运动中,林伯伯的研究可以得到政府的实力支持。——这一切将来使我

①　即上海音乐学院杨嘉仁教授,一九六六年去世。

连带也要忙一些。因为林伯伯什么事都要和我商量:订计划等等,文字上的修改,思想方面的补充,都需要我参加。

　　孩子,你一定很高兴,大家都在前进,而且是脚踏实地的前进,决不是喊口号式的。我们的国家虽则在科学成就上还谈不到"原子能时代",但整个社会形势进展的速度,的确是到了"原子能时代"了。大家都觉得跟不上客观形势。单说我自己吧,尽管时间充裕,但各式各样的新闻报导,学习文件,报纸、杂志、小册子,多得你顾了这,顾不了那,真是着急。本门工作又那么吞时间,差不多和你练琴差不多。一天八九小时,只能译一二千字;改的时候,这一二千字又要花一天时间,进步之慢有如蜗牛。而且技术苦闷也和你一样,随处都是问题,了解的能力至少四五倍于表达的能力……你想不是和你相仿吗?

　　一般小朋友,在家自学的都犯一个大毛病:太不关心大局,对社会主义的改造事业很冷淡。我和名强、酉三、子歧都说过几回,不发生作用。他们只知道练琴。这样下去,少年变了老年。与社会脱节,真正要不得。我说少年变了老年,还侮辱了老年人呢! 今日多少的老年人都很积极,头脑开通。便是宋家婆婆也是脑子清楚得很。那般小朋友的病根,还是在于家庭教育。家长们只看见你以前关门练琴,可万万想不到你同样关心琴以外的学问和时局;也万万想不到我们家里的空气绝对不是单纯的,一味的音乐,音乐,音乐的! 当然,小朋友们自己的聪明和感受也大有关系;否则,为什么许多保守顽固的家庭里照样会有精神蓬勃的子弟呢? ……真的,看看周围的青年,很少真有希望的。我说"希望",不是指"专业"方面的造就,而是指人格的发展。所以我越来越觉得青年全面发展的重要。

　　假如你看了我的信,我的发言,和周总理的报告等等有感触的话,只希望你把热情化为力量,把惭愧化为决心。你最要紧的是抓紧时间,生活纪律化,科学化,休息时间也不能浪费! 还有学习的计划务必严格执行,切勿随意更改!

　　虽是新年,人来人往,也忙得很,抽空写这封信给你。

　　祝你录音成功,去南表演成功!

一九五六年二月二十九日夜

亲爱的孩子：昨天整理你的信，又有些感想。

关于莫扎特的话，例如说他天真、可爱、清新等等，似乎很多人懂得；但弹起来还是没有那天真、可爱、清新的味儿。这道理，我觉得是"理性认识"与"感情深入"的分别。感性认识固然是初步印象，是大概的认识；理性认识是深入一步，了解到本质。但是艺术的领会，还不能以此为限。必须再深入进去，把理性所认识的，用心灵去体会，才能使原作者的悲欢喜怒化为你自己的悲欢喜怒，使原作者每一根神经的震颤都在你的神经上引起反响。否则即使道理说了一大堆，仍然是隔了一层。一般艺术家的偏于 intellectual（理智），偏于 cold（冷静），就因为他们停留在理性认识的阶段上。

比如你自己，过去你未尝不知道莫扎特的特色，但你对他并没发生真正的共鸣；感之不深，自然爱之不切了；爱之不切，弹出来当然也不够味儿；而越是不够味儿，越是引不起你兴趣。如此循环下去，你对一个作家当然无从深入。

这一回可不然，你的确和莫扎特起了共鸣，你的脉搏跟他的脉搏一致了，你的心跳和他的同一节奏；你活在他的身上，他也活在你身上；你自己与他的共同点被你找出来了，抓住了，所以你才会这样欣赏他，理解他。

由此得到一个结论：艺术不但不能限于感性认识，还不能限于理性认识，必须要进行第三步的感情深入。换言之，艺术家最需要的，除了理智以外，还有一个"爱"字！所谓赤子之心，不但指纯洁无邪，指清新，而且还指爱！法文里有句话叫作"伟大的心"，意思就是"爱"，这"伟大的心"几个字，真有意义。而且这个爱决不是庸俗的，婆婆妈妈的感情，而是热烈的、真诚的、洁白的、高尚的、如火如荼的、忘我的爱。

从这个理论出发，许多人弹不好东西的原因都可以明白了。光有理性而没有感情，固然不能表达音乐；有了一般的感情而不是那种火热的同时又是高尚、精练的感情，还是要流于庸俗；所谓 sentimental（感伤），我觉得就是指的这种庸俗的感情。

一切伟大的艺术家（不论是作曲家，是文学家，是画家……）必然兼有独特的个性与普遍的人间性。我们只要能发掘自己心中的人间性，就找到了与艺术家沟通的桥梁。再若能细心揣摩，把他独特的个性也体味出来，那就能把一件艺术品整个儿了解了。——当然不可能和原作者的理解与感受完全一样，了解的多少、深浅、广狭，还是大有出入；而我们自己的个性也在中间发生不小的作用。

大多数从事艺术的人，缺少真诚。因为不够真诚，一切都在嘴里随便说说，当作唬人的幌子，装自己的门面，实际只是拾人牙慧，并非真有所感。所以他们对作家决不能深入体会，先是对自己就没有深入分析过。这个意思，克利斯朵夫（在第二册内）也好像说过的。

真诚是第一把艺术的钥匙。知之为知之，不知为不知。真诚的"不懂"，比不真诚的"懂"，还叫人好受些。最可厌的莫如自以为是，自作解人。有了真诚，才会有虚心，有了虚心，才肯丢开自己去了解别人，也才能放下虚伪的自尊心去了解自己。建筑在了解自己了解别人上面的爱，才不是盲目的爱。

而真诚是需要长时期从小培养的。社会上，家庭里，太多的教训使我们不敢真诚，真诚是需要很大的勇气作后盾的。所以做艺术家先要学做人。艺术家一定要比别人更真诚，更敏感，更虚心，更勇敢，更坚忍，总而言之，要比任何人都 less imperfect（较少不完美）！

好像世界上公认有个现象：一个音乐家（指演奏家）大多只能限于演奏某几个作曲家的作品。其实这种人只能称为演奏家而不是艺术家。因为他们的胸襟不够宽广，容受不了广大的艺术天地，接受不了变化无穷的形与色。假如一个人永远能开垦自己心中的园地，了解任何艺术品都不应该有问题的。

有件小事要和你谈谈。你写信封为什么老是这么不 neat（整洁）？日常琐事要做的 neat，等于弹琴要讲究干净是一样的。我始终认为做人的作风应当是一致的，否则就是不调和；而从事艺术的人应当最恨不调和。我这回附上一小方纸，还比你用的信封小一些，照样能写得很宽绰。你能不能注意一下呢？以此类推，一切小事养成这种 neat 的习惯，对你的艺术无形中也有好处。因为无论如何细小不足道的事，都反映出一个人的意识与性情。修改小习惯，就等于修改自己的意识与性情。所谓学习，不一定限于书本或是某种技术；否则随时随地都该学习这句话，又怎么讲呢？

我想你每次接到我的信,连寄书谱的大包,总该有个印象,觉得我的字都写得整整齐齐、清楚明白吧!

一九五六年三月一日晨

你去南斯拉夫的日子,正是你足二十二岁生日。大可利用路上的时间,仔细想一想我每次信中所提的学习正规化,计划化,生活科学化等等,你不妨反省一下,是否开始在实行了? 还有什么缺点需要改正? 过去有哪些成绩需要进一步巩固? 总而言之,你该作个小小的总结。

我们社会的速度,已经赶上了原子能时代。谁都感觉到任务重大而急迫,时间与工作老是配合不起来。所以最主要的关键在于争取时间。我对你最担心的就是这个问题。生活琐事上面,你一向拖拖拉拉,浪费时间很多。希望你大力改善,下最大的决心扭转过来。

爸爸的心老跟你在一块,为你的成功而高兴,为你的烦恼而烦恼,为你的缺点操心! 在你二十二岁生日的时候,我对你尤其有厚望! 勇敢些,孩子! 再勇敢些,克服大大小小的毛病,努力前进!

一九五六年四月十四日

本星期一起接连开了五天上海市政协第二次全体大会。所有的会议,连小组讨论,我都参加了。原有委员二百七十五人,此次新聘八十七人,共三百六十二人。又邀请各界人士列席四百六十七人。会场在中苏大厦的“友谊电影院”。会议非常紧张热烈。报名发言的有一百八十一人之多,因限于时间,实际发言的仅六十九人,其余都改成了书面发言。我提了一项议案(大会总共收到的议案不过二十五件),一份书面发言。我原打算只提书面的,二月初的扩大会议上我已讲过两次话,这一回理当让别人登台。小组会上大家提的意见不少,大会发言更是有很多精彩的。一个旧国民党军人(军长阶级)樊崧甫说得声泪俱下;周碧珍报告参加我国民间艺术团今春访问澳门演出的情况,港澳两处的侨胞的热烈反应,真是太动人了。我禁不住在会场上流了泪。好像我自己就是流落在港澳的人的心情。这样的激动,近几年来只在听某些音乐时才会有。当然也有许多八股,拉拉扯扯占了一二十分钟时间,全是自我检讨,左一个保证,右一个决心的空话。归国华侨、牧师、神甫,也都有发言。华侨的爱国情绪特别高,说话也很实在。有一个上海评弹(即说书)艺人,提的意见特别尖锐,他说:"我们要领导给我们干部,要强的干部;吃饭不管事的干部,我们不要,我们不是养老院……"这样的话,在这种场面的会上是破天荒的。主席台上的人都为之动容。……这样的民主精神是大可为国家庆贺的。可惜知识分子(此次邀请列席的以知识分子占绝大多数)没有这样的勇气。会上对于和平解放台湾的问题,也有不少精彩的言论。大会主要讨论的是"中共上海市委"所拟订的《一九五六至一九五七年知识分子工作纲要草案》,里面对于今后对上海知识分子的安排,有三十二条具体规划:大致分为三大类:(一)改善党组织与现有知识分子的相互关系,改善知识分子的工作及生活条件,以利于充分发挥知识分子的潜力;(二)扩大和培养新生力量,开展学术研究和提高知识分子的业务能力;(三)对知识分子的思想改造、马列主义学习加强领导与安排。第(一)项已经有一部分事情实行了:上海高级知识分子约有一万人,先照顾其中的三千人,例如调配房屋,使知识分子能有一间安静的书室,上海房管局已拨了五百所住房,陆续给一些居住条件特别坏而研究有成绩的教授、专家、作家、艺术家。又分发特种"治疗证",可在指定医院当天预约,当天受到治疗;又分发"副食品(如鱼肉等)供应卡",向指定的伙食供应站去买,不必排队等候。(这两种卡,我也拿到了)。由此你可以看出,政府现在如何重视知识分子。只因为客观条件不够,暂时只能从高级知识分子做起。另外,二月下旬,上海市委开了半个月会,召集各机关、学校、团体的党团干部近万人学习这个政策,要他们接近知识分子,做到"互相信任,互相学习",对研究工作从各方面支持他们。大会上发言的人一致表示为了报答党与政府的关怀与照顾,要加紧努力,在业务与思想改造各方面积极提高自己。这些消息你听了一定也很兴奋的。我很想以知识分子的身分,对知识分子的改造做一些工作。比如写些文章,批评知识分子的缺点等等。政府既然已经作了这样大的努力帮助我们,我们自当加倍努力来配合政府。改善党与知识分子的关系是个关键性的问题,而这个问题的解决是双方面的,决非片面的。所以我预备写一系列的短文,挖掘并分析知识分子的病根,来提高大家的觉悟,督促大家从实践上痛下功夫,要说到做到。本来我在文艺方面想写一些书评,最近看了二十几种作品,觉得还不能贸然动笔;作品所描写的大半是农村,是解放战争,抗日战争,少数是关于工厂的;我自己对这些实际情况一无所知,光从作品上批评一通,一定是有隔阂的。所以想慢慢的出去走走,看看,多观察之后再写。

看了二十几种创作以后,我受了很深刻的教育。党在各方面数十年来的艰苦斗争,我以前太不了解了;人民大众为了抗日、反封建、反敌伪、反蒋等等所付的血汗与生命的代价,所过的非人的惨酷的日子,也是我以前不了解的。我深深的感到无仇恨即无斗争,即无革命。回想我十七八至二十岁时的反帝情绪,也不能说不高,为什么以后就在安乐窝中消沉了呢?当时因为眼见同班的小同学在"五卅"惨案中被租界巡捕惨杀,所以引起了仇恨,有了斗争的情绪,革命的情绪。以后却是一帆风顺,在社会上从来没受到挫折,更没受到压迫;相反的,因为出身是小地主,多少是在剥削人的地位,更不会对社会制度有如何彻底的仇恨;只是站在自由主义的知识分子的立场上,凭着单纯的正义感反对腐败的政府。这是很幼稚的反帝反封建思想,绝对不会走上真正革命的路的。即使我也有过"不患寡而患不均"的想法,对于共产社会也有些向往,但都限于空想。不受现实的鞭策,生在富庶而贫富阶级矛盾比较少的江南,不看见工人阶级血淋淋的被剥削的痛苦,一个人是始终走不出小资产阶级的圈子的,即使希望革命,也抱着"要讲目的也要讲手段"的那种书生之见。直到现在,从近两年来的社会主义建设事业中,最近又从多少优秀的文艺作品中,从读到的少数理论书籍中,才开始发觉了自己过去的错误,才重新燃烧起已经熄灭了的热情。我并不把自己的过去一笔勾销,说成完全要不得。但我以前的工作热忱是由于天生的不劳动就要不舒服的性格来的,而不是由于对前途有坚定的乐观的信仰来的;以前对政府各种措施的批评,是站在纯客观的自由主义者(liberal)的立场上提出的,而不是把自己看作参加社会主义建设的一分子的立场上提出的。换句话说:出发点是狭小的,消极的,悲观的。我这样说也不是认为从此我已经改造好了(你当然明白我不会这样想,一向我深信一个人要活到老学到老的);可是出发点纠正以后,无论对自己的业务或是思想,在改进与提高的过程中,情绪是大不相同的了,看法也大不相同的了。——这些思想,你妈妈也深深体会到;她事实上比我觉悟得早,只是她说不出道理来;一切都要经过我自己的摸索、观察,再加上客观的形势,我才会慢慢的,可也是很实在的醒悟过来。(妈妈也跟着我一本一本的文艺作品吞下去。)说到客观形势,这几年的进步简直是难以想象,单从报纸杂志的内容及文字来看,就比五三年以前不知进步了多少。至于基本建设的成绩,更是有目共睹,不必细说了。陈市长说得好:知识分子只有在事实面前才肯低头。这样的事实摆在面前,谁还会不激动,不大觉大悟呢?

一九五六年四月二十九日

……你有这么坚强的斗争性,我很高兴。但切勿急躁,妨碍目前的学习。以后要多注意:坚持真理的时候必须注意讲话的方式、态度、语气、声调。要做到越有理由,态度越缓和,声音越柔和。坚持真理原是一件艰巨的斗争,也是教育工作;需要好的方法、方式、手段,还有是耐性。万万不能动火,令人误会。这些修养很不容易,我自己也还离得远呢。但你可趁早努力学习!

经历一次磨折,一定要在思想上提高一步。以后在作风上也要改善一步,这样才不冤枉。一个人吃苦碰钉子都不要紧,只要吸取教训,所谓人生或社会的教育就是这么回事。你多看看文艺创作上所描写的一些优秀党员,就有那种了不起的耐性,肯一再的细致的说服人,从不动火,从不强迫命令。这是真正的好榜样。而且存了这种心思,你也不会再烦恼;而会把斗争当作日常工作一样了。要坚持,要贯彻,但是也要忍耐!

一九五六年五月十五日上午九时于黄山松谷庵

温泉地区新建的房子,都是红红绿绿的宫殿式,与自然环境不调和。柱子的朱红漆也红得"乡气",画栋雕梁全是骗人眼目的东西。大柱子又粗又高,底下的石基却薄得很。吾国的建筑师毫无美术修养,公家又缺少内行,审定图样也不知道美丑的标准。花了大钱,一点也不美观。内部房间分配也设计得不好。跟庐山的房屋比起来,真是相差天壤了。他们只求大,漂亮;结果是大而无当,恶俗不堪。黄山管理处对游客一向很照顾,但对轿子问题就没有解决得好,以致来的人除非身强力壮,能自己从头至尾步行的以外,都不得不花很大的一笔钱——尤其在遇到天雨的时候。总而言之,到处都是问题,到处都缺乏人才。虽有一百二十分的心想把事情做好,限于见识能力,仍是做不好。例如杭州大华饭店的餐厅,台布就不干净,给外宾看了岂不有失体面?那边到处灰土很多,摆的东西都不登大雅,工作人员为数极少,又没受过训练;如何办得好!我们在那边的时候,正值五一观礼的外宾从北京到上海,一批一批往杭州游览,房间都住满了。

这封信虽写好,一时也无法寄出。要等天晴回狮子林,过一夜后方能下至温泉,温泉还要住一夜,才能到汤口去搭车至屯溪,屯溪又要住一夜,方能搭车去杭州。交通比抗战以前反而不方便。从前从杭州到黄山只要一天,现在要二天。车票也特别难买。他们只顾在山中建设,不知把对外交通改善。

一九五六年五月二十四日下午二时

我完全赞同你参加莫扎特比赛:第一因为你有把握,第二因为不须你太费力练 technic(技巧),第三节目不太重,且在暑期中,不妨碍学习。

至于音乐院要你弄理论,我也赞成。我一向就觉得你在乐理方面太落后,就此突击一下也好。只担心科目多,你一下子来不及,则分作两年完成也可以。因为你波兰文的阅读能力恐怕有问题,容易误解课本的意义。目前最要紧的是时间安排得好:事情越忙,越需要掌握时间:要有规律,要处处经济,同时又不能妨碍身心健康。

杰老师信中对你莫扎特的表达估价很高,说你发现了一些前人未发现的美。你得加倍钻研,才能不负他的敦敦厚望!

一九五六年五月三十一日

亲爱的孩子:十五日来信收到。杰老师信已复去。二十四日我把杰老师来信译成中文寄给文化部,也将原信打字附去,一并请示。昨(三十日)接夏衍对我上月底去信的答复,特抄附。信中提到的几件事,的确值得你作为今后的警戒。我过去常常嘱咐你说话小心,但没有强调关于国际的言论,这是我的疏忽。嘴巴切不可畅,尤其在国外!对宗教的事,跟谁都不要谈。我们在国内也从不与人讨论此事。在欧洲,尤其犯忌。你必须深深体会到这些,牢记在心!对无论哪个外国人,提到我们自己的国家,也须特别保留。你即使对自己要求很严,并无自满情绪;但因为了解得多了一些,自然而然容易恃才傲物,引人误会。我自己也有这毛病,但愿和你共同努力来改掉。对波兰的音乐界,在师友同学中只可当面提意见;学术讨论是应当自由的,但不要对第三者背后指摘别人,更不可对别国的人批评波兰的音乐界。别忘了你现在并不是什么音乐界的权威!也勿忘了你在国内固然招忌,在波兰也未始不招忌。一个人越爬得高,越要在生活的各方面兢兢业业。你年轻不懂事,但只要有决心,凭你的理解力,学得懂事并不太难。

附:致夏衍

夏衍先生:

　　本月二十二日收到小儿傅聪的钢琴老师波兰杰维茨基教授来信,内中提及:

　　一、奥国萨兹堡将于本年八月二十三至三十日举行国际莫扎特比赛,可由聪前往参加;

　　二、关于聪今后的学习问题,包括理论学习、公开演奏等等;

　　三、关于聪留学波兰的时期长短问题。

　　因杰教授再三嘱弟转达我中央及文化部部长,用致抄奉原信,并附译文,一式三份,送请先生转致钱部长及有关首长。

　　倘中央同意聪儿参加,尚盼迅予决定,因目前距比赛期仅**三足月**,各部会及大使馆间来往公文手续均须相当时日;且奥国与我尚未建立正式外交关系,恐尚有其他周折,更费时日。

　　今(二十四)日又接小儿来信,报告莫扎特比赛事,据称:

　　一、比赛除钢琴外,尚有小提琴、歌唱及交响乐指挥等三种。因今年为莫扎特诞生二百周年,世界各国都在纪念;奥国为莫扎特故国,纪念尤为隆重。参加比赛的有欧洲许多优秀的音乐家、交响乐队、名指挥及歌唱家。

二、钢琴比赛节目规定:①钢琴与乐队合奏的协奏曲三支;②钢琴奏鸣曲二支;③钢琴幻想曲或轮舞曲或变奏曲一支。

聪本人已练好协奏曲二支,奏鸣曲等正在准备中。他认为唯其我国与奥国未建立邦交,故政治影响更大,更应当争取参加。他自己对莫扎特的理解有相当把握。杰老师的估价可参看他的来信。且比赛在暑假中举行,并不妨碍正常学习。节目中最吃重的部分是协奏曲,而协奏曲已练好二支,内一支就在南斯拉夫演出,极受欢迎的。

弟一向不主张青年太多的充当选手,但此次情形比较特殊;以杰教授对聪表达莫扎特的评价而论,似乎不会替国家丢脸。因特专函奉恳转请钱部长及其有关首长迅予考虑。

上月二十九日一信并附致周总理函一件及附件等,想蒙转致。倘有下文,尚乞随时赐告,无任感荷。峣肃,敬候
著绥

^弟傅雷拜上

一九五六年五月二十四日

再者:在一切大作曲家中,莫扎特的钢琴曲并不以技巧艰深取胜,而是以妩媚、含蓄、格调高雅见称。故表达莫扎特首先在于风格。又以风格而论,莫扎特与萧邦为同一类型;不过莫扎特更富于古典精神,更天真朴实,更风流蕴藉。

夏衍先生:

顷接北京全国音乐周筹备会许君长途电话,略说^{小儿}傅聪除本月二十四、二十五日有演出外,尚有一次演出,日期还不能确定,大概要排到下月云云。按^{小儿}聪中央特别照顾,给予休假,自深感激。但他必须在十月十五日以前向华沙音乐院报到。回沪后至少也要有三四场演出,名为休假,实际还是需要紧张工作,真能休息的日子也并不多。且在上海的独奏会,我也得为准备音乐说明等等,费一些功夫。

^{聪儿}从今春起屡次在家信中表示希望能回来与我细谈。我从未向中

央提出，一则顾到留学生制度，二则来回旅费皆由政府支出，我们自当处处从节约着眼。今既许其回国休假，倘能让他多几天真正的休假，我跟孩子都将更加感激。并且这不仅仅是一般的感情问题，而且是讨论音乐、艺术、学习及政治思想认识等等问题，孩子既认为我还能帮他一些忙，我也自信能帮他一些忙。但这些问题都需要相当时间才能谈出头绪。

以上各项，可否请先生代向有关部门说明，赐予照顾，无论如何令^{小儿}于月底前回沪。好在音乐周已经参加，二十四、二十五又有演出，^{小儿}与京中群众的交流也可说充分了。最后，如前所述，他回沪后还得准备当地的音乐会，更盼京中勿再多留他。一切敬恳大力协助，破格通融。常以私事奉渎，幸乞恕罪。特先致谢。敬候

著绥

^弟傅雷拜上

八月二十一日午夜

音乐周筹备会许君邀愚夫妇来京相叙，奈弟工作羁身，且今年社会活动频繁，几有停工脱产之象，故不能如命，重负盛意为歉。又及。

夏衍先生：

得手书，悉尊体违和，想必积劳所致，今后尚望善自珍摄。

关于^{小儿}学习事，他出国前曾于十月八日自京来信，报告与先生谈话经过，有"再出去**二年**以后就回国"之语；今来示则称"**明年**学完后……"，不知是否有误会？

按聪于本年秋季起方开始学各项理论课，预料非一学年所能完成。他波兰语虽讲得相当流利，但阅读仍多困难，语文倘不完全掌握，理论及音乐史课程的进修就有障碍，而将来的笔试尤其成问题。但一面攻语文，一面学专科，进度即难加速。

音乐学习——特别是钢琴学习——所需要的时间比任何学科为长，情形颇像我们研究世界文学：国别多，作家多，作品多，风格多，一个作家前、中、后期的风格又有出入；即挑选代表作家的重要代表作品学习，也非三四年所能窥其堂奥。且研究一个钢琴乐曲，先要克服技巧，少则一二十页，多则一百数十页的乐谱要**背**得烂熟（研究文学名著即不需要这一步工

作),在手上滚得烂熟,再要深入体会内容;总的来说,比精读和钻研一部文学作品费时更多。聪的技术基础还不够稳固,至此为止的成绩多半靠聪明与领悟,而不是靠长年正规学习的积累。参加萧邦比赛的一百零四人的"学历",都印在一本像小型字典那么大的"总节目"上,我细细看过,没有一个像傅聪那样薄弱的,弹过的作品也没有像傅聪那样少的。这当然是吾国特殊环境使然,但我们不能不心中有数,在这方面大力予以补足。

世界上达到国际水平的青年钢琴家,在三十岁左右往往还由名师指导,一个月上一次课,我们却没有这个条件;虽说将来可短期出国学习,但究竟不如人家便利。

故原则上,聪在国外学习钢琴的时间不能过分缩短,因为他先天有缺陷。想政府培养他决不以国外音乐院毕业为限;若然,则除了理论课,他在钢琴方面的程度现在就可以毕业了。

其次,他的老师杰维茨基不但在波兰是第一流,便是在世界上也是有数的名师之一。他是十九世纪大钢琴家兼大教育家莱谢蒂茨基的学生,与前波兰总统兼大钢琴家帕德列夫斯基及现代前辈的许多知名钢琴家为同门,是钢琴上最正宗的一派,叫作"维也纳学派"。能跟到这样一位老师,可说是"历史性的"幸运。而他已届高龄,尤需多多争取目前的时间不可。

至于聪的思想问题,从五四年八月到现在,我和他写了七十九封长信,近二十万字;其中除了讨论音乐、艺术、道德、工作纪律等等以外,也重点谈到政治修养与世界大势、思想认识。国内一切重要学习文件,经常寄去(我都用红笔勾出要点),他也兴趣甚浓。文艺创作也挑出优秀的寄给他。波、匈事件以后,已写了两封长信,告诉他我们党的看法。从他小时起,我一向注意培养他的民族灵魂,因为我痛恨不中不西,不三不四,在自己的泥土中不生根的艺术家。

今年暑假中,他和我谈到波兰知识分子,有很多批评。十月十五日回华沙后(事件未发生前)来信说:"我们的国家虽然有些缺点,但整个是朝气蓬勃的。这儿却有一种灰色的感觉,这种感觉是很沉重的。"十一月十五日波兰事件平息以后,他来信说:"波兰的许多政治问题,我们实在也弄不大清;有一件事是肯定的,就是波兰的党比我原来预料的要坚强得多。"

总之,关于他的政治认识问题,我是抓得很紧的。在他整个做人的教育,对国家的责任等等方面,我始终认为自己的责任还没有完,还需要继续好几年呢。波兰人一般偏于自由散漫的风气,从五四年起我就再三警告他提防,因为学艺术的人最易感染。据他暑假中所谈,在华沙他一到使馆,往往整天的走不出来,因为那么多的国内书报吸引着他,可见他对国内一切是很关心的。先生来信所提,基本上和我所操心的完全一致。除了我经常去信督促,提高他警惕以外,恐怕也可以用别的更具体的办法补充,比如每隔相当时候,要他回来进马列学院学习二三个月(但同时需照顾他的专业,每天仍给予不少于四小时的练琴时间)。这是我一厢情愿,主要是把他的专业学习和政治觉悟尽量结合得好。

在决定他今后学习计划以前,我很愿意专程来京与先生及各有关首长当面详谈。倘若赞同,请挑一个比较不太忙的时期,早日来信通知。至于将来回国以后的磨炼以何种方式为最宜,似乎更需要细商;因国内音乐界情形不简单,而我在这方面还能供给一些实际材料。

"群众喜爱"与"接受程度"两点,我与他在暑假中讨论很多。他与先生谈话后来信也提到:"夏部长希望我在国外学习时要想到国内群众的需要,要尽到自己一份带头人的责任;这其实就是一个提高与普及相结合的问题。我觉得他说得很对,也与我和爸爸在家里的结论完全符合。"当然,这不仅是一个认识问题,而是一个长期实践的问题,逐渐适应客观现实的问题。

近三五年来,我在教育傅聪的经历中学得了不少东西。以他现阶段的发展而论,一方面固要严密注意他的思想情况,另一方面也需要正确估计他的觉悟程度,否则往往收不到预期的效果,反而有副作用。我自己水平不够,倘先生能在这方面时予指点,让我把教育孩子的工作做得更好,我是非常感激的。

另外有件事需要报告先生。聪自十月底起,因波兰政府收回"议会招待所"自用,已迁到外面居住。当时曾借宿同学家中五六天,方才找到工人家里的一间出租屋子,但他们不喜欢终日琴声,故不久还要搬。学琴的人找住处不受欢迎是各国通例,不足为奇;而华沙音乐院的公共宿舍,三四人挤在一间屋内，琴房隔音设备不好，与国内情况相差无几，也是事实。固然他不需要特殊待遇，但他的学习要求与别人不同，也难以要他住宿舍，自己听不见琴声，在他的程度上是极有害的。华沙房租奇昂，工人家一间屋每月即需六百兹罗提，而聪每月公费一共只有六百五十兹罗提。原住议会招待所不要房租，但那时每月三分之二的开支，尚且得靠萧邦奖金存款及平日的音乐会收入（每月约净收入二三百兹罗提）弥补。他的意思（暑假中说的）能自己挣钱补贴就好，不愿多向国家开口。不过现在住外边，房租既占了留学生公费的百分之九十以上，搬家的事也要更为频繁，钢琴搬动一次即需三百波币，校音一次又是三百五十波币，这些额外开支，不知他今后如何应付。

这封信耽误先生不少时间，很抱歉。什么时候需要我来京，乞早见告。匆此即颂

著绥

^弟傅雷拜上

一九五六年十二月二十三日

拙译《查第格》想亦早呈左右？

一九五六年六月六日①

……我们这次在黄山，玩得很痛快，碰见了安徽省委的秘书长，大家很谈得来，一提起傅聪，他们都知道，对你的成就都很赞赏。黄山管理处长沙老，六十二岁的老头儿，精神健旺，每天走三四十里山路不稀奇，虽然不会写，字识得不多，可是他的谈吐，谁都听不出，真是出口成章，文雅有礼，一点也没有八股味，做事勤劳，对己刻苦。说起他的历史来，真是可歌可泣，沙老（大家都这样称呼他）是贫农出身，自小为地主看牛，有一次新年里偷跑回家，不愿干了，见了父亲，父亲非常生气，打了他两个耳光。可怜他们自己也吃不上，儿子回来了不是多一个人吃么，所以硬逼他回地主家，他无可奈何的去了，可是地主不要他了。于是他就只好投奔叔叔那里，他叔叔是摇船的，就收留了他，从此过船家生活了，这期间，接触到了

---

① 　此信是傅雷夫人朱梅馥所写。

共产党,干起革命了。解放战争时他有功,经他训练有一千多条船及二千余人,渡江时只牺牲了七个人,真是了不起。他有五个儿女,一个是送掉的,一个是卖了的,自己只有三个,一个儿子在抗美援朝战争受了伤,一个儿子在中学念书,一个女儿出嫁了,也有工作。最惨的是他的老妻,解放战争后带了三个儿女,讨饭或拾野菜过日子,一直讨饭到一九五二年,才找到了沙老团聚的。这种人真是可敬可佩,解放后还是革命第一。我们碰到的党员,都是这样品德优良,看见了他们这种不怕艰苦的精神,真觉得惭愧。……还有一个三十几岁的复员军人,现在是合肥逍遥津公园的园艺及动物园主任,专门搞园艺花木,还搜罗各色各种的动物,听他讲来,头头是道,真是一个园艺专家。我们初碰见时,以为他是素来搞植物花木的,原来他只搅了四年。复员后,组织上派他干这一行,他本来一窍不通,可是钻研精神极强,非但钻研,还爱上这工作,所以越来越精通,一个货真价实的专家。他谈吐谦虚,绝对没有自满的流露。爸爸非常喜欢他佩服他。所以我们这次收获不少,学到不少。看见了那些淳朴而可爱的党员,真是感动。

一九五六年六月十四日下午四时

亲爱的孩子:我六月二日去安徽参观了淮南煤矿、佛子岭水库、梅山水库,到十二日方回上海。此次去的人是上海各界代表性人士,由市政协组织的,有政协委员,人民代表,也有非委员代表。看的东西很多,日程排得很紧,整天忙得不可开交。我又和邹韬奋太太(沈粹缜)两人当了第一组的小组长,事情更忙。一回来还得写小组的总结,今晚,后天,下周初,还有三个会要开,才能把参观的事结束。祖国的建设,安徽人民那种急起直追的勇猛精神,叫人真兴奋。各级领导多半是转业的解放军,平易近人,朴素老实,个个亲切可爱。佛子岭的工程全部是自己设计、自己建造的,不但我们看了觉得骄傲,恐怕世界各国都要为之震惊的。科技落后这句话,已经被雄伟的连拱坝打得粉碎了。淮南煤矿的新式设备,应有尽有;地下三百三十公尺深的隧道,跟国外地道车的隧道相仿,升降有电梯,隧道内有电车,有通风机,有抽水机,开采的煤用皮带拖到井上,直接装火车。原始、落后、手工业式的矿场,在解放以后的六七年中,一变而为赶上世界水平的现代化矿场,怎能不叫人说是奇迹呢?详细的情形没功夫和你细谈,以后我可把小组总结抄一份给你。

五月三十一日寄给你夏衍先生的信,想必收到了吧?他说的话的确值得你深思。一个人太顺利,很容易于不知不觉间忘形的。我自己这次出门,因为被称为模范组长,心中常常浮起一种得意的感觉,猛然发觉了,便立刻压下去。但这样的情形出现过不止一次。可见一个人对自己的斗争是一刻也放松不得的。至于报导国外政治情况等等,你不必顾虑。那是夏先生过于小心。《波兰新闻》(波大使馆每周寄我的)上把最近他们领导人物的调动及为何调动的理由都说明了。可见这不是秘密。

看到内地的建设突飞猛进,自己更觉得惭愧,总嫌花的力量比不上他们,贡献也比不上他们。只有抓紧时间拼下去。从黄山回来以后,每天都能七时余起床,晚上依旧十一时后睡觉。这样可以腾出更多的时间,因为出门了一次,上床不必一小时、半小时的睡不着,所以既能起早,也能睡晚。我很高兴。

你有许多毛病像我,比如急躁情绪,我至今不能改掉多少;我真着急,把这个不易革除的脾气传染给了你。你得常常想到我在家里的"自我批评",也许可以帮助你提高警惕。

一九五六年七月一日晚七时

这一晌我忙得不可开交。一出门,家里就积起一大堆公事私事。近来两部稿子的校样把我们两人逼得整天的赶。一部书还是一年二个月以前送出的,到现在才送校,和第二部书挤在一起。政协有些座谈会不能不去,因为我的确有意见发表。好些会议我都不参加,否则只好停工、脱产了。人代大会在北京开会,报上的文件及代表的发言都是极有意思的材料,非抽空细读不可;结果还有一大半没有过目。陆定一关于"百花齐放、百家争鸣"的报告很重要,已于二十九日寄你一份。届时望你至少看二遍。我们真是进入了原子时代,tempo(节奏)快得大家追不上。需要做、写、看、听、谈的东西实在太多了。政协竭力希望我们反映意见,而反映意见就得仔细了解情形,和朋友商量、讨论,收集材料。

是否参加莫扎特比赛,三天前我又去信追问,一有消息,立即通知你。来信说的南斯拉夫新闻记者关于宗教问题事,令我想起《约翰·克利斯朵夫》中的事。记者老是这个作风,把自己的话放在别人嘴里。因为当初我的确是吓了一大跳的:怎么你会在南国发表如此大胆的言论呢? 不管怎样,以后更要处处小心。

苏领馆酒会后①,招待看海军文工团的歌舞:第一支老的合唱,极好。新的歌曲,平常。新编的舞蹈,叫作"舞蹈练习曲",极佳。戏剧与舞蹈是斯拉夫民族传统中的精华,根基厚,天赋高,作品自不同凡响。那个舞蹈既戏剧化,又极富于造型美,等于一出生动的哑剧。配音也妙。这是我非常欣赏的。

我写的《评三里湾》,在七月号《文艺月报》登出。下星期末可寄你。

一九五六年七月二十三日

亲爱的孩子:又是半个多月不写信给你了。最近几个月很少写长信给你,老是忙忙碌碌。从四月初旬起,结束了服尔德的小说,就停到现在,一晃四个月,想想真着急。四个月中开了无数的会,上了黄山,去了淮南、梅山、佛子岭、合肥;写了一篇书评,二篇小文章。上周北京《文艺报》又来长途电话要写一篇纪念莫扎特的文字,限了字数限了日子,五天之内总算如期完成。昨天才开始译新的巴尔扎克。社会活动与学术研究真有冲突,鱼与熊掌不可得而兼,哀哉哀哉! 这半年多在外边,多走走,多开口,便到处来找。政协的文学—新闻—出版组派了我副组长;最近作协的外国文学组又派我当组长;推来推去推不掉:想想实在腻烦。一个人的精力有限,时间也不会多于二十四小时,怎么应付呢? 挂挂名的事又不愿意干。二十多年与世界大局(文坛的大局)完全隔膜了,别说领导小组,就是参加订计划也插不上手。自己的兴趣又广:美术界的事又要多嘴,音乐界的更要多嘴。一多嘴就带来不少事务工作。就算光提意见,也得有时

---

① 一九五六年六月下旬,苏领事馆为苏联军舰来上海访问举行了酒会。

间写出来;也得有时间与朋友来往、谈天;否则外边情况如何知道,不明情况,怎能乱提意见? 而且一般社会上的情况,我也关心,也常提意见,提了意见还常常追问下落。

一九五六年七月二十九日

上次我告诉你政府决定不参加 Mozart(莫扎特)比赛,想必你不致闹什么情绪的。这是客观条件限制。练的东西,艺术上的体会与修养始终是自己得到的。早一日露面,晚一日露面,对真正的艺术修养并无关系。希望你能目光远大,胸襟开朗,我给你受的教育,从小就注意这些地方。身外之名,只是为社会上一般人所追求,惊叹;对个人本身的渺小与伟大都没有相干。孔子说的"富贵于我如浮云",现代的"名"也属于精神上"富贵"之列。

这一年来常在外边活动,接触了许多人;总觉得对事业真正爱好,有热情,同时又有头脑的人实在太少。不求功利而纯粹为真理、为进步而奋斗的,极少碰到。最近中央统战部李维汉部长宣布各民主党派要与共产党长期共存,互相监督,特别是对共产党监督的政策。各党派因此展开广泛讨论。但其中还是捧场恭维的远过于批评的。要求真正民主,必须每个人自觉的作不断的斗争。而我们离这一步还远得很。社会上多的是背后发牢骚,当面一句不说,甚至还来一套颂扬的人。这种人不一定缺少辨别力,就是缺少对真理的执着与热爱,把个人的利害得失看得高于一切。当然,要斗争,要坚持,必须要讲手段,讲方式,看清客观形势;否则光是乱冲乱撞,可能头破血流而得不到一点结果。

一九五六年八月一日

领导对音乐的重视,远不如对体育的重视:这是我大有感慨的。体育学院学生的伙食就比音院的高百分之五十。我一年来在政协会上,和北京来的人大代表谈过几次,未有结果。国务院中有一位副总理(贺)专管体育事业,可有哪一位副总理专管音乐? 假如中央对音乐像对体育同样看重,这一回你一定能去 Salzburg(萨尔茨堡)了。既然我们请了奥国专家来参加我们北京举行的莫扎特纪念音乐会，为什么不能看机会向这专家提一声 Salzburg（萨尔茨堡）呢？只要三四句富于暗示性的话，他准会向本国政府去提。这些我当然不便多争。中央不了解，我们在音乐上得一个国际大奖比在奥林匹克运动会上得几个第三第四，影响要大得多。

　　这次音乐节，谭伯伯①的作品仍无人敢唱。为此我写信给陈毅副总理去，不过时间已经晚了，不知有效果否？北京办莫扎特纪念音乐会时，周扬当主席，说莫扎特富有法国大革命以前的民主精神，真是莫名其妙。我们专爱扣帽子，批判人要扣帽子；捧人也要戴高帽子，不管这帽子戴在对方头上合适不合适。马思聪写的文章也这么一套。我在《文艺报》文章里特意撇清这一点，将来寄给你看。国内乐坛要求上轨道，路还遥远得很呢。比如你回国，要演奏 Concerto（协奏曲），便是二三支，也得乐队花半个月的气力，假定要跟你的 interpretation（演绎）取得一致，恐怕一支 Concerto（协奏曲）就得练半个月以上。所以要求我们理想能实现一部分，至少得等到第二个五年计划以后。不信你瞧吧。

一九五六年十月三日晨

　　亲爱的孩子，你回来了，又走了；许多新的工作，新的忙碌，新的变化等着你，你是不会感到寂寞的；我们却是静下来，慢慢的回复我们单调的生活，和才过去的欢会与忙乱对比之下，不免一片空虚——昨儿整整一天若有所失。孩子，你一天天的在进步，在发展：这两年来你对人生和艺术的理解又跨了一大步，我愈来愈爱你了，除了因为你是我们身上的血肉所化出来的而爱你以外，还因为你有如此焕发的才华而爱你：正因为我爱一切的才华，爱一切的艺术品，所以我也把你当作一般的才华（离开骨肉关系），当作一件珍贵的艺术品而爱你。你得千万爱护自己，爱护我们所珍视的艺术品！遇到任何一件出入重大的事，你得想到我们——连你自己在内——对艺术的爱！不是说你应当时时刻刻想到自己了不起，而是说你应当从客观的角度重视自己：你的将来对中国音乐的前途有那么重大的关系，你每走一步，无形中都对整个民族艺术的发展有影响，所以你更

---

① 即我国优秀作曲家谭小麟(1912—1948)。

应当战战兢兢,郑重其事! 随时随地要准备牺牲目前的感情,为了更大的感情——对艺术对祖国的感情。你用在理解乐曲方面的理智,希望能普遍的应用到一切方面,特别是用在个人的感情方面。我的园丁工作已经做了一大半,还有一大半要你自己来做的了。爸爸已经进入人生的秋季,许多地方都要逐渐落在你们年轻人的后面,能够帮你的忙将要越来越减少;一切要靠你自己努力,靠你自己警惕,自己鞭策。你说到技巧要理论与实践结合,但愿你能把这句话用在人生的实践上去;那么你这朵花一定能开得更美,更丰满,更有力,更长久!

　　谈了一个多月的话,好像只跟你谈了一个开场白。我跟你是永远谈不完的,正如一个人对自己的独白是终身不会完的。你跟我两人的思想和感情,不正是我自己的思想和感情吗? 清清楚楚的,我跟你的讨论与争辩,常常就是我跟自己的讨论与争辩。父子之间能有这种境界,也是人生莫大的幸福。除了外界的原因没有能使你把假期过得像个假期以外,连我也给你一些小小的不愉快,破坏了你回家前的对家庭的期望。我心中始终对你抱着歉意。但愿你这次给我的教育(就是说从和你相处而反映出我的缺点)能对我今后发生作用,把我自己继续改造。尽管人生那么无情,我们本人还是应当把自己尽量改好,少给人一些痛苦,多给人一些快乐。说来说去,我仍抱着"宁天下人负我,毋我负天下人"的心愿。我相信你也是这样的。

　　这几日你跟马先生一定谈得非常兴奋。能有一个师友之间的人和你推心置腹,也是难得的幸运。孩子,你不是得承认命运毕竟是宠爱我们的吗?

一九五六年十月六日午

　　亲爱的孩子:没想到昨天还能在电话中和你谈几句:千里通话,虽然都是实际事务,也传达了多少情言! 只可惜没有能多说几句,电话才挂断,就惶惶然好像遗漏了什么重要的嘱咐。回家谈了一个多月,还没谈得畅快,何况这短短的三分钟呢!

　　你走了,还有尾声。四日上午音协来电话,说有位保加利亚音乐家——在音乐院教歌唱的,听了你的音乐会,想写文章寄回去,要你的材料。我便忙了一个下午，把南斯拉夫及巴黎的评论打了一份，又另外用法文写了一份你简单的学习经过。昨天一整天，加上前天一整晚，写了七千余字，题目叫作《与傅聪谈音乐》，内分三大段：（一）谈技巧，（二）谈学习，（三）谈表达。交给《文汇报》去了。前二段较短，各占二千字，第三段最长，占三千余字。内容也许和你谈的略有出入，但我声明在先，"恐我记忆不真切"。文字用问答体；主要是想想你此次所谈的，自己留一个记录；发表出去对音乐学生和爱好音乐的群众可能也有帮助。等刊出后，我会剪报寄华沙。

附：与傅聪谈音乐

傅聪回家来，我尽量利用时间，把平时通讯没有能谈彻底的问题和他谈了谈；内容虽是不少，他一走，好像仍有许多话没有说。因为各报记者都曾要他写些有关音乐的短文而没有时间写，也因为一部分的谈话对音乐学者和爱好音乐的同志都有关系，特摘要用问答体（也是保存真相）写出来发表。但傅聪还年轻，所知有限，下面的材料只能说是他学习现阶段的一个小结，不准确的见解和片面的看法一定很多，我的回忆也难免不真切，还望读者指正和原谅。

一、谈技巧

问：有些听众觉得你弹琴的姿势很做作，我们一向看惯了，不觉得，你自己对这一点有什么看法？

答：弹琴的时候，表情应当在音乐里，不应当在脸上或身体上。不过人总是人，心有所感，不免形之于外，那是情不自禁的，往往也并不美，正如吟哦诗句而手舞足蹈并不好看一样。我不能用音乐来抓住人，反而叫人注意到我弹琴的姿势，只能证明我的演奏不到家。另一方面，听众之见也有一部分是"观众"，存心把我当作演员看待；他们不明白为了求某种音响效果，才有某种特殊的姿势。

问：学钢琴的人为了学习，有心注意你的手的动作，他们总不能算是"观众"吧？

答：手的动作决定于技巧，技巧决定于效果，效果决定于乐曲的意境、感情和思想。对于所弹的乐曲没有一个明确的概念，没有深刻的体会，就不知道自己要表现什么，就不知道要产生何种效果，就不知道用何种技巧去实现。单纯研究手的姿势不但是舍本逐末，而且近于无的放矢。倘若我对乐曲的表达并不引起另一位钢琴家的共鸣，或者我对乐曲的理解和处理，他并不完全同意，那么我的技巧对他毫无用处。即使他和我的体会一致，他所要求的效果和我的相同，远远的望几眼姿势也没用；何况同样的效果也有许多不同的方法可以获致。例如清淡的音与浓厚的音，飘逸的音与沉着的音，柔婉的音与刚强的音，明朗的音与模糊的音，凄厉的音与恬静的音，都需要各各不同的技巧，但这些技巧常常因人而异，因为个人的手长得不同，适合我的未必适合别人，适合别人的未必适合我。

问：那么技巧是没有准则的了？老师也不能教你的了？

答：话不能这么说。基本的规律还是有的：就是手指要坚强有力富于弹性；手腕和手臂要绝对放松、自然，不能有半点儿发僵发硬。放松的手弹出来的音不管是轻松的还是极响的，音都丰满，柔和，余音袅袅，可以致远。发硬的手弹出来的音是单薄的，干枯的，粗暴的，短促的，没有韵味的（所以表现激昂或凄厉的感情时，往往故意使手腕略微紧张）。弹琴时要让整个上半身的重量直接灌注到手指，力量才会旺盛，才会取之不尽，用之不竭。而且用放松的手弹琴，手不容易疲倦。但究竟怎样才能放松，怎样放松才对，都非言语能说明，有时反而令人误会，主要是靠长期的体会与实践。

一般常用的基本技巧，老师当然能教；遇到某些技术难关，他也有办法帮助你解决；越是有经验的老师，越是有多种多样的不同的办法教给学生。但老师方法虽多，也不能完全适应种类更多的手；技术上的难题也因人而异，并无一定。学者必须自己钻研，把老师的指导举一反三；而且要触类旁通，有时他的方法对我并不适用，但只要变通一下就行。如果你对乐曲的理解，除了老师的一套以外，还有新发现，你就得要求某种特殊效果，从而要求某种特殊技巧，那就更需要多用头脑，自己想办法解决了。技巧不论是从老师或同学那儿吸收来的，还是自己摸索来的，都要随机应变，灵活运用，决不可当作刻板的教条。

总之，技巧必须从内容出发，目的是表达乐曲，技巧不过是手段。严格说来,有多少种不同风格的乐派与作家,就有多少种不同的技巧;有多少种不同性质(长短,肥瘦、强弱、粗细、软硬、各个手指相互之间的长短比例等等)的手,就有多少种不同的方法来获致多少种不同的技巧。我们先要认清自己的手的优缺点,然后多思考,对症下药,兼采各家之长,以补自己之短。除非在初学的几年之内,完全依赖老师来替你解决技巧是不行的。而且我特别要强调两点:(一)要解决技巧,先要解决对音乐的理解。假如不知道自己要表现什么思想,单单讲究文法与修辞有什么用呢?(二)技巧必须从实践中去探求,理论知识实践的归纳。和研究一切学术一样,开头只有些简单的指导原则,细节都是从实践中摸索出来的;把摸索的结果归纳为理论,再拿到实践中去试验;如此循环不已,才能逐步提高。

二、谈学习

问:你从老师那儿学到些什么?

答:主要是对各个乐派和各个作家的风格与精神的认识;在乐曲的结构、层次、逻辑方面学到很多;细枝小节的捉摸也得力于他的指导,这些都是我一向欠缺的。内容的理解,意境的领会,则多半靠自己。但即使偶尔有一支乐曲,百分之九十以上是自己钻研得来,只有百分之几得之于老师,老师的功劳还是很大的,因为缺了这百分之几,我的表达就不完整。

问:你对作品的理解,有时是否跟老师有出入?

答:有出入,但多半在局部而不在整个乐曲。遇到这种情形,双方就反复讨论,甚至热烈争辩,结果是有时我接受了老师的意见,有时老师容纳了我的意见,也有时归纳成一个折衷的意见,倘或相持不下,便暂时把问题搁起,再经过几天的思索,双方仍旧能得出 个结论。这种方式的学与这种方式的教,可以说是纯学科的。师生都服从真理,服从艺术。学生不以说服老师为荣,老师不以向学生让步为耻。我觉得这才是真正的虚心为学。一方面不盲从,也不标新立异;另一方面不保守,也不轻易附和。比如说,十九世纪末期以来的各种乐谱版本,很多被编订人弄得面目全非,为现代音乐学者所诟病;但老师遇到版本可疑的地方,仍然静静的想一想。然后决定取舍;他决不一笔抹煞,全盘否定。

问:我一向认为教师的主要本领是"能予",学生的主要本领是"能取"。照你说来,你的老师除了"能予",也是"能取"的了。

答:是的。老师告诉我,从前他是不肯听任学生有一点自由的,近十余年来觉得这办法不对,才改过来。可见他现在比以前更"能予"了。同时他也能吸收学生的见解和心得,加入到他的教学经验中去;可见他因为"能取"而更"能予"了。这个榜样给我的启发很大:第一使我更感到虚心是求进步的主要关键;第二使我越来越觉得科学精神与客观态度的重要。

问:你的老师的教学还有什么特点?

答:他的分析能力强,耳朵特别灵,任何细小的错漏,都逃不过他,任何复杂的古怪的和声中一有错误,他都能指出来。他对艺术与教育的热诚也令人钦佩:不管怎么忙,给学生一上课就忘了疲劳,忘了时间;而且整个儿浸在音乐里,常常会自言自语的低声叹赏:"多美的音乐! 多美的音乐!"

问:在你学习过程中,还有什么原则性的体会可以谈?

答:前年我在家信中提到"用脑"问题,我越来越觉得重要。不但分析乐曲,处理句法(phrasing),休止(pause),运用踏板(Pedal)等等需要严密思考,便是手指练习及一切技巧的训练,都需要高度的脑力活动。有了头脑,即使感情冷一些,弹出来的东西还可以像样;没有头脑,就什么也不像。

根据我的学习经验,觉得先要知道自己对某个乐曲的要求与体会,对每章、每段、每句、每个音符的疾徐轻响,及其所包含的意义与感情,都要在头脑里刻画得愈清楚愈明确愈好。唯有这样,我的信心才越坚,意志越强,而实现我这些观念和意境的可能性也越大。

大家知道,学琴的人要学会听自己,就是说要永远保持自我批评的精神。但若脑海中先没有你所认为理想的境界,没有你认为最能表达你的意境的那些音,那么你即使听到自己的音,又怎么能决定它合不合你的要求? 而且一个人对自己的要求是随着对艺术的认识而永远在提高的,所以在整个学习过程中,甚至在一生中,对自己满意的事是难得有的。

问:你对文学美术的爱好,究竟对你的音乐学习有什么具体的帮助?

答:最显著的是加强我的感受力,扩大我的感受的范围。往往在乐曲中遇到一个境界,一种情调,仿佛是相熟的;事后一想,原来是从前读过的某一首诗,或是喜欢的某一幅画,就有这个境界,这种情调。也许文学和美术替我在心中多装置了几根弦,使我能够对更多的音乐发生共鸣。

问:我经常寄给你的学习文件是不是对你的专业学习也有好处?

答:对我精神上的帮助是直接的,对我专业的帮助是间接的。伟大的建设事业,国家的政策,时时刻刻加强我的责任感;多多少少的新英雄、新创造,不断的给我有力的鞭策与鼓舞,使我在情绪低落的时候(在我这个年纪,那也难免),更容易振作起来。对中华民族的信念与自豪,对祖国的热爱,给我一股活泼的生命力,使我能保持新鲜的感觉,抱着始终不衰的热情,浸到艺术中去。

三、谈表达

问:顾名思义,"表达"和"表现"不同,你对表达的理解是怎样的?

答:表达一件作品,主要是传达作者的思想感情,既要忠实,又要生动。为了忠实,就得彻底认识原作者的精神,掌握他的风格,熟悉他的口吻、辞藻和他的习惯用语。为了生动,就得讲究表达方式、技巧与效果。而最要紧的是真实,真诚,自然,不能有半点儿勉强或是做作。搔首弄姿决不是艺术,自作解人的谎话更不是艺术。

问:原作者的乐曲经过演奏者的表达,会不会渗入演奏者的个性?两者会不会有矛盾?会不会因此而破坏原作的真面目?

答:绝对的客观是不可能的,便是照相也不免有科学的成分加在对象之上。演奏者的个性必然要渗入原作中去。假如他和原作者的个性相距太远,就会格格不入,弹出来的东西也给人一种格格不入的感觉。所以任何演奏家所能胜任的愉快的表达的作品,都有限度。一个人的个性越有弹性,他能体会的作品就越多。唯有在演奏者与原作者的精神气质融洽无间,以作者的精神为主,以演奏者的精神为副而决不喧宾夺主的情形之下,原作的面目才能又忠实又生动的再现出来。

问:怎样才能做到不喧宾夺主?

答:这个大题目,我一时还没有把握回答。根据我眼前的理解,关键不仅仅在于掌握原作者的风格和辞藻等等,而尤其在于生活在原作者的心中。那时,作者的呼吸好像就是演奏家本人的情潮起伏,乐曲的节奏在演奏家的手下是从心里发出来的,是内在的而不是外加的了。弹巴赫的某个乐曲,我们既要在心中体验到巴赫的总的精神,如虔诚、严肃、崇高等,又要体验到巴赫写那个乐曲的特殊感情与特殊精神。当然,以我们的渺小,要达到巴赫或贝多芬那样的天地未免是奢望;但既然演奏他们的作品,就得尽量往这个目标走去,越接近越好。正因为你或多或少生活在原作者心中,你的个性才会服从原作者的个性,不自觉的掌握了宾主的分寸。

问:演奏者的个性以怎样的方式渗入原作,可以具体地说一说吗?

答:谱上的音符,虽然西洋的记谱法已经非常精密,和真正的音乐相比还是很呆板的。按照谱上写定的音符的长短,速度,节奏,一小节一小节的极严格的弹奏,非但索然无味,不是原作的音乐,事实上也不可能这样做。例如文字,谁念起来每句总有轻重快慢的分别,这分别的准确与否是另一件事。同样,每个小节的音乐,演奏的人自然而然的会有自由伸缩;这伸缩包括音的长短顿挫(所谓 rubato),节奏的或轻或重,或强或弱,音乐的或明或暗,以通篇而论还包括句读,休止,高潮,低潮,延长音等等的特殊处理。这些变化有时很明显,有时极细微,非内行人不辨。但演奏家的难处,第一是不能让这些自由的处理越出原作风格的范围,不但如此,还要把原作的精神发挥得更好,正如替古人的诗文做疏注,只能引申原义,而绝对不能插入与原义不相干或相背的议论;其次,一切自由处理(所谓自由要用极严格审慎的态度运用,幅度也是极小的!)都须有严密的逻辑与恰当的比例,切不可兴之所至,任意渲染,前后要统一,要成为一个整体。一个好的演奏家,总是令人觉得原作的精神面貌非常突出,真要细细琢磨,才能在转弯抹角的地方,发现一些特别的韵味,反映出演奏家个人的成分。相反,不高明的演奏家在任何乐曲中总是自己先站在听众前面,把他的声调口吻压倒了或是遮盖了原作者的声调口吻。

问:所谓原作的风格,似乎很抽象,它究竟指什么?

答:我也一时说不清。粗疏的说,风格是作者的性情,气质,思想,感情,时代思潮,风气等等的混合产品。表现在乐曲中的,除旋律,和声,节奏方面的特点以外,还有乐句的长短,休止的安排,踏板的处理,对速度的观念,以至于音质的特色,装饰音、连音、半连音、断音等等的处理,都是构成一个作家的特殊风格的因素。古典作家的音,讲究圆转如珠;印象派作家如德彪西的音，多数要求含混朦胧；浪漫派如舒曼的音则要求浓郁。同是古典乐派，斯卡拉蒂的音比较轻灵明快，巴赫的音比较凝练沉着，韩德尔的音比较华丽豪放。稍晚一些，莫扎特的音除了轻灵明快之外，还要求妩媚。同样的速度，每个作家的观念也不同，最突出的例子是莫扎特作品中慢的乐章不像一般所理解的那么慢：他写给姊姊的信中就抱怨当时人把他的行板（andante）弹成柔板（adagio）。便是一组音阶，一组琶音，各家用来表现的情调与意境都有分别：萧邦的音阶与琶音固不同于莫扎特与贝多芬的，也不同于德彪西的（现代很多人把萧邦这些段落弹成德彪西式，歪曲了萧邦的面目）。总之，一个作家的风格是靠无数大大小小的特点来表现的，我们表达的时候往往要犯"太过"或"不及"的毛病。当然，整个时代整个乐派的风格，比单个人的风格容易掌握；因为一个作家早年、中年、晚年的风格也有变化，必须认识清楚。

问：批评家们称为"冷静的"（cold）演奏家是指哪一种类型？

答：上面提到的表达应当如何如何，只是大家期望的一个最高的理想，真正能达到那境界的人很少很少，因为在多数演奏家身上，理智与感情很难维持平衡。所谓冷静的人就是理智特别强，弹的作品条理分明，结构严密，线条清楚，手法干净，使听的人在理想方面得到很大的满足，但感动的程度就浅得多。严格说来，这种类型的演奏家病在"不足"；反之，感情丰富，生机旺盛的艺术家容易"太过"。

问：在你现在的学习阶段，你表达某些作家的成绩如何？对他们的理解与以前又有什么不同？

答：我的发展还不能说是平均的。至此为止，老师认为我最好的成绩，除了萧邦，便是莫扎特和德彪西。去年弹贝多芬《第四钢琴协奏曲》，我总觉得太骚动，不够炉火纯青，不够清明高远。弹贝多芬必须有火热的感情，同时又要有冰冷的理智镇压。《第四钢琴协奏曲》的第一乐章尤其难：节奏变化极多，但不能显得散漫；要极轻灵妩媚，又一点儿不能缺少深刻与沉着。去年九月，我又重弹贝多芬《第五钢琴协奏曲》，觉得其中有种理想主义的精神，它深度不及第四，但给人一个崇高的境界，一种大无畏的精神；第二乐章简直像一个先知向全世界发布的一篇宣言。表现这种音乐不能单靠热情和理智，最重要的是感觉到那崇高的理想，心灵的伟大与坚强。总而言之,要往"高处"走。

以前我弹巴赫,和国内多数钢琴学生一样用的是皮罗版本,太夸张,把巴赫的宗教气息沦为肤浅的戏剧化与浪漫蒂克情调。在某个意义上,巴赫是浪漫蒂克,但绝非十九世纪那种才子佳人式的浪漫蒂克。他是一种内在的,极深刻沉着的热情。巴赫也发怒,挣扎,控诉,甚而至于哀号,但这一切都有一个巍峨庄严,像哥特式大教堂般的躯体包裹着,同时用一股信仰的力量支持着。

问:从一九五三年起,很多与你相熟的青年就说你台上的成绩总胜过台下的,为什么?

答:因为有了群众,无形中有种感情的交流使我心中温暖,也因为在群众面前,必须把作品的精华全部发掘出来,否则就对不起群众,对不起艺术品,所以我在台上特别能集中。我自己觉得录的唱片就不如我台上弹的那么感情热烈,虽然技巧更完整。很多唱片都有类似的情形。

问:你演奏时把自己究竟放进几分?

答:这是没有比例可说的。我一上台就凝神壹志,把心中的杂念尽量扫除,尽量要我的心成为一张白纸,一面明净的镜子,反映出原作的真面目。那时我已不知有我,心中只有原作者的音乐。当然,最理想是要做到像王国维所谓"入乎其内,出乎其外"。这一点,我的修养还远远的够不上。我演奏时太急于要把我所体会到的原作的思想感情向大家倾诉,倾诉得愈详尽愈好,这个要求太迫切了,往往影响到手的神经,反而会出些小毛病。今后我要努力使自己的心情平静,也要锻炼我的技巧更能听从我的指挥。我此刻才不过跨进艺术的大门。许多体会和见解,也许过了三五年就要大变。艺术的境界无穷无极,渺小如我,在短促的人生中永远达不到"完美"的理想的;我只能竭尽所能的做一步,算一步。

一九五六年十月五日

附:傅聪的成长

本刊编者要我谈谈傅聪的成长,认为他的学习经过可能对一般青年有所启发。当然,我的教育方法是有缺点的;今日的傅聪,从整个发展来

看也跟完美二字差得很远。但优点也好,缺点也好,都可供人借镜。现在先谈谈我对教育的几个基本观念:

第一,把人格看作主要,把知识与技术的传授看作次要。童年时代与少年时代的教育重点,应当在伦理与道德方面,不能允许任何一桩生活琐事违反理性和最广义的做人之道;一切都以明辨是非,坚持真理,拥护正义,爱憎分明,守公德,守纪律,诚实不欺,质朴无华,勤劳耐苦为原则。

第二,把艺术教育只当作全面教育的一部分。让孩子学艺术,并不一定要他成为艺术家。尽管傅聪很早学钢琴,我却始终准备他更弦易辙,按照发展情况而随时改行的。

第三,即以音乐教育而论,也决不能仅仅培养音乐一门,正如学画的不能单注意绘画,学雕塑学戏剧的,不能只注意雕塑与戏剧一样,需要以全面的文学艺术修养为基础。

以上几项原则可用具体事例来说明。

傅聪三岁至四岁之间,站在小凳上,头刚好伸到和我的书桌一样高的时候,就爱听古典音乐。只要收音机或唱机上放送西洋乐曲,不论是声乐是器乐,也不论是哪一派的作品,他都安安静静的听着,时间久了也不会吵闹或是打瞌睡。我看了心里想:"不管他将来学哪一科,能有一个艺术园地耕种,他一辈子受用不尽。"我是存了这种心,才在他七岁半,进小学四年级的秋天,让他开始学钢琴的。

过了一年多,由于孩子学习进度快速,不能不减轻他的负担,我便把他从小学撤回。这并非说我那时已决定他专学音乐,只是认为小学的课程和钢琴学习可能在家里结合得更好。傅聪到十四岁为止,花在文史和别的学科上的时间,比花在琴上的为多。英文,数学的代数、几何等等,另外请了老师。本国语文的教学主要由我自己掌握;从孔、孟、先秦诸子、《国策》、《左传》、《晏子春秋》、《史记》、《汉书》、《世说新语》等等上选材料,以富有伦理观念与哲学气息、兼有趣味性的故事、寓言、史实为主,以古典诗歌与纯文艺的散文为辅。用意是要把语文知识、道德观念和文艺熏陶结合在一起。

我还记得着重向他指出,"民可使由之,不可使知之"的专制政府的荒谬,也强调"左右皆曰不可,勿听;诸大夫皆曰不可,勿听;国人皆曰不可,然后察之"一类的民主思想,"富贵不能淫,贫贱不能移,威武不能屈"那种有关操守的教训,以及"吾日三省吾身","人而无信,不知其可也","三人行,必有吾师"等等的生活作风。教学方法是从来不直接讲解,是叫孩子事前准备,自己先讲;不了解的文义,只用旁敲侧击的言语指引他,让他自己找出正确的答案来;误解的地方也不直接改正,而是向他发许多问题,使他自动发觉他的矛盾。目的是培养孩子的思考能力与基本逻辑。不过这方法也是有条件的,在悟性较差,智力发达较迟的孩子身上就行不通。

九岁半,傅聪跟了前上海交响乐队的创办人兼指挥,意大利钢琴家梅百器先生,他是十九世纪大钢琴家李斯特的再传弟子。傅聪在国内所受的唯一严格的钢琴训练,就是在梅百器先生门下的三年。

一九四六年八月,梅百器故世。傅聪换了几个教师,没有遇到合适的;教师们也觉得他是个问题儿童。同时也很不用功,而喜爱音乐的热情并未稍减。从他开始学琴起,每次因为他练琴不努力而我锁上琴,叫他不必再学的时候,每次他都对着琴哭得很伤心。一九四八年,他正课不交卷,私下却乱弹高深的作品,以致杨嘉仁先生也觉得无法教下去了;我便要他改受正规教育,让他以同等学历考入高中(大同)附中。我一向有个成见,认为一个不上不下的空头艺术家最要不得,还不如安分守己学一门实科,对社会多少还能有贡献。不久我们全家去昆明,孩子进了昆明的粤秀中学。一九五〇年秋,他又自做主张,以同等学历考入云南大学外文系一年级。这期间,他的钢琴学习完全停顿,只偶尔为当地的合唱队担任伴奏。

可是他学音乐的念头并没放弃,昆明的青年朋友们也觉得他长此蹉跎太可惜,劝他回家。一九五一年初夏他便离开云大,只身回上海(我们是四九年先回的),跟苏联籍的女钢琴家勃隆斯丹夫人学了一年。那时(傅聪十七岁)我才肯定傅聪可以专攻音乐;因为他能刻苦用功,在琴上每天工作七八小时,就是酷暑天气,衣裤尽湿,也不稍休;而他对音乐的理解也显出有独到之处。除了琴,那个时期他还跟老师念英国文学,自己阅读不少政治理论的书籍。五二年夏,勃隆斯丹夫人去了加拿大。从此到五四年八月,傅聪又没有钢琴老师了。

五三年夏天,政府给了他一个难得的机会:经过选拔,派他到罗马尼亚去参加"第四届国际青年与学生和平友好联欢会"的钢琴比赛;接着又随我们的艺术代表团去民主德国与波兰做访问演出。他表演的萧邦受到波兰专家们的重视;波兰政府并向我们政府正式提出,邀请傅聪参加一九五五年二月至三月举行的"第五届萧邦国际钢琴比赛"。五四年八月,傅聪由政府正式派往波兰,由波兰的老教授杰维茨基亲自指导,准备比赛项目。比赛终了,政府为了进一步培养他,让他继续留在波兰学习。

在艺术成长的重要关头,遇到全国解放,政府重视文艺,大力培养人才的伟大时代,不能不说是傅聪莫大的幸运;波兰政府与音乐界热情的帮助,更是促成傅聪走上艺术大道的重要因素。但像他过去那样不规则的、时断时续的学习经过,在国外青年中是少有的。萧邦比赛大会的总节目上,印有来自世界各国的七十四名选手的音乐资历,其中就以傅聪的资历最贫弱,竟是独一无二的贫弱。

在这种客观条件之下,傅聪经过不少挫折而还能有些少成绩,在初次去波兰时得到国外音乐界的赞许,据我分析,是由于下列几点:(一)他对音乐的热爱和对艺术的严肃态度,不但始终如一,还随着年龄而俱长,从而加强了他的学习意志,不断的对自己提出严格的要求。无论到哪儿,他一看到琴就坐下来,一听到音乐就把什么都忘了。(二)一九五一、五二两年正是他的艺术心灵开始成熟的时期,而正好他又下了很大的苦功;睡在床上往往还在推敲乐曲的章节句读,斟酌表达的方式,或是背乐谱,有时竟会废寝忘食。手指弹痛了,指尖上包着橡皮膏再弹。五四年冬,波兰女钢琴家斯曼齐安卡到上海,告诉我傅聪常常十个手指都包了橡皮膏登台。(三)自幼培养的独立思考与注重逻辑的习惯,终于起了作用,使他后来虽无良师指导,也能够很有自信的单独摸索,而居然不曾误入歧途——这一点直到他在罗马尼亚比赛有了成绩,我才得到证实,放了心。(四)他在十二三岁以前接触和欣赏的音乐,已不限于钢琴乐曲,而是包括多种不同的体裁不同的风格,所以他的音乐视野比较宽广。(五)他不用大人怎样鼓励,从小就喜欢诗歌、小说、戏剧、绘画,对一切美的事物美的风景都有强烈的感受,使他对音乐能从整个艺术的意境,而不限于音乐的意境去体会,补偿了我们音乐传统的不足。不用说,他感情的成熟比一般青年早得多;我素来主张艺术家的理智必须与感情平衡,对傅聪尤其注意这一点，所以在他十四岁以前只给他念田园诗、叙事诗与不太伤感的抒情诗；但他私下偷看了我的藏书，不到十五岁已经醉心于浪漫蒂克文艺，把南唐李后主的词偷偷的背给他弟弟听了。（六）我来往的朋友包括多种职业，医生、律师、工程师、科学家、音乐家、画家、作家、记者都有，谈的题目非常广泛；偏偏孩子从七八岁起专爱躲在客厅门后窃听大人谈话，挥之不去，去而复来，无形中表现出他多方面的好奇心，而平日的所见所闻也加强了和扩大了他的好奇心。家庭中的艺术气氛，关切社会上大小问题的习惯，孩子在长年累月的浸淫之下，在成长的过程中不能说没有影响。

　　远在一九五二年，傅聪演奏俄国斯克里亚宾的作品，深受他的老师勃隆斯丹夫人的称赞，她觉得要了解这样一位纯粹斯拉夫灵魂的作家，不是老师所能教授，而要靠学者自己心领神会的。五三年他在罗马尼亚演奏斯克里亚宾作品，苏联的青年钢琴选手们都为之感动得下泪。未参加萧邦比赛以前，他弹的萧邦已被波兰的教授们认为"富有萧邦的灵魂"，甚至说他是"一个中国籍贯的波兰人"。比赛期间，评判员中巴西的女钢琴家，七十高龄的塔里番洛夫人对傅聪说："富有很大的才具，真正的音乐才具。除了非常敏感以外，你还有热烈的、慷慨激昂的气质，悲壮的感情，异乎寻常的精致，微妙的色觉，还有最难得的一点，就是少有的细腻与高雅的意境，特别像在你的《玛祖卡》中表现的。我历任第二、三、四届的评判员，从未听过这样天才式的《玛祖卡》。这是有历史意义的：一个中国人创造了真正《玛祖卡》的表达风格。"英国的评判员路易士·坎特讷对他自己的学生们说："傅聪的《玛祖卡》真是奇妙，在我简直是一个梦，不能相信真有其事。我无法想象那么多的层次，那么典雅，又有那么多的节奏，典型的波兰玛祖卡节奏。"意大利评判员，钢琴家阿高斯蒂教授对傅聪说："只有古老的文明才能给你那么多难得的天赋，萧邦的意境很像中国艺术的意境。"

　　这位意大利教授的评语，无意中解答了大家心中的一个谜。因为傅聪在萧邦比赛前后，在国外引起了一个普遍的问题：一个中国青年怎么能理解西洋音乐如此深切，尤其是在音乐家中风格极难掌握的萧邦？我和意大利教授一样，认为傅聪这方面的成就大半得力于他对中国古典文化的认识与体会。只有真正了解自己民族的优秀传统精神,具备自己的民族灵魂,才能彻底了解别个民族的优秀传统,渗透他们的灵魂。五六年三月间南斯拉夫的报刊《政治》以《钢琴诗人》为题,评论傅聪在南国京城演奏莫扎特和萧邦两支钢琴协奏曲时,也说:"很久以来,我们没有听到变化这样多的触键,使钢琴能显出最微妙的层次的音质。在傅聪的思想与实践中间,在他对于音乐的深刻的理解中间,有一股灵感,达到了纯粹的诗的境界。傅聪的演奏艺术,是从中国艺术传统的高度明确性脱胎出来的。他在琴上表达的诗意,不就是中国古诗的特殊面目之一吗?他镂刻细节的手腕,不是使我们想起中国册页上的画吗?"的确,中国艺术最大的特色,从诗歌到绘画到戏剧,都讲究乐而不淫,哀而不怨,雍容有度,讲究典雅,自然;反对装腔作势和过火的恶趣,反对无目的的炫耀技巧。而这些也是世界一切高级艺术共同的准则。

但是正如我在傅聪十七岁以前不敢肯定他能专攻音乐一样,现在我也不敢说他将来究竟有多大发展。一个艺术家的路程能走得多远,除了苦修苦练以外,还得看他的天赋;这潜在力的多、少、大、小,谁也无法预言,只有在他不断发掘的过程中慢慢的看出来。傅聪的艺术生涯才不过开端,他知道自己在无穷无尽的艺术天地中只跨了第一步,很小的第一步;不但目前他对他的演奏难得有满意的时候,将来也远远不会对自己完全满意,这是他亲口说的。

我在本文开始时已经说过,我的教育不是没有缺点的,尤其所用的方式过于严厉,过于偏激;因为我强调工作纪律与生活纪律,傅聪的童年时代与少年时代,远不如一般青少年的轻松快乐,无忧无虑。虽然如此,傅聪目前的生活方式仍不免散漫。他的这点缺陷,当然还有不少别的,都证明我的教育并没有完全成功。可是有一个基本原则,我始终觉得并不错误,就是:做人第一,其次才是做艺术家,再其次才是做音乐家,最后才是做钢琴家。或许这个原则对旁的学科的青年也能适用。

一九五六年十一月十九日

刊于《新观察》一九五七年第八期

一九五六年十月十日深夜

这两天开始恢复工作;一面也补看文件,读完了刘少奇同志在"八大"的报告,颇有些感想,觉得你跟我有些地方还是不够顾到群众,不会用适当的方法去接近、去启发群众。希望你静下来把这次回来的经过细想一想,可以得出许多有益的结论。尤其是我急躁的脾气,应当作为一面镜子,随时使你警惕。感情问题,务必要自己把握住,要坚定,要从大处远处着眼,要顾全局,不要单纯的逞一时之情,要极冷静,要顾到几个人的幸福,短视的软心往往会对人对己造成长时期的不必要的痛苦!孩子,这些话千万记住。爸爸妈妈最不放心的就是这些。

学习方面,我还要重复一遍:重点计划必不可少。平日生活要过得有规律一些,晚上睡觉切勿太迟。

一九五六年十月十一日下午

谢谢你好意,想送我《苏加诺藏画集》,可是孩子,我在沪也见到了,觉得花一百五十元太不值得。真正的好画,真正的好印刷(一九三〇年代只有德、荷、比三国的美术印刷是世界水平;英法的都不行。二次大战以后,一般德国犹太亡命去美,一九四七年时看到的美国名画印刷才像样),你没见过,便以为那画册是好极了。上海旧书店西欧印的好画册也常有,因价贵,都舍不得买。你辛辛苦苦,身体吃了很多亏挣来的钱,我不能让你这样花。所以除了你自己的一部以外,我已写信托马先生退掉一部。省下的钱,慢慢替你买书买谱,用途多得很,不会嫌钱太多的。这几年我版税收入少,要买东西全靠你这次回来挣的一笔款子了。

说到骄傲,我细细分析之下,觉得你对人不够圆通固然是一个原因,人家见了你有自卑感也是一个原因;而你有时说话太直更是一个主要原因。例如你初见恩德,听了她弹琴,你说她简直不知所云。这说话方式当然有问题。倘能细细分析她的毛病,而不先用大帽子当头一压,听的人不是更好受些吗?有一夜快十点多了,你还要练琴,她劝你明天再练;你回答说:像你那样,我还会有成绩吗?对付人家的好意,用反批评的办法,自然不行。妈妈要你加衣,要你吃肉,你也常用这一类口吻。你惯了,不觉得;但恩德究不是亲姐妹,便是亲姐妹,有时也吃不消,这些毛病,我自己也常犯,但愿与你共勉之!——从这些小事情上推而广之,你我无意之间伤害人的事一定不太少,也难怪别人都说我们骄傲了。我平心静气思索以后,有此感想,不知你以为如何?

……人越有名,不骄傲别人也会有骄傲之感:这也是常情;故我们自己更要谦和有礼!

我也代你买了一份第七集《宋人画册》,《麦积山石窟》,刘开渠编的《中国古代雕塑集》共三种;你在京是否也买了?望速来信,免得那么厚重的图书寄双份给你。

一九五六年十一月七日①

自你离家后,虽然热闹及冷静的对照剧烈,心里不免有些空虚之感,可是慢慢又习惯了,恢复了过去的宁静平淡的生活。我是欢喜热闹的,有时觉得宁可热闹而忙乱,可不愿冷静而清闲。

这里自十一月三日起,南北昆曲大家在长江大戏院作二十天的观摩演出,我们前后已看过四场,第一晚是北方演员演出,最精彩的是《钟馗嫁妹》,是一出喜剧,画面美观而有诗意,爸爸为这出戏已写好了一篇短文章,登出后寄你看。侯永奎的《林冲夜奔》,功夫好到极点,一举一动干净利落,他的声音美而有 feeling(感情),而且响亮,这是武生行中难得的。他扮相,做功,身段,无一不美,真是百看不厌。白云生、韩世昌的《游园惊梦》也好,尤其五十九岁的韩世昌,扮杜丽娘,做功细腻,少女怀春的心理描摹得雅而不俗。第二晚看《西游记》里的《胖姑学舌》,也是韩世昌演的,描写乡下姑娘看了唐僧取经前朝廷百官送行的盛况,回家报告给父老听的一段,演得天真活泼,完全是一个活灵活现的乡姑,令人发笑。一个有成就的艺术家,虽是得天独厚,但也是自己苦修苦练,研究出来的。据说他能戏很多,梅兰芳有好几出戏,也是向他学来的。南方的演员,我最欣赏俞振飞,他也是唱做俱全,一股书生气,是别具一格的。其余传字辈的一批演员也不错。总之,看了昆剧对京戏的趣味就少了。还有一件事告诉你,是我非常得意的,我先去看了电影豫剧《花木兰》,是豫剧名演员

---

① 此信是傅雷夫人朱梅馥所写。

常香玉主演的，集河南坠子、梆子、民间歌曲等等之大成。常香玉的天生嗓子太美了，上下高低的 range（音域）很广，而且会演戏，剧本也编得好，我看了回家，大大称赏；碰巧这几天常香玉的剧团在人民大舞台演出，第一晚无线电有剧场实况播送，给爸爸一听，他也极赞赏她的唱腔。隔一天就约了恩德一起到长宁电影院看《花木兰》电影。你是知道的，爸爸对什么 art（艺术）的条件都严格，看了这回电影，居然大为满意，解放以来他第一次进电影院，而看的却是古装的中国电影，那真是不容易的。这个电影唯一的缺点，是拍摄的毛病，光线太暗淡，不够 sharp（清晰）。恩德请我们在人民大舞台看了一次常香玉的红娘，《拷红》里小丫头的恶作剧，玲珑调皮，表演得淋漓尽致。我跟爸爸说，要是你在上海，一定也给迷住了呢！

附：亦庄亦谐的《钟馗嫁妹》

喜剧要轻松愉快而不流于浅薄，滑稽突梯而不坠入恶趣，做到亦庄亦谐，可不是容易的；所谓穷愁易写，欢乐难工。神鬼剧要不以刺激为目的而创造出一个奇妙的幻想世界，叫人不恐怖惊骇而只觉得有情趣，在非现实气氛中描写现实，入情入理地反映生活，便是求诸全世界的戏剧宝库也不可多得，昆剧中短短一折《钟馗嫁妹》却兼备了上述条件，值得我们艺术界引以自豪。

钟馗以貌丑而科名被革，愤而自尽。神灵悯其受屈，封为捉拿邪魔的神道，这总算给了他补偿吧？钟馗也该扬眉吐气，可以安慰了吧？可是不，好死不如恶活——何况还是恶死！他世界的荣华毕竟代替不了此世界的幸福，怪不得一开场，那大鬼捧的瓶上题着"恨福来迟"四个字。他是进士，又不是进士，说不清究竟是什么资历；只能在灯笼上把"进士"二字侧写，聊以说明他不尴不尬的身份。文章虽好，功名得而复失，但他死抱书本的脾气依然不改，小鬼仍替主人挑着书籍。这些细节说是温婉的讽刺也可以，主要却是表现剧中人对现世的留恋，对事业的执着。当时的"高人"也许会说他至死不悟；在现代人看来，倒是一个彻底的"积极分子"，大可钦佩。

钟馗固然天真豪放，爱动，爱跳，爱笑，浑身都是一股快活劲儿，骨子里尤其是一个情谊深厚,讲究孝悌忠信的人。这些地方,他固执得厉害,死了还要对活人负责:他不能忘了手足,因为弱妹还在闺中待字;他不能忘了故旧,因为杜平曾有德于他。他想把妹子嫁给杜平,妹子没有马上接受,他便暴跳起来,露出他另一副主观的面目:偏执,急躁。本来嘛,不偏执不急躁,他不会自杀的,他性格如此。

喜剧中的伦理观念,往往不是把人生大事当作儿戏而变成笑料,便是摆出一副道学面孔而破坏了喜剧气氛。"嫁妹"偏偏把伦理作为主题,处理得那么含蓄,平易,既不宣传礼教,也不挪揄礼教,只是在诙谐嬉笑中见出人情,朴实温厚的人情。

但钟馗能有这样动人的喜剧效果,除了性格的矛盾,还有他那种朴素健康的欢乐。充沛的精力有时不免粗犷,但这粗犷只显出他正直豪迈的本色;同时也粗中带细,因为他毕竟是书生。他不是天生丑陋,而是为病魔所害,所以对妹子叙旧的时候不禁伤心流泪;这不幸的遭遇使整个人物又带上些悲壮的情调。在作者把欢乐与遗憾,细腻与粗鲁,风趣与悲壮交融之下,才给我们塑造出一个如此可爱,如此亲切,如此富有诗意的形象。

剧本中以鬼的面目出现的人物,一不可怕,二不荒诞,在观众心目中还是讨人喜欢的呢。捉鬼将军既是幽默风雅的读书人出身,无怪他收罗的全是生动活泼、饶有兴趣的小鬼了。跟主人一样,他们有的是温厚的人性,爱跳爱玩儿的快活脾气。主人要办喜事了,他们便来一套"杂技"以示庆祝。把杂技与舞蹈融合为一,作为剧情的一部分,原是中国戏剧的特色之一;可惜有时过于繁缛,有单纯卖弄技巧的倾向。"嫁妹"中小鬼的表现可是不多不少,恰到好处,还随时带着幽默的表情,与全剧的气氛非常调和。

这样一折歌舞剧,画面之美是难以想象的。无论是静态还是动态,都可比之于最美的雕塑。富丽而又清新的色彩,在强烈的对比之外,更有素净的色调(群鬼的服装)与之配合——二十余年前我初次见到这幅绚烂的画面,至今还印象鲜明。

《钟馗嫁妹》在戏剧艺术上的成功,决不是由于作者一人之力,同时也依靠了历代艺人辛勤琢磨的苦心。这次扮演钟馗的侯玉山,表演技巧的确是达到炉火纯青的境地了。当然,我们也没有忘了几位扮演群鬼的演员。

以我的愚见，倘若叫钟馗在见妹时补充几句话而从头至尾不让杜平露面，在群鬼献计以后就以送妹登程结束，全剧也许可以更完整，诗情画意更浓郁，同时仍丝毫无损于作品的人情味与现实性。

一九五六年十一月十五日

一九五七年

一九五七年三月十七日夜十一时于北京

亲爱的孩子，三月二日接电话，上海市委要我参加中共中央全国宣传工作会议，四日动身，五日晚抵京。六日上午在怀仁堂听毛主席报告的录音，下午开小组，开了两天地方小组，再开专业小组，我参加了文学组。天天讨论，发言，十一日全天大会发言，十二日下午大会发言，从五点起毛主席又亲自来讲一次话，讲到六点五十分。十三日下午陆定一同志又作总结，宣告会议结束。此次会议，是党内会议，党外人一起参加是破天荒第一次。毛主席每天分别召见各专业小组的部分代表谈话，每晚召各小组召集人向他汇报，性质重要可想而知。主要是因为"百家争鸣"不开展，教条主义顽抗，故主席在最高国务会议讲话，立即由中宣部电召全国各省市委宣传文教领导及党内外高教、科学、文艺、新闻出版的代表人士来京开"全国宣传工作会议"。……我们党外人士大都畅所欲言，毫无顾忌，倒是党内人还有些胆小。大家收获很大，我预备在下一封信内细谈。

一九五七年三月十八日深夜于北京

亲爱的孩子，昨天寄了一信，附传达报告七页。兹又寄上传达报告四页。还有别的材料，回沪整理后再寄。在京实在抽不出时间来，东奔西跑，即使有车，也很累。这两次的信都硬撑着写的。

毛主席的讲话，那种口吻，音调，特别亲切平易，极富于幽默感；而且没有教训口气，速度恰当，间以适当的 pause（停顿），笔记无法传达。他的马克思主义是到了化境的，随手拈来，都成妙谛，出之以极自然的态度，无形中渗透听众的心。讲话的逻辑都是隐而不露，真是艺术高手。沪上文艺界半年来有些苦闷,地方领导抓得紧,仿佛一批评机关缺点,便会煽动群众;报纸上越来越强调"肯定",老谈一套"成绩是主要的,缺点是次要的"等等。(这话并不错,可是老挂在嘴上,就成了八股。)毛主席大概早已嗅到这股味儿,所以从一月十八至二十六日就在全国省市委书记大会上提到百家争鸣问题,二月底的最高国务会议更明确的提出,这次三月十二日对我们的讲话,更为具体,可见他的思考也在逐渐往深处发展。他再三说人民内部矛盾如何处理对党也是一个新问题,需要与党外人士共同研究;党内党外合在一起谈,有好处;今后三五年内,每年要举行一次。他又嘱咐各省市委也要召集党外人士共同商量党内的事。他的胸襟宽大,思想自由,和我们旧知识分子没有分别,加上极灵活的运用辩证法,当然国家大事掌握得好了。毛主席是真正把古今中外的哲理融会贯通了的人。

我的感觉是百花齐放、百家争鸣确是数十年的教育事业,我们既要耐性等待,又要友好斗争;自己也要时时刻刻求进步,——所谓自我改造,教条主义官僚主义,我认为主要有下列几个原因:一是阶级斗争太剧烈了,老干部经过了数十年残酷内战与革命,到今日已是中年以上,生理上即已到了衰退阶段;再加多数人身上带着病,精神更不充沛,求知与学习的劲头自然不足了。二是阶级斗争时敌人就在面前,不积极学习战斗就得送命,个人与集体的安全利害紧接在一起;革命成功了,敌人远了,美帝与原子弹等等,近乎抽象的威胁,故不大肯积极学习社会主义建设的门道。三是革命成功,多少给老干部一些自满情绪,自命为劳苦功高,对新事物当然不大愿意屈尊去体会。四是社会发展得快,每天有多少事需要立刻决定,既没有好好学习,只有简单化,以教条主义官僚主义应付。这四点是造成官僚、主观、教条的重要因素。否则,毛主席说过"我们搞阶级斗争,并没先学好一套再来,而是边学边斗争的";为什么建设社会主义就不能边学边建设呢? 反过来,我亲眼见过中级干部从解放军复员而做园艺工作,四年功夫已成了出色的专家。佛子岭水库的总指挥也是复员军人出身,遇到工程师们各执一见,相持不下时,他出来凭马列主义和他专业的学习,下的结论,每次都很正确。可见只要年富力强,只要有自信,有毅力,死不服气的去学技术,外行变为内行也不是太难的。党内要是这样的人再多一些,官僚主义等等自会逐步减少。

毛主席的话和这次会议给我的启发很多，下次再和你谈。

从马先生处知道你近来情绪不大好，你看了上面这些话，或许会好一些。千万别忘了我们处在大变动时代，我国如此，别国也如此。毛主席只有一个，别国没有，弯路不免多走一些，知识分子不免多一些苦闷，这是势所必然，不足为怪的。苏联的失败经验省了我们许多力气；中欧各国将来也会参照我们的做法慢慢的好转。在一国留学，只能集中精力学其所长；对所在国的情形不要太忧虑，自己更不要因之而沮丧。我常常感到，真正积极、真正热情、肯为社会主义事业努力的朋友太少了，但我还是替他们打气，自己还是努力斗争。到北京来我给楼伯伯、庞伯伯、马先生打气。

自己先要锻炼得坚强，才不会被环境中的消极因素往下拖，才有剩余的精力对朋友们喊"加油加油"！你目前的学习环境真是很理想了，尽量钻研吧。室外的低气压，不去管它。你是波兰的朋友，波兰的儿子，但赤手空拳，也不能在他们的建设中帮一手。唯一报答她的办法是好好学习，把波兰老师的本领，把波兰音乐界给你的鼓励与启发带回到祖国来，在中国播一些真正对波兰友好的种子。他们的知识分子彷徨，你可不必彷徨。伟大的毛主席远远的发出万丈光芒，照着你的前路，你得不辜负他老人家的领导才好。

我也和马先生庞伯伯细细商量过，假如改往苏联学习，一般文化界的空气也许要健全些，对你有好处；但也有一些教条主义味儿，你不一定吃得消；日子长了，你也要叫苦。他们的音乐界，一般比较属于 cold（冷静）型，什么时候能找到一个老师对你能相忍相让，容许你充分自由发展的，很难有把握。马先生认为苏联的学派与教法与你不大相合。我也同意此点。最后，改往苏联，又得在语言文字方面重起炉灶，而你现在是经不起耽搁的。周扬先生听我说了杰老师的学问，说："多学几年就多学几年吧。"（几个月前，夏部长有信给我，怕波兰动荡的环境，想让你早些回国。现在他看法又不同了。）你该记得，胜利以前的一年，我在上海集合十二三个朋友（内有宋伯伯、姜椿芳、两个裘伯伯等等），每两周聚会一次，由一个人作一个小小学术讲话；然后吃吃茶点，谈谈时局，交换消息。那个时期是我们最苦闷的时期，但我们并不消沉，而是纠集了一些朋友自己造一个健康的小天地，暂时躲一下。你现在的处境和我们那时大不相同，更无需情绪低落。我的性格的坚韧,还是值得你学习的。我的脆弱是在生活细节方面,可不在大问题上。希望你坚强,想想过去大师们的艰苦奋斗,想想克利斯朵夫那样的人物,想想莫扎特,贝多芬;挺起腰来,不随便受环境影响!别人家的垃圾,何必多看?更不必多烦心。做客应当多注意主人家的美的地方;你该像一只久饥的蜜蜂,尽量咀吸鲜花的甘露,酿成你自己的佳蜜。何况你既要学 piano(钢琴),又要学理论,又要弄通文字,整天在艺术、学术的空气中,忙还忙不过来,怎会有时间多想邻人的家务事呢?

亲爱的孩子,听我的话吧,爸爸的一颗赤诚的心,忙着为周围的几个朋友打气,忙着管闲事,为社会主义事业尽一份极小的力,也忙着为本门的业务加工,但求自己能有寸进;当然更要为你这儿子做园丁与警卫的工作:这是我的责任,也是我的乐趣。多多休息,吃得好,睡得好,练琴时少发泄感情,(谁也不是铁打的!)生活有规律些,自然身体会强壮,精神会饱满,一切会乐观。万一有什么低潮来,想想你的爸爸举着他一双瘦长的手臂远远的在支撑你;更想想有这样坚强的党、政府与毛主席,时时刻刻作出许多伟大的事业,发出许多伟大的言论,无形中但是有效的在鼓励你前进!平衡身心,平衡理智与感情,节制肉欲,节制感情,节制思想,对像你这样的青年是有好处的。修养是整个的,全面的;不仅在于音乐,特别在于做人——不是狭义的做人,而是包括对世界,对政局的看法与态度。二十世纪的人,生在社会主义国家之内,更需要冷静的理智,唯有经过铁一般的理智控制的感情才是健康的,才能对艺术有真正的贡献。孩子,我千言万语也说不完,我相信你一切都懂,问题只在于实践!我腰酸背疼,两眼昏花,写不下去了。我祝福你,我爱你,希望你强,更强,永远做一个强者,有一颗慈悲的心的强者!

一九五七年五月二十六日

这一向开会多了,与外界接触多了,更感到社会一般人士也赶不上新形势。好些人发表的言论,提的意见,未能十分中肯、十分深入,因为他们对问题思索得不够。可见要把社会主义事业建设起来,不但是党内,党外人士也须好好的学习,多用脑子。我在北京写给你的信,说一切要慢慢来,什么整风运动,什么开展民主,都需要党内外一步一步的学习。现在大家有些急躁,其实是不对的。一切事情都不可能一蹴即成。官僚主义、宗派主义、主观主义、教条主义,由来已久,要改也非一朝一夕之事。我们尽管揭发矛盾,提意见,可是心里不能急,要耐性等待,要常常督促,也要设身处地代政府想想。问题千千万万,必须分清缓急轻重,分批解决;有些是为客观条件所限,更不是一二年内所能改善。总之,我们不能忘了样样要从六亿人口出发,要从农业落后、工业落后、文化落后的具体形势出发;要求太高太急是没有用的。

一九五七年七月一日夜

亲爱的孩子,今晚文化部寄来柴可夫斯基①比赛手册一份,并附信说拟派你参加,征求我们意见。我已复信,说等问过你及杰老师后再行决定。比赛概要另纸抄寄,节目亦附上。原文是中文的,有的作家及作品,我不知道,故只能照抄中文的。好在波兰必有俄文、波文的,可以查看。我寄你是为你马上可看,方便一些。

关于此事,你特别要考虑下面几点:

一,国际比赛既大都以技巧为重,这次你觉得去参加合适不合适? 此点应为考虑中心!

二,全部比赛至少要弹三支柴可夫斯基的作品,你近来心情觉得怎么样? 你以前是不大喜欢他的。

三,第二轮非常吃重,其中第一、二部分合起来要弹五个大型作品;以你现在的身体是否能支持? (当然第二轮的第二部分,你只需要练一支新的;但总的说来,第二轮共要弹七个曲子。)

四,你的理论课再耽误三个月是否相宜? 这要从你整个学习计划来考虑。

五,不是明年,便是后年,法国可能邀请你去表演。若是明年来请,则一年中脱离两次正规学习是否相宜? 学校方面会不会有意见?

以上五点望与杰老师详细商量后写信来。决定之前务必郑重,要处

---

① 彼得·伊里奇·柴可夫斯基(1840—1893),俄国作曲家、音乐教育家。

处想周到。

一九五七年十月二十五日①

　　爸爸说,要你第一,注意以后说话,千万不要太主观,千万不要有说服人的态度,这是最犯忌的,因为就是你说的对,但是给人的印象只觉得你骄傲自大,目中无人,好像天下只有你看得清、看得准,理由都是你的。还有一个大毛病,就是好辩,不论大小,都要辩,这也是犯忌的。希望你先把这两个毛病,时加警惕,随时改掉。有了意见不要乱发表,要学得含蓄些。这些话都是他切身感到的,以后他自己也要在这方面努力改变。最近爸爸没有空,过后要写长信给你的。

附:致周扬

周扬先生赐鉴:

　　三月中旬在京匆匆,未获畅聆教益,憾憾。兹附上^{小儿}傅聪最近来信摘录,其中有反映使馆工作同志及留学生思想情况的部分,或许可供领导参考。^{小儿}观感难免幼稚,主要是急躁情绪作祟。弟已去信批评,并告以党内对知识分子的自我改造,既耐性相待,说是长时期的事;党外对党内一部分人士的去除教条主义也须耐性相待,急躁不得。同时亦告以波兰思想界情况复杂,处处须冷静观察,分辨是非。且傅聪目前首要任务是专业学习,关心政治固然很好,但也当抱虚心学习的态度,不能轻易动感情,动意气,影响身心健康,更不能任意批评使馆作风,对国外同学尤须出言谨慎,有意见只能在家信中提,因不提而"包"在心里于心理卫生亦有妨碍。

　　至于今年苏联的联欢节,不知主管部门原意对傅聪作何安排?弟完全同意杰老师的看法:假如参加,最好纯粹作为演奏家,举行个人独奏会及与苏联乐队合作交响乐音乐会。团内活动,不必令其参加。此点若不**与出国团长及驻苏使馆**详细说明,取得同意,则届时难免不批评傅聪脱离集体,影响其演奏情绪与成绩。此点务恳先生大力支持。若有**事实困难**,

---

① 此信是傅雷夫人朱梅馥所写。

则以**根本不令**^{小儿}**去苏**为宜。因健康情况的确不太好,要去苏联必须发挥相当作用。至于法国音乐界的建议(华沙法国大使亦已数次向傅聪表示邀请)应如何考虑,尚望先生与有关部门商议。将来倘或不放心青年人单独去巴黎,弟可陪同前往,同时也可使弟吹吹风,补补课,对巴尔扎克及罗曼·罗兰的现阶段的研究情况摸摸底。耑此拜托,敬候

著绥

弟**傅雷**拜上
(一九五七年)四月三十日

　　阅适夷兄言,人文出版各书,尊处均有一部,故拙译《克利斯朵夫》不再寄上。又及。

周扬先生赐鉴:

　　四月三十日曾上一信,谈及^{小儿}傅聪拟在今夏联欢节期内以纯粹演奏家身份去苏联作访问演出,否则以根本不参加联欢节为宜。兹又接^{小儿}来信,略称:"去联欢节演出事尚无消息,我倒想索性不去。波兰七月初就放假,还是想回国过暑期,有三个月时间,一方面因为在波兰出去度假也要花不少钱,杰老师大概又不在,不能上课;一方面国内今年变化大,急于想看看,心里也有许多话,许多新的感受想说说。"

　　鄙意对^{小儿}暑假安排,不出下列三项:

　　(一)在联欢节**以前**(联欢节时期,苏联文艺界十分忙碌,故以提前为妥),于**七月初**即令傅聪去苏作访问演出;八月初回国度暑假,十月初回波兰——此事请中央考虑,根据中苏文化交换协定,是否可派专业钢琴家去苏访问?在国外演出均有酬劳,故我国政府在经济上不需负担。傅聪于四月中在波兰遇见苏联国家乐队指挥 Anosow(李德伦之老师),曾谓若傅聪去苏,当代为安排演奏会及交响音乐会;又据杰老师意见,亦赞成傅聪去苏表演;再证以去春在南斯拉夫成绩,傅聪艺术水平不致有辱国体,可有把握。此事若果可能,则日内宜即与苏联联系(目前已是六月初)。

　　(二)若上述办法有困难,则令^{小儿}七月初即回国度暑假;来回旅费均由傅聪个人负责,去夏回国即系如此。

　　(三)若中央对上述二项均不同意,则令傅聪暑中仍留波兰。

究竟如何处理,尚望与有关各方商洽后,赐复为幸。际此整风期间,重劳先生分神,不胜抱歉。崭此敬候

著绥

^弟傅雷拜启
一九五七年五月三十日

一九五七年十二月二十三日①

你回波后只来过一封信,心里老在挂念。不知你身体怎样? 学习情况如何? 心情安宁些了么? 我常常梦见你,甚至梦见你又回来了。

作协批判爸爸的会,一共开了十次,前后作了三次检讨,最后一次说是进步了,是否算是结束,还不知道。爸爸经过这次考验,总算有些收获,就是人家的意见太尖锐了或与事实不符,多少有些难受,神经也紧张,人也瘦了许多,常常失眠,掉了七磅。工作停顿,这对他最是痛苦,因为心不定。最近看了些马列主义的书,对他思想问题解决了许多。五个月来,爸爸痛苦,我也跟着不安,所以也瘦了四磅。爸爸说他过去老是看人家好的地方,对有实力的老朋友更是如此,活到五十岁了,才知道看人不是那么简单,老朋友为了自己的利害关系,会出卖朋友,提意见可以乱提,甚至造谣,还要反咬一口……好在爸爸问心无愧,实事求是。可是从会上就看出了一个人的真正品质,使他以后做人要提高警惕。爸爸做人,一向心直口快,从来不知"提防"二字,而且大小事情一律认真对付,不怕暴露思想;这次的教训可太大太深了。我就更连带想起你,你跟爸爸的性格,有许多相同的地方,而且有过之,真令人不寒而栗。

附:傅雷自述②

略传

我于一九〇八年三月生于浦东南汇县渔潭乡,家庭是地主成分。四

---

① 此信是傅雷夫人朱梅馥所写。因受整风反右的影响,自一九五七年起,傅雷的书信渐少,夫人写的多些。家书中也较少提及傅雷受批判之事。
② 选录自傅雷在一九五七年"反右"中写的交代材料,原文共八节。

岁丧父；父在辛亥革命时为土豪劣绅所害，入狱三月，出狱后以含冤未得昭雪，抑郁而死，年仅二十四。我的二弟一妹，均以母亲出外奔走，家中无人照顾而死。母氏早年守寡（亦二十四岁），常以报仇为训。因她常年悲愤，以泪洗面；对我又督教极严，十六岁尚夏楚①不离身，故我童年只见愁容，不闻笑声。七岁延老贡生在家课读"四书""五经"，兼请英文及算术教师课读。十一岁考入周浦镇高小二年级，十二岁至上海考入南洋附小四年级（时称交通部上海工业专门学校附小），一年后以顽劣被开除；转徐汇公学读至中学（旧制）一年级，以反宗教被开除。时为十六岁，反对迷信及一切宗教，言论激烈；在家曾因反对做道场祭祖先，与母亲大起冲突。江浙战争后考入大同大学附中，参加五卅运动，在街头演讲游行。北伐那年，参与驱逐学阀胡敦复运动，写大字报与护校派对抗。后闻吴稚晖（大同校董之一）说我是共产党，要抓我，母亲又从乡间赶来抓回。秋后考入持志大学一年级，觉学风不好，即于是年（一九二七）冬季自费赴法。

在法四年：一方面在巴黎大学文科听课，一方面在巴黎卢佛美术史学校听课。但读书并不用功。一九二九年夏去瑞士三月，一九三〇年春去比利时做短期旅行，一九三一年春去意大利二月，在罗马应"意大利皇家地理学会"之约，演讲国民军北伐与北洋军阀斗争的意义。留法期间与外人来往较多，其中有大学教授，有批评家，有汉学家，有音乐家，有巴黎美专的校长及其他老年画家；与本国留学生接触较少。一九二八年在巴黎认识刘海粟及其他美术学生，常为刘海粟任口译，为其向法国教育部美术司活动，由法政府购刘之作品一件。一九二九年滕固流亡海外，去德读书，道经巴黎，因与相识。我于一九三一年秋回国，抵沪之日适逢九一八事变。

一九三一年冬即入上海美专教美术史及法文。一九三二年一月在沪结婚。一九三二年一月二十八日事变发生，美专停课，哈瓦斯通讯社（法新社前身）成立，由留法同学王子贯介绍充当笔译，半年即离去。当时与黎烈文同事；我离去后，胡愈之、费彝明相继入内工作，我仍回美专任教。一九三三年九月，母亲去世，即辞去美专教务。因（一）年少不学，自认为

---

① 夏楚，即教鞭。

无资格教书，母亲在日，以我在国外未得学位，再不工作她更伤心；且彼时经济独立，母亲只月贴数十元，不能不自己谋生；（二）刘海粟待我个人极好，但待别人刻薄，办学纯是商店作风，我非常看不惯，故母亲一死即辞职。

一九三四年秋，友人叶常青约我合办《时事汇报》——周刊，以各日报消息分类重编；我任总编辑，半夜在印刷所看拼版，是为接触印刷出版事业之始。三个月后，该刊即以经济亏折而停办。我为股东之一，赔了一千元，卖田十亩以偿。

一九三五年二月，滕固招往南京"中央古物保管委员会"任编审科科长，与许宝驹同事。在职四个月，译了一部《各国古物保管法规汇编》。该会旋缩小机构，并入内政部，我即离去。

一九三六年冬，滕固又约我以"中央古物保管会专门委员"名义，去洛阳考察龙门石刻，随带摄影师一人，研究如何保管问题。两个月后，内政部要我做会计手续报账，我一怒而辞职回家，适在双十二事变之后。

一九三七年七月八日，卢沟桥事变后一日，应福建省教育厅之约，去福州为"中等学校教师暑期讲习班"讲美术史大要。以时局紧张，加速讲完，于八月四日回沪，得悉南京政府决定抗日，即于八月六日携家乘船去香港，转广西避难。因友人叶常青外家马氏为广西蒙山人，拟往投奔。但因故在梧州搁浅，三个月后进退不得，仍于十一月间经由香港回沪，时适逢国民党军队自大场撤退。

一九三九年二月，滕固任国立艺专校长，时北京与杭州二校合并，迁在昆明，来电招往担任教务主任。我从香港转越南入滇。未就职，仅草一课程纲要（曾因此请教闻一多），以学生分子复杂，主张甄别试验，淘汰一部分，与滕固意见不合，五月中离滇经原路回上海。

从此至一九四八年均住上海。抗战期间闭门不出，东不至黄浦江，北不至白渡桥，避免向日本宪兵行礼，亦是鸵鸟办法。

一九四七、一九四八两年以肺病两次去庐山疗养三个月。一九四八年十一月以上海情形混乱，适友人宋奇拟在昆明办一进出口行，以我为旧游之地，嘱往筹备。乃全家又去昆明。所谓办进出口行，仅与当地中国银行谈过一次话，根本未进行。全家在旅馆内住了七个月，于一九四九年六月乘飞机去香港,十二月乘船至天津,转道回沪,以迄于今。当时以傅聪与我常起冲突,故留在昆明住读,托友人照管,直至一九五一年四月方始回家。

经济情况与健康情况

母亲死后,田租收入一年只够六个月开支,其余靠卖田过活。抗战前一年,一次卖去一百余亩;故次年抗战发生,有川资到广西避难。以后每年卖田,至一九四八年只剩二百余亩(原共四百余亩)。一九四八年去昆明,是卖了田,顶了上海住屋做旅费的。昆明生活费亦赖此维持。我去昆明虽受友人之托,实际并未受他半文酬劳或津贴。一九四九年十二月二十日回上海后,仍靠这笔用剩的钱度日。同时三联书店付了一部分积存稿费与我,自一九五一年起全部以稿费为生。

过去身体不强壮,但亦不害病。一九四七、一九四八两年患肺病,一九五〇至一九五一年又复发一次。一九五五年一月在锦江饭店坠楼伤腿,卧床数月,至今天气阴湿即发作。记忆力不佳虽与健康无关,但是最大苦闷,特别是说话随说随忘。做翻译工作亦有大妨碍,外文生字随查随忘,我在生字簿上,记的重复生字特别多。以此,又以常年伏案,腰酸背痛已成为职业病,久坐起立,身如弯弓。一九五六年起脑力工作已不能持久,晚间不易入睡,今年起稍一疲劳即头痛。

写作生活

十五六岁在徐汇公学,受杨贤江主编的《学生》杂志影响,同时订阅《小说月报》,被神父没收。曾与三四同学办一手写不定期文艺刊物互相传阅,第一期还是文言的。十八岁,始以短篇小说投寄胡寄尘编的《小说世界》(商务),孙福熙编的《北新》周刊。十九岁冬天出国,一路写《法行通信》十四篇,五万余字,载孙福熙编的《贡献》半月刊。

二十岁在巴黎,为了学法文,曾翻译都德的两个短篇小说集,梅里美的《嘉尔曼》,均未投稿,仅当作学习文字的训练,绝未想到正式翻译,故稿子如何丢的亦不记忆。是时受罗曼·罗兰影响,热爱音乐。回国后于一九三一年即译《贝多芬传》。以后自知无能力从事创作,方逐渐转到翻译(详见附表)。抗战前曾为《时事新报·学灯》翻译法国文学论文。抗战后为《文汇报》写过一篇"星期评论",为《笔会》写过美术批评,为《民主》、《周报》亦写过时事文章。抗战期间,以假名为柯灵编的《万象》写过一篇"评张爱玲"①,后来被满涛化名写文痛骂。

一九三二年冬在美专期间,曾与倪贻德合编《艺术旬刊》,由上海美专出版,半年即停刊。

一九四五年冬与周煦良合编《新语》半月刊,为综合性杂志,约马老、夏丏老(马老,即马叙伦;夏丏老,即夏丏尊)等写文。以取稿条件过严,稿源成问题,出八期即停。

历年翻译书目

原作者	书名	字数	出版年代	出版社	附注
1/斐列浦·苏卜	夏洛外传	六万三	一九三三	自己	自费印刷
2/罗曼·罗兰	托尔斯泰传	十三万	一九三五	商务	解放后停出
3/罗曼·罗兰	弥盖朗琪罗传	八万七	一九三五	商务	解放后停出
4/罗曼·罗兰	贝多芬传	六万二	一九四六	骆驼一三联	一九五一年起停出
5/罗曼·罗兰	约翰·克利斯朵夫	一百二十万	一九三六至一九四一	商务	商务系初译本后改归骆驼
罗曼·罗兰	约翰·克利斯朵夫	一百二十万	一九五二至一九五三	平明	重译本,改归平明,今归人文
6/莫洛阿	恋爱与牺牲	十万	一九三六	商务	停出
7/莫洛阿	人生五大问题	七万	一九三五	商务	停出
8/莫洛阿	服尔德传	六万五	一九三六	商务	停出
9/杜哈曼	文明	十一万七	一九四七	南国	久已绝版,去年人文重印一版
10/巴尔扎克	亚尔培·萨伐龙	五万	一九四七	骆驼	停出
11/巴尔扎克	高老头	十八万六	一九四六至一九五三	骆驼一平明	骆驼系初译本,平明系重译本

---

① 即《论张爱玲的小说》。

原作者	书名	字数	出版年代	出版社	附注
12/巴尔扎克	欧也妮·葛朗台	十三万九	一九四九	骆驼—平明—人文	
13/巴尔扎克	贝姨	三十一万六	一九五一	平明—人文	
14/巴尔扎克	邦斯舅舅	二十三万八	一九五一	平明—人文	
15/巴尔扎克	夏倍上校	十七万六	一九五四	平明—人文	
16/巴尔扎克	于絮尔·弥罗埃	十六万五	一九五六	骆驼—人文	
17/服尔德	老实人 天真汉	十一万三	一九五五	人文	
18/服尔德	查第格	八万三	一九五六	人文	
19/梅里美	嘉尔曼 高龙巴	十四万五	一九五三	人文	
20/[美]史诺	美苏关系检讨	四万八	一九四七	知识	停出
21/[英]牛顿	英国绘画	三万	一九四八	商务	绝版—自英文译
22/[英]罗素	幸福之路	十万	一九四七	南国	绝版—自英文译
合计	二十二种	三百六十八万三千			现在印行者仅十一种

社会活动

少年时代参加五卅运动及反学阀运动。未加入国民党。抗战胜利后愤于蒋政府之腐败,接收时之黑暗,曾在马叙伦、陈叔通、陈陶遗、张菊生等数老联合发表宣言反蒋时,做联系工作。此即"民主促进会"之酝酿阶段。及"民进"于上海中国科学社开成立大会之日,讨论会章,理事原定三人,当场改为五人,七人,九人,至十一人时,我发言:全体会员不过三十人左右,理事名额不宜再加。但其他会员仍主张增加,从十一人,十三人,一直增到二十一人。我当时即决定不再参加"民进",并于会场上疏通熟人不要投我的票,故开票时我仅为候补理事。从此我即不再出席会议。

一九五〇年后马老一再来信嘱我回"民进"，均婉谢。去年"民进"开全国代表大会，有提名我为中委候选人消息，我即去电力辞；并分函马老、徐伯昕、周煦良三人，恳请代为开脱。

去年下半年，"民盟"托裘柱常来动员我两次，均辞谢。最近问裘，知系刘思慕主动。

其他活动

一九三六年夏，为亡友张弦在上海举办"绘画遗作展览会"。张生前为美专学生出身之教授，受美专剥削，抑郁而死；故我约了他几个老同学办此遗作展览，并在筹备会上与刘海粟决裂，从此绝交二十年。

一九四四年为黄宾虹先生(时寓北京)在上海宁波同乡会举办"八秩纪念书画展览会"。因黄老一生未有个人展览会，故联合裘柱常夫妇去信争取黄老同意，并邀张菊生、叶玉甫、陈叔通、邓秋放、高吹万、秦曼青等十余黄氏老友署名为发起人。我认识诸老即从此起，特别是陈叔通，此后过从甚密。

一九四五年抗战胜利后，庞薰琹自蜀回沪，经我怂恿，在上海复旦大学礼堂举行画展，筹备事宜均我负责。

一九四六年为傅聪钢琴老师、意大利音乐家梅百器举行"追悼音乐会"。此是与梅氏大弟子如裘复生、杨嘉仁等共同发起，由我与裘实际负责。参加表演的有梅氏晚年弟子董光光、周广仁、巫漪丽、傅聪等。

一九四八年为亡友作曲家谭小麟组织遗作保管委员会。时适逢金圆券时期，社会混乱，无法印行；仅与沈知白、陈又新等整理遗稿，觅人钞谱。今年春天又托裘复生将此项乐谱晒印蓝图数份，并请沈知白校订。最近请人在沪歌唱其所作三个乐曲，由电台录音后，将胶带与所晒蓝图一份，托巴金带往北京交与周扬同志。希望审查后能作为"五四以后音乐作品"出版。

一九四四年冬至一九四五年春，以沦陷时期精神苦闷，曾组织十余友人每半个月集会一次，但无名义、无形式，事先指定一人做小型专题讲话，在各人家中(地方较大的)轮流举行，并备茶点。参加的有姜椿芳、宋悌芬、周煦良、裘复生、裘劲恒、朱滨生(眼耳喉科医生)、伍子昂(建筑师)(以上二人均邻居)、雷垣、沈知白、陈西禾、满涛、周梦白等(周为东吴大学历史教授,裘劭恒介绍)。记得我谈过中国画,宋悌芬谈过英国诗,周煦良谈过《红楼梦》,裘复生谈过荧光管原理,雷垣谈过相对论入门,沈知白谈过中国音乐,伍子昂谈过近代建筑。每次谈话后必对国内外大局交换情报及意见。此种集会至解放前一二个月停止举行。

解放后,第一次全国文代听说有我名字,我尚在昆明;第二次全国文代,我在沪,未出席。一九五四年北京举行翻译会议,未出席,寄了一份意见书去。自一九四九年过天津返沪前,曾去北京三天看过楼适夷、徐伯昕、钱锺书后,直至今年三月宣传会议才去北京。去年六月曾参加上海政协参观建设访问团。

一九五七年七月十六日

一九五八年

一九五八年四月十九日[①]

爸爸的身体很糟,除一般衰弱及失眠外,眼睛又出了毛病,初发觉时常常发花,发酸,淌泪水,头痛,他以为眼镜不对,两个月以前请眼科医生验光,才发觉不是眼镜之故,根本是眼睛本身的病,因为用脑力视力过度,影响了视神经衰退,医生说,必须休养三四个月,绝对不能看书,用脑,要营养好,否则发展下去就有失明危险。这一下把爸爸"将"住了,要他休息不工作,把脑子闲起来,这不是件容易的事,因此我苦劝爸爸,一定要听医生话。这两个月来总算工作完全停顿,有时听听音乐,我也常常逼着他睡觉,因为只有躺在床上才能真正不用目力。爸爸的头痛,吴医生断为三叉神经痛,一天要痛二三次,厉害的时候痛得整夜十几小时连续不断,非常苦恼。牙齿也去检查过,拔掉过几只,还是不解决问题。现在休养了二个多月,眼睛仍无多大进步,因此我心里也烦得很。以后要我帮他做的工作,如查字典,整理文稿,寻材料,做卡片,打字等等,要比以前更多了。而我几年来也心脏衰弱,经常脸肿脚肿,心跳得很快,特别站了岗或是忙了一阵以后。不过这是年纪大了应有之事,你不必担心。要紧的还是你自

---

① 此信是傅雷夫人朱梅馥所写。

132

己保重身体,切勿疲劳过度,要充分休息!

一九五八年八月二日①

……你知道他向来是以工作为乐的,所以只要精神身体吃得消,一面努力学习马列主义,作为自我改造的初步,来提高自己的政治认识,理论基础;一面作些翻译的准备工作。不接到你的信,使他魂梦不安,常常说梦话,这一点是很痛苦的。爸爸这一年来似乎衰老了许多,白发更多了。我也较去年瘦了许多,常常要脸肿脚肿,都是心脏不健全的迹象。孩子,接到此信,赶快写信来,只有你的信,是我同你爸爸唯一的安慰!

一九五八年九月十八日②

千望万望总算望到了你的信,虽然短短的,但已经给我们不少安慰了,事情也清楚了。我知道你现在正是最忙的时候,既要参加 festival(音乐节),又要准备考试。但愿你顺利通过。我想提醒你几件要紧的事,千万不要当作耳边风,静静的想想。(一)你不是有录音机么?乘在波之便,设法把波方替你录的全部录音录在你自己的机器上,将来带回来,至少自己人可以听听。你千万不可糊涂,一定要争取,你有了这样好的条件,不把录音带回国是可惜的。此事现在开始就要着手办了,等到临时想到,就来不及了,你得好好安排一下。(二)在波兰穿旧的衣袜等,不要随便扔了,回国后正需要旧衣旧鞋。(三)回国前千万不要买东西,国内各方面都在节约,大家以朴素为主。何况你东西多,反而累赘。(四)回国前若有余款,可留在使馆,或者根本送给使馆,不要看重个人利益,宁可节约些留给国家。以上四点,要你注意的,千万要做到。

一九五九年

一九五九年三月十二日

一、对外只谈艺术,言多必失,防人利用。

---

① 此信是傅雷夫人朱梅馥所写。
② 此信是傅雷夫人朱梅馥所写。

二、行动慎重，有事多与老辈商量，三思而行。

三、生活节俭，用钱要计算。

四、爸爸照常工作。

一九五九年十月一日①

未接来信之前，我们的心情是沉痛的，痛苦的，你的变化太突兀了，令人无法捉摸。我们做父母的只觉得惭愧，没有给你什么好的感受。我们除了一片热忱的爱子之心之外，但愿你自觉的醒悟过来。一个人身在国外，对祖国的怀念是深切的，不论做人方面、事业方面，处处要保持我们中国人传统的谦虚和大方。

来信说已经跑过许多地方，开过几十次音乐会，总算得到好评，这当然是你辛勤劳动的成果。每次演出都好像上战场，只许成功，不许失败。但是你有没有考虑到，这样多的音乐会，长此下去，会损伤你的健康？我一向知道你不注意起居饮食，为了演出可以废寝忘食，还要跑东跑西，何其劳累。在你年富力强的时候，也许还不觉得，但迟早要影响健康，跟你总算账的。太多的演出，对你学习有妨碍。照理，像你这样的钢琴家，每月至多二三次，那么才有充分时间学习其他东西。须知不进则退，于你是不利的。你应该有个打算，好好的安排，也可以和经纪人商量，总以演出不妨碍学习和休息为主。宁可生活清苦些，节制一些力量（对理财方面也要有打算，要节约，不可滋长浪费的恶习）。俗语说：在家靠父母，出门靠朋友，你孤身海外，更需要处处向长者讨教，与朋友商量，千万不可独断孤行。

一九五九年十月一日

孩子，十个月来我的心绪你该想象得到；我也不想千言万语多说，以免增加你的负担。你既没有忘怀祖国，祖国也没有忘了你，始终给你留着余地，等你醒悟。我相信：祖国的大门是永远向你开着的。

好多话，妈妈已说了，我不想再重复。但我还得强调一点，就是：适量

---

① 此信是傅雷夫人朱梅馥所写。一九五七年到一九五八年，傅雷受到了批判，傅聪在波兰听闻传言父亲被捕入狱。为避免陷入父子互相揭发的境地，傅聪于一九五八年底出走英国。

的音乐会能刺激你的艺术,提高你的水平;过多的音乐会只能麻痹你的感觉,使你的表演缺少生气与新鲜感,从而损害你的艺术。你既把艺术看得比生命还重,就该忠于艺术,尽一切可能为保持艺术的完整而奋斗。这个奋斗中目前最重要的一个项目就是:不能只考虑需要出台的一切理由,而要多考虑不宜于多出台的一切理由。其次,千万别做经理人的摇钱树!他们的一千零一个劝你出台的理由,无非是趁艺术家走红的时期多赚几文,哪里是为真正的艺术着想!一个月七八次乃至八九次音乐会实在太多了,大大的太多了!长此以往,大有成为钢琴匠,甚至奏琴的机器的危险!你的节目存底很快要告罄的;细水长流才是办法。若是在如此繁忙的出台以外,同时补充新节目,则人非钢铁,不消数月,会整个身体垮下来的。没有了青山,哪还有柴烧?何况身心过于劳累就会影响到心情,影响到对艺术的感受。这许多道理想你并非不知道,为什么不挣扎起来,跟经理人商量——必要时还得坚持——减少一半乃至一半以上的音乐会呢?我猜你会回答我:目前都已答应下来,不能取消,取消了要赔人损失等等。可是你能否把已定的音乐会一律推迟一些,中间多一些空隙呢?否则,万一临时病倒,还不是照样得取消音乐会?难道捐税和经理人的佣金真是奇重,你每次所得极微,所以非开这么多音乐会就活不了吗?来信既说已经站稳脚跟,那么一个月只登台一二次(至多三次)也不用怕你的名字冷下去。决定性的仗打过了,多打零星的不精彩的仗,除了浪费精力,报效经理人以外,毫无用处,不但毫无用处,还会因表演的不够理想而损害听众对你的印象。你如今每次登台都与国家面子有关;个人的荣辱得失事小,国家的荣辱得失事大!你既热爱祖国,这一点尤其不能忘了。为了身体,为了精神,为了艺术,为了国家的荣誉,你都不能不大大减少你的演出。为这件事,我从接信以来未能安睡,往往为此一夜数惊!

还有你的感情问题怎样了?来信一字未提,我们却一日未尝去心,我知道你的性格,也想象得到你的环境;你一向滥于用情;而即使不采主动,被人追求时也免不了虚荣心感到得意:这是人之常情,于艺术家为尤甚,因此更需警惕。你成年已久,到了二十五岁也该理性坚强一些了,单凭一时冲动的行为也该能多克制一些了。不知事实上是否如此?要找永久的伴侣,也得多用理智考虑勿被感情蒙蔽!情人的眼光一结婚就会变,变得你自己都不相信:事先要不想到这一着,必招后来的无穷痛苦。除了艺术以外,你在外做人方面就是这一点使我们操心。因为这一点也间接影响到国家民族的荣誉,英国人对男女问题的看法始终清教徒气息很重,想你也有所发觉,知道如何自爱了;自爱即所以报答父母,报答国家。

　　真正的艺术家,名副其实的艺术家,多半是在回想中和想象中过他的感情生活的。唯其能把感情生活升华才给人类留下这许多杰作。反复不已的、有始无终的,没有结果也不可能有结果的恋爱,只会使人变成唐·璜,使人变得轻薄,使人——至少——对爱情感觉麻痹,无形中流于玩世不恭;而你知道,玩世不恭的祸害,不说别的,先就使你的艺术颓废;假如每次都是真刀真枪,那么精力消耗太大,人寿几何,全部贡献给艺术还不够,怎容你如此浪费!歌德的《少年维特之烦恼》的故事,你总该记得吧。要是歌德没有这大智大勇,历史上也就没有歌德了。你把十五岁到现在的感情经历回想一遍,也会怅然若失了吧?也该从此换一副眼光,换一种态度,换一种心情来看待恋爱了吧?——总之,你无论在订演出合同方面,在感情方面,在政治行动方面,主要得避免"身不由己",这是你最大的弱点。——在此举国欢腾,庆祝十年建国十年建设十年成就的时节,我写这封信的心情尤其感触万端,非笔墨所能形容。孩子,珍重,各方面珍重,千万珍重,千万自爱!

一九六〇年

一九六〇年一月十日

　　孩子,看到国外对你的评论很高兴。你的好几个特点已获得一致的承认和赞许,例如你的 tone(音感),你的 touch(触键),你对细节的认真与对完美的追求,你的理解与风格,都已受到注意。有人说莫扎特《第二十七协奏曲》K. 595 第一乐章是 healthy(健康),extrovert allegro(外向、活泼的快板),似乎与你的看法不同,说那一乐章健康,当然没问题,说"外向"(extrovert)恐怕未必。另一批评认为你对 K. 595 第三乐章的表达"His(他的)指你 sensibility is more passive than creative(敏感的被动性多过创造性)”,与我对你的看法也不一样。还有人说你弹萧邦的 Ballades(《叙事曲》)和 Scherzo(《诙谐曲》)中某些快的段落太快了,以致妨碍了作品的明确性。这位批评家对你三月和十月的两次萧邦都有这个说法,不知实际情形如何? 从节目单的乐曲说明和一般的评论看,好像英国人对莫扎特并无特别精到的见解,也许有这种学者或艺术家而并没写文章。

以三十年前的法国情况作比,英国的音乐空气要普遍得多。固然,普遍不一定就是水平高,但质究竟是从量开始的。法国一离开巴黎就显得闭塞,空无所有;不像英国许多二等城市还有许多文化艺术活动。不过这是从表面看;实际上群众的水平,反应如何,要问你实地接触的人了。望来信告知大概。——你在西欧住了一年,也跑了一年,对各国音乐界多少有些观感,我也想知道。便是演奏场子吧,也不妨略叙一叙。例如以音响效果出名的 Festival Hall(节日音乐厅),究竟有什么特点等等。

结合听众的要求和你自己的学习,以后你的节目打算向哪些方面发展? 是不是觉得舒伯特和莫扎特目前都未受到应有的重视,加上你特别有心得,所以着重表演他们两个? 你的普罗柯斐夫①和萧斯塔可维奇②的朔拿大③,都还没出过台,是否一般英国听众不大爱听现代作品? 你早先练好的巴托克④《协奏曲》是第几支? 听说他的《协奏曲》以 No. 3 最时行。你练了贝多芬第一,是否还想练第三? ——弹过勃拉姆斯的大作品后,你对浪漫派是否感觉有所改变? 对舒曼和法朗克是否又恢复了一些好感? ——当然,终身从事音乐的人对那些大师可能一辈子翻来覆去要改变好多次态度;我这些问题只是想知道你现阶段的看法。

近来又随便看了些音乐书。有些文章写得很扎实,很客观。一个英国作家说到李斯特,有这么一段:“我们不大肯相信,一个涂脂抹粉,带点俗气的姑娘会跟一个朴实无华的不漂亮的姊妹人品一样好;同样,我们也不容易承认李斯特的光华灿烂的钢琴朔拿大会跟舒曼或勃拉姆斯的棕色的和灰不溜秋的朔拿大一样精彩。”(见 The Heritage of Music – 2nd series,

---

① 普罗柯斐夫(1891—1953),前苏联作曲家。
② 斯塔可维奇(1906—1957),前苏联作曲家。
③ 朔拿大,奏鸣曲(Sonata)的音译。
④ 巴托克(1881—1945),匈牙利作曲家。

p. 196)（《音乐的遗产》第二集，一百九十六页）接下去他断言那是英国人的清教徒气息作怪。他又说大家常弹的李斯特都是他早年的炫耀技巧的作品，给人一种条件反射，听见李斯特的名字就觉得俗不可耐；其实他的朔拿大是 pure gold（纯金），而后期的作品有些更是严峻到极点。——这些话我觉得颇有道理。一个作家很容易被流俗歪曲，被几十年以至上百年的偏见埋没。那部 *Heritage of Music*（《音乐的遗产》）我有三集，值得一读，论萧邦的一篇也不错，论皮才①的更精彩，执笔的 Martin Cooper（马丁·库珀）在二月九日《每日电讯》上写过批评你的文章。"集"中文字深浅不一，需要细看，多翻字典，注意句法。

有几个人评论你的演奏都提到你身体瘦弱。由此可见你自己该如何保养身体，充分休息。今年夏天务必抽出一个时期去过暑假！来信说不能减少演出的理由，我很懂得，但除非为了生活所迫，下一届订合同务必比这一届合理减少一些演出。要打天下也不能急，要往长里看。养精蓄锐，精神饱满的打决定性的仗比零碎仗更有效。何况你还得学习，补充节目，注意其他方面的修养；除此之外，还要有充分的休息！！

你不依靠任何政治经济背景，单凭艺术立足，这也是你对己对人对祖国的最起码而最主要的责任！当然极好，但望永远坚持下去，我相信你会坚持，不过考验你的日子还未来到。至此为止你尚未遇到逆境。真要过了贫贱日子才真正显出"贫贱不能移"！居安思危，多多锻炼你的意志吧。

节目单等等随时寄来。法、比两国的评论有没有？你的 Steinway（斯坦韦）②是七尺的？九尺的？几星期来闹病闹得更忙，连日又是重伤风又是肠胃炎，无力多写了。诸事小心，珍重珍重！

一九六〇年一月十日夜③

从来信可看到你立身处事，有原则，有信心，我们心头上的石头也放下了。但愿你不忘祖国对你的培养，首长们的爱护，坚持你的独立斗争，为了民族自尊心，在外更要出人头地的为国争光，不仅在艺术方面，并且

---

① 皮才，今译比才（1838—1875），法国作曲家，歌剧《卡门》的作者。
② 斯坦韦，德国移居美国的世界著名钢琴制造家，也是世界著名的钢琴品牌。
③ 此信是傅雷夫人朱梅馥所写。

在做人方面。我相信你不会随风使舵,也绝不会随便改变主张。你的成功,仍然是祖国的光荣。孩子,你给了我们痛苦,也给了我们欢乐。

最近两个月来,我们有兴致听听音乐了,仅有的几张你灌的唱片,想到你就开着听,好像你就在我们眼前弹奏一般。我常常凭回忆思念你,悲欢离合,有甜蜜,有辛酸,人生犹如梦境,一霎眼我们半世过去了。我们这几年来老了许多,爸爸头发花白,神经衰弱,精力已大大减弱,晚上已不能工作;我的眼光衰退,也常常会失眠,这一切都是老态的表现,无法避免了。

我最担心的是你的身体,看你照片,似乎瘦了,也老了些。我深知你的脾气,为了练琴可以废寝忘食,生活向无规律,在我们身边还可以控制你,照顾你。不知你现在的饮食如何解决的? 只要经济上没问题,对你来说,营养是第一,因为你在精神身体方面的消耗太大,不能不注意。衣食寒暖,不能怕麻烦,千万勿逞年轻,任性随便,满不在乎,迟早要算账的。希望以后多多告诉我们生活细节,让我们好像在一起生活一样。

爸爸的书最近两年没有出新的①,巴尔扎克的《赛查·皮罗多盛衰记》尚未付印。另一本《搅水女人》新近译完。丹纳的《艺术哲学》年底才整理插图,整整忙了十天,找插图材料,计算尺寸大小,加插图说明等等,都是琐碎而费手脚的,因为工作时间太长,每天搞到十一二点,做的时候提起精神不觉得怎么累,等到告一段落,精神松下来,人就支持不住,病了三天,也算是彻底休息了三天。你知道爸爸的脾气,他只有病在床上才算真正的休息。

一九六〇年二月一日夜②

亲爱的聪,我们一月十一日发出的信,不知路上走了几天? 唱片公司可曾寄出你的唱片? 近来演出情况如何? 又去过哪些国家? 身体怎样? 都在念中。上月底爸爸工作告一段落,适逢过春节,抄了些音乐笔记给你

---

① 一九五八年傅雷被划为"右派"后,他翻译的书一概停出,出版社要他更名出书,他断然拒绝。一九六一年秋,傅雷摘去"右派"帽子后,出版社才恢复出版他的译作。

② 此信是傅雷夫人朱梅馥所写。

作参考,也许对你有所帮助。原文是法文,有些地方直接译作英文倒反方便。以你原来的认识参照之下,必有感想,不妨来信谈谈。

我们知道你自我批评精神很强,但个人天地毕竟有限,人家对你的好评只能起鼓舞作用;不同的意见才能使你进步,扩大视野:希望用冷静和虚心的态度加以思考。不管哪个批评家都代表一部分群众,考虑批评家的话也就是考虑群众的意见。你听到别人的演奏之后的感想,想必也很多,也希望告诉我们。爸爸说,除了你钻研专业之外,一定要抽出时间多多阅读其他方面的书,充实你的思想内容,培养各方面的知识。——爸爸还希望你看祖国的书报,需要什么书可来信,我们可寄给你。

十二月号 Music & Musicians(《音乐与音乐家》)第二十五页第二栏第九行有一句:Fou Tsóng delicately fingered Mozart Concerto K. 595, as if it were Dresden china. [1]爸爸怕你不懂,要我告诉你:特累斯顿从十八世纪初期起即仿造中国陶瓷器,至今还有出品。批评的人说你演奏的莫扎特仿佛特累斯顿的瓷器。因为你是中国人表演德国人作品,又因为 china(c 字小写)在英文中是瓷器,与“中国”一字双关。

一九六〇年七月四日[2]

孩子,你孤身海外,不论饮食寒暖,日常生活,都要你自己合理安排。自小到大,你一向看到爸爸生活严肃,有规律,有节制,照理多少对你有些影响。尤其理财一道,你向来糊涂,有多少用多少的办法,必须改变。目前逞着自己年富力强,满不在乎,但是一句老话,“天有不测风云,人有旦夕祸福”。必得留些余地,能积蓄一些总是好的。一方面你终有成家的一天,一方面你也要想到父母有年老力衰的时候。爸爸的眼神经衰退及三叉神经痛,吃了许多西药中药未见大效。每天工作时间只能缩短,否则要眼睛发花,出泪水,头痛。回想五六年前爸爸每日工作十一二小时不讨饶,不可同日而语了。

---

[1] 傅聪演奏《莫扎特钢琴协奏曲》作品五九五号如此精雅,仿佛像特累斯顿的瓷器。

[2] 此信是傅雷夫人朱梅馥所写。

一九六〇年八月五日

孩子:两次妈妈给你写信,我都未动笔,因为身体不好,精力不支。不病不头痛的时候本来就很少,只能抓紧时间做些工作;工作完了已筋疲力尽,无心再做旁的事。人老了当然要百病丛生,衰老只有早晚之别,决无不来之理,你千万别为我担忧。我素来对生死看得极淡,只是鞠躬尽瘁,活一天做一天工作,到有一天死神来叫我放下笔杆的时候才休息。如是而已。弄艺术的人总不免有烦恼,尤其是旧知识分子处在这样一个大时代。你虽然年轻,但是从我这儿沾染的旧知识分子的缺点也着实不少。但你四五年来来信,总说一投入工作就什么烦恼都忘了;能这样在工作中乐以忘忧,已经很不差了。我们二十四小时之内,除了吃饭睡觉总是工作的时间多,空闲的时间少;所以即使烦恼,时间也不会太久,你说是不是?不过劳逸也要调节得好:你弄音乐,神经与感情特别紧张,一年下来也该彻底休息一下。暑假里到乡下去住个十天八天,不但身心得益,便是对你的音乐感受也有好处。何况入国问禁,入境问俗,对他们的人情风俗也该体会观察。老关在伦敦,或者老是忙忙碌碌在各地奔走演出,一点不接触现实,并不相宜。见信后望立刻收拾行装,出去歇歇,即是三五天也是好的。

你近来专攻斯卡拉蒂,发现他的许多妙处,我并不奇怪。这是你喜欢亨特尔以后必然的结果。斯卡拉蒂的时代,文艺复兴在绘画与文学园地中的花朵已经开放完毕,开始转到音乐;人的思想感情正要求在另一种艺术中发泄,要求更直接刺激感官,比较更缥缈更自由的一种艺术,就是音乐,来满足它们的需要。所以当时的音乐作品特别有朝气,特别清新,正如文艺复兴前期绘画中的鲍蒂彻利。而且音乐规律还不像十八世纪末叶严格,有才能的作家容易发挥性灵。何况欧洲的音乐传统,在十七世纪时还非常薄弱,不像绘画与雕塑早在古希腊就有登峰造极的造诣,︱雕塑在纪元前六至四世纪,绘画在纪元前一世纪至纪元后一世纪。︱一片广大无边的处女地正有待于斯卡拉蒂及其以后的人去开垦。——写到这里,我想你应该常去大不列颠博物馆,那儿的艺术宝藏可说一辈子也享受不尽;为了你总的(全面的)艺术修养,你也该多多到那里去学习。

我因为病的时候多,只能多接触艺术,除了原有的旧画以外,无意中研究起碑帖来了：现在对中国书法的变迁、源流，已弄出一些眉目，对中国整个艺术史也增加了一些体会；可惜没有精神与你细谈。提到书法，忽然想起你在四月号《音乐与音乐家》杂志上的签字式，把聪字写成"耳""。须知末一笔不能往下拖长，因为行书草书，"一"或"⺍"才代表"心"字，你只能写成"聪"或"聰"。末一笔可以流露一些笔锋的余波，例如"聪"或"聰"，但切不可余锋太多，变成往下拖的一只脚。望注意。

你以前对英国批评家的看法，太苛刻了些。好的批评家和好的演奏家一样难得；大多数只能是平平庸庸的"职业批评家"。但寄回的评论中有几篇的确写得很中肯。例如五月七日 *Manchester Guardian*（《曼彻斯特卫报》）上署名 J. H. Elliot（埃利奥特）写的《从东方来的新的启示》（*New Light from the East*）说你并非完全接受西方音乐传统，而另有一种清新的前人所未有的观点。又说你离开西方传统的时候，总是以更好的东西去代替；而且即使是西方文化最严格的卫道者也不觉你的脱离西方传统有什么"乖张""荒诞"，炫耀新奇的地方。这是真正理解到了你的特点。你能用东方人的思想感情去表达西方音乐，而仍旧能为西方最严格的卫道者所接受，就表示你的确对西方音乐有了一些新的贡献。我为之很高兴。且不说这也是东风压倒西风的表现之一，并且正是中国艺术家对世界文化应尽的责任；唯有不同种族的艺术家，在不损害一种特殊艺术的完整性的条件之下，能灌输一部分新的血液进去，世界的文化才能愈来愈丰富，愈来愈完满，愈来愈光辉灿烂。希望你继续往这条路上前进！还有一月二日 *Hastings Observer*（《黑斯廷斯观察家报》）上署名 Allan Biggs（阿伦·比格斯）写的一篇评论，显出他是衷心受了感动而写的，全文没有空洞的赞美，处处都着着实实指出好在哪里。看来他是一位年纪很大的人了，因为他说在一生听到的上千钢琴家中，只有 Pachmann（帕赫曼）①与 Moiseiwitsch（莫依塞维奇）②两个，有你那样的魅力。Pachmann 已经死了多少年了，而且他听到过"上千"钢琴家，准是个苍然老叟了。关于你唱片的专评也写得好。

---

① 　弗拉基米尔·德·帕赫曼（1848—1933），俄罗斯钢琴家。
② 　班诺·莫依塞维奇（1890—1963），英籍俄罗斯钢琴家。

要写的中文不洋化,只有多写。写的时候一定打草稿,细细改过。除此以外并无别法。特别把可要可不要的字剔干净。

身在国外,靠艺术谋生而能不奔走于权贵之门,当然使我们安慰。我相信你一定会坚持下去,这点儿傲气也是中国艺术家最优美的传统之一,值得给西方做个榜样。可是别忘了一句老话:岁寒而后知松柏之后凋;你还没经过"岁寒"的考验,还得对自己提高警惕才好! 一切珍重! 千万珍重!

一九六〇年八月二十九日

亲爱的孩子,八月二十日报告的喜讯使我们心中说不出的欢喜和兴奋。你在人生的旅途中踏上一个新的阶段,开始负起新的责任来,我们要祝贺你,祝福你,鼓励你。希望你拿出像对待音乐艺术一样的毅力、信心、虔诚,来学习人生艺术中最高深的一课。但愿你将来在这一门艺术中得到像你在音乐艺术中一样的成功! 发生什么疑难或苦闷,随时向一两个正直而有经验的中、老年人讨教,(你在伦敦已有一年八个月,也该有这样的老成的朋友吧?)深思熟虑,然后决定,切勿单凭一时冲动:只要你能做到这几点,我们也就放心了。

对终身伴侣的要求,正如对人生一切的要求一样不能太苛。事情总有正反两面:追得你太迫切了,你觉得负担重;追得不紧了,又觉得不够热烈。温柔的人有时会显得懦弱,刚强了又近乎专制。幻想多了未免不切实际,能干的管家太太又觉得俗气。只有长处没有短处的人在哪儿呢?世界上究竟有没有十全十美的人或事物呢?抚躬自问,自己又完美到什么程度呢? 这一类的问题想必你考虑过不止一次。我觉得最主要的还是本质的善良,天性的温厚,开阔的胸襟。有了这三样,其他都可以逐渐培养;而且有了这三样,将来即使遇到大大小小的风波也不致变成悲剧。做艺术家的妻子比做任何人的妻子都难;你要不预先明白这一点,即使你知道"责人太严,责己太宽",也不容易学会明哲、体贴、容忍。只要能代你解决生活琐事,同时对你的事业感到兴趣就行,对学问的钻研等等暂时不必期望过奢,还得看你们婚后的生活如何。眼前双方先学习相互的尊重、谅解、宽容。

对方把你作为她整个的世界固然很危险,但也很宝贵!你既已发觉,一定会慢慢点醒她;最好旁敲侧击而勿正面提出,还要使她感到那是为了维护她的人格独立,扩大她的世界观。倘若你已经想到奥里维的故事,不妨就把那部书叫她细读一二遍,特别要她注意那一段插曲。像雅葛丽纳那样只知道 love,love,love!(爱,爱,爱!)的人只是童话中人物,在现实世界中非但得不到 love,连日子都会过不下去,因为她除了 love 一无所知,一无所有,一无所爱。这样狭窄的天地哪像一个天地!这样片面的人生观哪会得到幸福!无论男女,只有把兴趣集中在事业上,学问上,艺术上,尽量抛开渺小的自我(ego),才有快活的可能,才觉得活的有意义。未经世事的少女往往会在一个荒诞的梦想,以为恋爱时期的感情的高潮也能在婚后维持下去。这是违反自然规律的妄想。古语说,"君子之交淡如水";又有一句话说,"夫妇相敬如宾"。可见只有平静、含蓄、温和的感情方能持久;另外一句的意义是说,夫妇到后来完全是一种知己朋友的关系,也即是我们所谓的终身伴侣。未婚之前双方能深切领会到这一点,就为将来打定了最可靠的基础,免除了多少不必要的误会与痛苦。

你是以艺术为生命的人,也是把真理、正义、人格等等看作高于一切的人,也是以工作为乐生的人;我用不着唠叨,想你早已把这些信念表白过,而且竭力灌输给对方的了。我只想提醒你几点:——第一,世界上最有力的论证莫如实际行动,最有效的教育莫如以身作则;自己做不到的事千万勿要求别人;自己也要犯的毛病先批评自己,先改自己的。——第二,永远不要忘了我教育你的时候犯的许多过严的毛病。我过去的错误要是能使你避免同样的错误,我的罪过也可以减轻几分;你受过的痛苦不再施之于他人,你也不算白白吃苦。总的来说,尽管指点别人,可不要给人"好为人师"的感觉。奥诺丽纳{你还记得巴尔扎克那个中篇吗?}的不幸一大半是咎由自取,一小部分也因为丈夫教育她的态度伤了她的自尊心。凡是童年不快乐的人都特别脆弱(也有训练得格外坚强的,但只是少数),特别敏感,你回想一下自己,就会知道对付你的爱人要如何 delicate(温柔),如何 discreet(小心谨慎的)了。

我相信你对爱情问题看得比以前更郑重更严肃了;就在这考验时期,希望你更加用严肃的态度对待一切,尤其要对婚后的责任先培养一种忠诚、庄严、虔敬的心情!

一九六〇年八月二十九日[①]

今天接到你的喜讯,真是说不出的高兴,做母亲的愿望总算实现了。男大当婚,女大当嫁,这是天经地义的事,但愿你跟弥拉姻缘美满,我们为儿女担的心也算告一段落。她既美丽、聪明、温柔,对你是最合适了;我常常讲,聪找的对象一定要有这样的条件,因为我跟你爸爸的结合,能够和平相处,就是一个很显著的例子。只要真正认识对方,了解对方,就是受些委屈,也是不计较的。归根结底,到底自己也有错误的地方。希望你不要太苛求,看事情不要太认真,平易近人,总是给人一种体贴亲切之感。尤其对你终身的伴侣,不可三心二意,要始终如一。只要你们真正相爱,互相容忍,互相宽恕,难免的小波折很快会烟消云散。尤其你自己身上的缺点很多,你太像父亲了,只要有自知之明,你的爱人就会幸福。还有一点要提醒你,以后再也不要怀念童年的初恋,人家早已成了家,不但想了无用,而且无意中流露出来,也徒然增加你现在爱人的误会,那是最犯忌的,也是没有意义的。爸爸已经说了许多,而且都是经验之谈,我们在人生的旅途上走了几十年,非但结合自己的经历,而且朋友之中多多少少悲欢离合的事也看得很多,所以尽量告诉你,目的就是希望你们永远幸福。

一九六〇年十月二十一日夜

你的片子只听了一次,一则唱针已旧,不敢多用,二则寄来唱片只有一套,也得特别爱护。初听之下,只觉得你的风格变了,技巧比以前流畅,稳,干净,不觉得费力。音色的变化也有所不同,如何不同,一时还说不上来。pedal(踏板)用得更经济。pp.(pianissimo,最弱)比以前更 pp.(最弱)。朦胧的段落愈加朦胧了。总的感觉好像光华收敛了些,也许说凝练比较更正确。朔拿大一气呵成,紧凑得很。largo(广板)确如多数批评家所说 full of poetic sentiment(充满诗意),而没有一丝一毫感伤情调。至此为止,我只能说这些,以后有别的感想再告诉你。四支 *Ballads*(《叙事

[①] 此信是傅雷夫人朱梅馥所写。

曲》)有些音很薄,好像换了一架钢琴,但 Bercese(《摇篮曲》),尤其是 Nocturne(《夜曲》)(那支是否Paci(百器)最喜欢的?)的音仍然柔和醇厚。是否那些我觉得太薄太硬的音是你有意追求的?你前回说你不满意 Ballads(《叙事曲》),理由何在,望告我,对 Ballads(《叙事曲》),我过去受 Cortot(柯尔托)影响太深,遇到正确的 style(风格),一时还体会不到其中的妙处。玛祖卡的印象也与以前大不同,melody(旋律)的处理也两样;究竟两样在哪里,你能告诉我吗?有一份唱片评论,说你每个 bar(小节)的 1st or 2nd beat(第一或第二拍音)往往有拖长的倾向,听起来有些 mannered(做作,不自然),你自己认为怎样?是否玛祖卡真正的风格就需要拖长第一或第二拍?来信多和我谈谈这些问题吧,这是我最感兴趣的。其实我也极想知道国外音乐界的一般情形,但你忙,我不要求你了。从你去年开始的信,可以看出你一天天的倾向于 wisdom(智慧)和所谓希腊精神。大概中国的传统哲学和艺术理想越来越对你发生作用了。从贝多芬式的精神转到这条路在我是相当慢的,你比我缩短了许多年。原因是你的童年时代和少年时代所接触的祖国文化(诗歌、绘画、哲学)比我同时期多的多。我从小到大,样样靠自己摸,只有从年长的朋友那儿偶然得到一些启发,从来没人有意的有计划的指导过我,所以事倍功半。来信提到周扬的情形使我感触很多。高度的才能不和高度的热爱结合,比只有热情而缺乏能力的人更可惋惜。

一九六○年十一月十三日

亲爱的孩子,十月二十二日寄你和弥拉的信各一封,想你瑞典回来都看到了吧?——前天{十一月十一日}寄出法译《毛主席诗词》一册、英译关汉卿{元人}《剧作选》一册、曹禹《日出》一册、冯沅君《中国古典文学小史》一册{四册共一包都是给弥拉的};又陈老莲《花鸟草虫册》一,计十幅,黄宾虹墨笔山水册页五张{摄影},笺谱两套共二十张,我和妈妈放大照片两张{友人摄},共作一包:以上均挂号平寄,由苏联转,预计十二月十日前后到伦敦。——陈老莲《花鸟草虫册》还是五八年印的,在现有木刻水印中技术最好,作品也选的最精;其中可挑六张,连同封套及打字说明,送弥拉的爸爸,表示我们的一些心意。余四张可留存,将来装饰你的新居。黄氏作品均系原来尺寸，由专门摄影的友人代制，花了不少工夫。其他笺谱有些也可配小玻璃框悬挂。因国内纸张奇紧，印数极少，得之不易，千万勿随便送人；只有真爱真懂艺术的人才可酌送一二（指笺谱）。木刻水印在一切复制技术中最接近原作，工本浩大，望珍视之。西人送礼，尤其是艺术品，以少为贵，故弥拉爸爸送六张陈老莲已绰乎有余。——这不是小气，而是合乎国外惯例，同时也顾到我们供应不易。

《敦煌壁画选》{木刻水印的一种，非石印洋纸的一种}你身边是否还有？我尚留着三集俱全的一套，你要的话可寄你。不过那是绝版了三五年的东西（木刻印数有限制，后来版子坏了，不能再印），更加名贵，你必须特别爱惜才好。{要否望来信！}

看了此次照片，觉得弥拉更美了，她比瑞士时期肉采丰满，想系恢复健康之故。从她信上可以体会到她性格和顺，天真，同时也严肃，对人对事都认真。为了你们的将来，她正式去学家政，令人感动。不过持家之道主要在乎 commen sense（常识），待人接物和处理银钱等等，一切做得合情合理，有计划，有预算。孩子，你该满足了吧，这样一个伴侣对你可有很大帮助。目前你在经历一生最快乐的时期，订了婚，精神有了寄托，只有爱的甜蜜，还没有家庭的责任：你不要"得福不知"！看你照片，身体似乎不坏，精神也平静，我们非常安慰。弥拉极懂音乐，爱好文艺，你们一定相处得很好。在日常工作与休息营养的调节方面，千万多听她的话，别看她年幼，女性在某些事情上比较我们男人实际得多，她们的直觉往往很正确，而且任何年轻的女孩子都有母爱的本能，有些为你身心健康的劝告，更应当多多接受。但愿你脾气好，万万不要像我，要以我的坏脾气作为你的警戒。我最怕在这方面给你不良的影响。你要是能不让爸爸的缺点在你身上发展，便是你对爸爸最好的报答，也是对你的下一代尽了很大的责任。

《音乐与音乐家》月刊八月号，有美作曲家 Copland（考普伦）①的一篇论列美洲音乐的创作问题，我觉得他根本未接触到关键。他绝未提到美洲人是英、法、德、荷、意、西几种民族的混合；混合的民族要产生新文化，尤其是新音乐，必须一个很长的时期，决非如 Copland（考普伦）所说单从

---

① 考普伦(1900—1990)，美国作曲家。

jazz(爵士音乐)的节奏或印第安人的音乐中就能打出路来。民族乐派的建立本地风光的表达,有赖于整个民族精神的形成。欧洲的意、西、法、英、德、荷……许多民族,也是从七世纪起由更多的更早的民族杂凑混合起来的。他们都不是经过极长的时期{融和与合流的时期},才各自形成独特的精神面貌,而后再经过相当长的时期在各种艺术上开花结果吗?

同一杂志三月号登一篇 John Pritchard(约翰·普里查德)①的介绍(你也曾与 Pritchard 合作过),有下面一小段值得你注意:——

Famous conductor Fritz Busch once asked John Pritchard:"How long is it since you looked at Renaissance painting?" To Pritchard 's astonished "why?",Busch replied:"Because it will improve your conducting by looking upon great things—do not become narrow."(著名指挥家弗里茨·布施②问约翰·普里查德:"距你上次看文艺复兴时期的绘画有多久了?"普里查德惊讶地问"为什么"这样问,恩斯特·布施回答说:"因为观赏伟大的艺术品会提高你的指挥水平——不至于眼界狭窄。")

你在伦敦别错过 looking upon great things(观赏伟大的艺术品)的机会,博物馆和公园对你同样重要。

一九六〇年十一月二十六日晚

亲爱的孩子,自从弥拉和我们通信以后,好像你有了秘书,自己更少动笔了。知道你忙,精神紧张劳累,也不怪你。可是有些艺术问题非要你自己谈不可。你不谈,你我在精神上艺术上的沟通就要中断,而在我这个孤独的环境中更要感到孤独。除了你,没有人再和我交换音乐方面的意见。而我虽一天天的衰老,还是想多吹吹外面的风。你小时候我们指导你,到了今日,你也不能坐视爸爸在艺术的某一部门中落后!

孩子,你如今正式踏进人生的重要阶段了,想必对各个方面都已严肃认真的考虑过:我们中国人对待婚姻——所谓终身大事——比西方人郑重得多,你也决不例外;可是夫妇之间西方人比我们温柔得多,delicate(入

---

① 约翰·普里查德(1921—1989),英国指挥家。
② 弗里茨·布施(1890—1951),德国指挥家。

微)得多，真有我们古人相敬如宾的作风｛当然其中有不少虚伪的，互相欺骗的｝，想你也早注意到，在此订婚四个月内也该多少学习了一些。至于经济方面，大概你必有妥善的打算和安排。还有一件事，妈妈和我争执不已，不赞成我提出。我认为你们都还年轻，尤其弥拉，初婚后一二年内光是学会当家已是够烦了，是否需要考虑稍缓一二年再生儿育女，以便减轻一些她的负担，让她多轻松一个时期？妈妈反对，说还是早生孩子，宁可以后再节育。但我说晚一些也不过晚一二年，并非十年八年；说不说由我，听不听由你们；知无不言，言无不尽，朋友之间尚且如此，何况父母子女！有什么忌讳呢？你说是不是？我不过表示我的看法，决定仍在你们。——而且即使我不说，也许你们已经讨论过这个问题了。

弥拉的意思很对，你们该出去休息一个星期。我老是觉得，你离开琴，沉浸在大自然中，多沉思默想，反而对你的音乐理解与感受好处更多。人需要不时跳出自我的牢笼，才能有新的感觉，新的看法，也能有更正确的自我批评。

一九六〇年十二月二日

亲爱的孩子，因为闹关节炎，本来这回不想写信，让妈妈单独执笔；但接到你去维也纳途中的信，有些艺术问题非由我亲自谈不可，只能撑起来再写。知道你平日细看批评，觉得总能得到一些好处，真是太高兴了。有自信同时又能保持自我批评精神，的确如你所说，是一切艺术家必须具备的重要条件。你对批评界的总的看法，我完全同意；而且是古往今来真正的艺术家一致的意见。所谓"文章千古事，得失寸心知！"往往自己认为的缺陷，批评家并不能指出，他们指出的倒是反映批评家本人的理解不够或者纯属个人的好恶，或者是时下的风气和流俗的趣味，从巴尔扎克到罗曼·罗兰，都一再说过这一类的话。因为批评家也受他气质与修养的限制｛单从好的方面看｝，艺术家胸中的境界没有完美表现出来时，批评家可能完全捉摸不到，而只感到与习惯的世界抵触；便是艺术家的理想真正完美的表现出来了，批评家囿于成见，也未必马上能发生共鸣。例如雨果早期的戏剧，皮才的卡尔曼，特皮西的贝莱阿斯与梅利桑特。但即使批评家说的不完全对头,或竟完全不对头,也会有一言半语引起我们的反省,给我们一种 inspiration(灵感),使我们发现真正的缺点,或者另外一个新的角落让我们去追求,再不然是使我们联想到一些小枝节可以补充、修正或改善。——这便是批评家之言不可尽信,亦不可忽视的辩证关系。

来信提到批评家音乐听得太多而麻痹,确实体会到他们的苦处。同时我也联想到演奏家大多沉浸在音乐中和过度的工作或许也有害处。追求完美的意识太强太清楚了,会造成紧张与疲劳,反而妨害原有的成绩。你灌唱片特别紧张,就因为求全之心太切。所以我常常劝你劳逸要有恰当的安排,最要紧维持心理的健康和精神的平衡。一切做到问心无愧,成败置之度外,才能临场指挥若定,操纵自如。也切勿刻意求工,以免画蛇添足,丧失了 spontaneity(率性);理想的艺术总是如行云流水一般自然,即使是慷慨激昂也像夏日的疾风猛雨,好像是天地中必然有的也是势所必然的境界。一露出雕琢和斧凿的痕迹,就变为庸俗的工艺品而不是出于肺腑,发自内心的艺术了。我觉得你在放松精神一点上还大有可为。不妨减少一些工作,增加一些深思默想,看看效果如何。别老说时间不够;首先要从日常生活的琐碎事情上——特别是梳洗穿衣等等,那是我几年来常嘱咐你的——节约时间,挤出时间来! 要不工作,就痛快休息,切勿拖拖拉拉在日常猥琐之事上浪费光阴。不妨多到郊外森林中去散步,或者上博物馆欣赏名画,从造型艺术中去求恬静闲适。你实在太劳累了! ……你知道我说的休息绝不是懒散,而是调节你的身心,尤其是神经(我一向认为音乐家的神经比别的艺术家更需要保护:这也是有科学与历史根据的),目的仍在于促进你的艺术,不过用的方法比一味苦干更科学而已!

你的中文并不见得如何退步,你不必有自卑感。自卑感反会阻止你表达的流畅。Do take it easy!(别紧张!)主要是你目前的环境多半要你用外文来思想,也因为很少机会用中文讨论文艺、思想等等问题。稍缓我当寄一些旧书给你,让你温习温习辞汇和句法的变化。我译的旧作中,嘉尔曼和服尔德的文字比较最洗练简洁,可供学习。新译不知何时印,印了当然马上寄。但我们纸张不足,对十九世纪的西方作品又经过批判与重新估价,故译作究竟哪时会发排,完全无法预料。

其实多读外文书{写得好的},也一样能加强表达思想的能力。我始终觉得一个人有了充实丰富的思想，不怕表达不出。Arthur Hedley（阿瑟·赫德利）①写的 Chopin（《萧邦》）（在 master musician《音乐大师》丛书内）内容甚好，文字也不太难。第十章提到 Chopin（萧邦）的演奏，有些字句和一般人对你的评论很相近。

一九六〇年十二月二日②

知道你们婚期确定以来，我们抱着激动兴奋的心情天天都在盘算日子。你们幸福，我们也跟着幸福。所谓骨肉之亲，所谓爱子情深，只有真爱子女的父母才能深切的体会其中的滋味。我们常常沉浸在回忆中，把你的一生重新温过一遍，想着你在襁褓中的痴肥胖，又淘气又可爱的童年，顽强而多事的少年，一直到半生不熟的去罗马尼亚，出发去参加萧邦的比赛为止：童年时所受的严格的家庭教育，少年时代的发奋用功，出国后的辛勤劳苦，今天的些少成绩，真像电影中一个个的镜头，历历在目，包括了多少辛酸和多少欢乐！如今你到了人生的高潮，也是一生中最幸福的阶段，开始成家立业了。我们做父母的怎不喜极而涕！尤其做母亲的，想到儿子今后的饮食寒暖，身边琐事，有这样一个理想的弥拉来照顾应付，你也不再觉得孤独，我从此可以交卸责任，一切放心了。可爱的弥拉，虽然我们之间只能从通信中互相了解，可是已感到她性情淳厚，温柔体贴，绝非虚荣浮夸的女孩子。（她说过她的信永远代替不了你的，你看她多么懂得做父母的心！）这是你的福气，也显出你眼光不差。最后我还得叮咛几句：希望你们二人处理相亲相爱之外，永远能互相尊重事事商量，切勿独断专行。生活要严肃，有规律，有节制；经济方面要有计划预算，用钱要适当，总之，行事不可凭冲动，图一时之快，必须深思熟虑；你个人更不可使性。当然，人生永远在学习中，过失难免，只要接受教训，就是深入一步了。

我们觉得最遗憾的是没有尽父母之职，不能代你们做些事，美中不足的又不能参加你们的婚礼。日期如此匆促，使我措手不及，不知买什么送

---

①　阿瑟·赫德利(1905—1969)，英国音乐作家。
②　此信是傅雷夫人朱梅馥所写。

你们好。寄出包裹限制甚严,只能在极小的范围内选购。我接连跑了二天,把东西分作二包,总算很顺利的一次寄出了。一个包直寄你岳母处,内织锦缎二件:黑底大金花的送梅纽因夫人,绿色小花的给弥拉。一个包寄 Club①,内"和光绉"衣料一件,给弥拉做件中国旗袍(最好做夹的,要配个里子),做时可请教中国朋友设计,也不妨问问恩德。要是弥拉不喜欢旗袍,那么随便她做裙子也好,做单纯的 robe(罩袍)也好。淡绿色圆形绣花靠枕一对,淡红色缎子靠枕一对,古绣衣袖一对(作小台布用,放在玻璃底下最美,必须避免灰尘),绒花一朵(不理想)。这一些中国产品的小礼物,算不了什么,只能补充你们布置新房的点缀。物少心意重,想你们一定会喜欢的。《敦煌壁画选》要过一个月再寄,因为海关认为一次已寄了二个包,数量太多,故只能当场原封带回。但愿我们早寄的(十一月十一日寄出)一些陈老莲水印画片,能于你们婚前收到,立刻配起框子,就可悬挂。中国人的家多少该有些中国风味,你们看对不对?

一九六一年

一九六一年一月五日②

聪,亲爱的孩子,关于你所接触的音乐界,你所来往的各方面的朋友,同我们讲得太少了。你真不知道你认为 trivial thing(无足轻重的事),在我们却是新鲜事儿,都是 knowledge(知识);你知道对于我们,得到新的 knowledge(知识),就是无上的乐趣。譬如这次弥拉告诉我们的(爸爸信上问的)Harriet Cohen(哈理特·科恩)奖金的事,使我们知道了西方音乐界的一种情况,爸爸说那是小小的喜剧。Julius Ketchen(尤利乌斯·凯琴)③的同你讨论 Beethoven(贝多芬)的 Sonata(《奏鸣曲》),又使我们领会到另一种情况;表示艺术家之间坦白真诚的思想交流。像你爸爸这样会吸收,会举一反三的人,对这些事的确感到很大的兴趣。他要你多提音乐界的事,无非是进取心强,不甘落后,要了解国外艺术界的现状,你何乐

---

① 傅聪当时在伦敦的住地。
② 此信是傅雷夫人朱梅馥所写。
③ 尤利乌斯·凯琴(1926—1969),美国钢琴家。

而不为呢？他一知道你对希腊精神的向往，但认为你对希腊精神还不明确，他就不厌其烦的想要满足你。因为丹纳的《艺术哲学》不知何时出版，他最近竟重理旧稿，把其中讲希腊的一个 chapter（章），约五万余字，每天抽出一部分时间抄录，预备寄你。爸爸虽是腰酸背痛，眼花流泪（多写了还要头痛），但是为了你，他什么都不顾了。前几天我把旧稿替他理出来，他自己也吓了一跳，原来的稿子，字写得像蚂蚁一样小，不得不用了放大镜来抄，而且还要仔仔细细的抄，否则就要出错。他这样坏的身体，对你的 devotion（热爱），对你的关怀，我看了也感动。孩子，世界上像你爸爸这样的无微不至的教导，真是罕有的。你要真心的接受，而且要拿实际行动来表示。来信千万别笼笼统统的，多一些报导，让他心里感到温暖快乐，这就是你对爸爸的报答。……

一九六一年二月五日上午

亲爱的孩子，上月二十四日宋家婆婆突然病故，卧床不过五日，初时只寻常小恙，到最后十二小时才急转直下。人生脆弱一至于此！我和你妈妈为之四五天不能入睡，伤感难言。古人云秋冬之际，尤难为怀；人过中年也是到了秋冬之交，加以体弱多病，益有草木零落，兔死狐悲之感。但西方人年近八旬尚在孜孜矻矻，穷究学术，不知老之"已"至：究竟是民族年轻，生命力特别旺盛，不若数千年一脉相承之中华民族容易衰老欤？抑是我个人未老先衰，生意索然欤？想到你们年富力强，蓓蕾初放，艺术天地正是柳暗花明，窥得无穷妙境之时，私心艳羡，岂笔墨所能尽宣！

因你屡屡提及艺术方面的希腊精神（Hellenism），特意抄出丹纳《艺术哲学》中第四编"希腊雕塑"译稿六万余字，钉成一本。原书虽有英译本，但其中神话、史迹、掌故太多，倘无详注，你读来不免一知半解；我译稿均另加笺注，对你方便不少。我每天抄录一段，前后将近一月方始抄完第四编。奈海关对寄外义稿检查甚严，送去十余日尚无音信，不知何时方能寄出，亦不知果能寄出否。思之怅怅。——此书原系五七年"人文"向我特约，还是王任叔来沪到我家当面说定，我在五八至五九年间译完，已搁置一年八个月。目前纸张奇紧，一时决无付印之望。

在一切艺术中，音乐的流动性最为凸出，一则是时间的艺术，二则是刺激感官与情绪最剧烈的艺术,故与个人的 mood(情绪)关系特别密切。对乐曲的了解与感受,演奏者不但因时因地因当时情绪而异,即一曲开始之后,情绪仍在不断波动,临时对细节,层次,强弱,快慢,抑扬顿挫,仍可有无穷变化。听众对某一作品平日皆有一根据素所习惯与听熟的印象构成的"成见",而听众情绪之波动,亦复与演奏者无异:听音乐当天之心情固对其音乐感受大有影响,即乐曲开始之后,亦仍随最初乐句所引起之反应而连续发生种种情绪。此种变化与演奏者之心情变化皆非事先所能预料,亦非临时能由意识控制。可见演奏者每次表现之有所出入,听众之印象每次不同,皆系自然之理。演奏家所以需要高度的客观控制,以尽量减少一时情绪的影响;听众之需要高度的冷静的领会;对批评家之言之不可不信亦不能尽信,都是从上面几点分析中引申出来的结论。——音乐既是时间的艺术,一句弹完,印象即难以复按;事后批评,其正确性大有问题;又因为是时间的艺术,故批评家固有之{对某一作品成见},其正确性又大有问题。况执着旧事物旧观念旧印象,排斥新事物,新观念,新印象,原系一般心理,故演奏家与批评家之距离特别大。不若造型艺术,如绘画,雕塑,建筑,形体完全固定,作者自己可在不同时间不同心情之下再三复按,观众与批评家亦可同样复按,重加审查,修正原有印象与过去见解。

按诸上述种种,似乎演奏与批评都无标准可言。但又并不如此。演奏家对某一作品演奏至数十百次以后,无形中形成一比较固定的轮廓,大大的减少了流动性。听众对某一作品听了数十遍以后,也有一个比较稳定的印象。——尤其以唱片论,听了数十百次必然会得出一个接近事实的结论。各种不同的心情经过数十次的中和,修正,各个极端相互抵消以后,对某一固定乐曲{既是唱片,则演奏是固定的了,不是每次不同的了,而且可以尽量复按复查}的感受与批评可以说有了平均的、比较客观的价值。个别的听众与批评家,当然仍有个别的心理上精神上气质上的因素,使其平均印象尚不能称为如何客观;但无数"个别的"听众与批评家的感受与印象,再经过相当时期的大交流{由于报章杂志的评论,平日交际场中的谈话,半学术性讨论争辩而形成的大交流}之后,就可得出一个 average(平均)的总和。这个总印象总意见,对某一演奏家的某一作品的成绩来说,大概是公平或近于公平的了。——这是我对群众与批评家的意见肯定其客观价值的看法,也是无意中与你妈妈谈话时谈出来的,不知你觉得怎样? ——我经常与妈妈谈天说地,对人生、政治、艺术、各种问题发表各种感想,往往使我不知不觉中把自己的思想整理出一个小小的头绪来。单就这一点来说,你妈妈对我确是大有帮助,虽然不是出于她主动。——可见终身伴侣的相互帮助有许多完全是不知不觉的。相信你与弥拉之间一定也常有此感。

一九六一年二月六日上午

　　昨天敏自京回沪度寒假,马先生交其带来不少唱片借听。昨晚听了维伐第的两支《协奏曲》,显然是史格拉蒂一类的风格,敏说"非常接近大自然",倒也说得中肯。情调的愉快、开朗、活泼、轻松,风格之典雅、妩媚,意境之纯净、健康,气息之乐观、天真,和声的柔和、堂皇,甜而不俗:处处显出南国风光与意大利民族的特性,令我回想到罗马的天色之蓝,空气之清冽,阳光的灿烂,更进一步追怀两千年前希腊的风土人情,美丽的地中海与柔媚的山脉,以及当时又文明又自然,又典雅又朴素的风流文采,正如丹纳书中所描写的那些境界。——听了这种音乐不禁联想到亨特尔,他倒是北欧人而追求文艺复兴的理想的人,也是北欧人而憧憬南国的快乐气氛的作曲家。你说他 humain(有人情味) 是不错的,因为他更本色,更多保留人的原有的性格,所以更健康。他有的是异教气息,不像巴哈被基督教精神束缚,常常匍匐在神的脚下呼号,忏悔,诚惶诚恐的祈求。基督教本是历史上某一特殊时代,地理上某一特殊民族,经济政治某一特殊类型所综合产生的东西;时代变了,特殊的政治经济状况也早已变了,民族也大不相同了,不幸旧文化——旧宗教遗留下来,始终统治着两千年来几乎所有的西方民族,造成了西方人至今为止的那种矛盾,畸形,与十九、二十世纪极不调和的精神状态,处处同文艺复兴以来的主要思潮抵触。在我们中国人眼中,基督教思想尤其显得病态。一方面,文艺复兴以后的人是站起来了,到处肯定自己的独立,发展到十八世纪的百科全书派,十九世纪的自然科学进步以及政治经济方面的革命,显然人类的前途,进步,能力,都是无限的;同时却仍然奉一个无所不能无所不在的神为主宰,好像人永远逃不出他的掌心,再加上原始罪恶与天堂地狱的恐怖与期望:使近代人的精神永远处于支离破碎,纠结复杂,矛盾百出的状态中,这个情形反映在文化的各个方面,学术的各个部门,使他们(西方人)格外心情复杂,难以理解。我总觉得从异教变到基督教,就是人从健康变到病态的主要表现与主要关键。——比起近代的西方人来,我们中华民族更接近古代的希腊人,因此更自然,更健康。我们的哲学、文学即使是悲观的部分也不是基督教式的一味投降,或者用现代语说,一味的"失败主义";而是人类一般对生老病死,春花秋月的慨叹,如古乐府及我们全部诗词中提到人生如朝露一类的作品;或者是愤激与反抗的表现,如老子的《道德经》。——就因为此,我们对西方艺术中最喜爱的还是希腊的雕塑,文艺复兴的绘画,十九世纪的风景画,——总而言之是非宗教性非说教类的作品。——猜想你近年来愈来愈喜欢莫扎特、斯卡拉蒂、亨特尔,大概也是由于中华民族的特殊气质。在精神发展的方向上,我认为你这条路线是正常的,健全的。——你的酷好舒伯特,恐怕也反映你爱好中国文艺中的某一类型。亲切,熨帖,温厚,惆怅,凄凉,而又对人生常带哲学意味极浓的深思默想;爱人生,恋念人生而又随时准备飘然远行,高蹈,洒脱,遗世独立,解脱一切等等的表现,岂不是我们汉晋六朝唐宋以来的文学中屡见不鲜的吗?而这些因素不是在舒伯特的作品中也具备的吗?——关于上述各点,我很想听听你的意见。关山远阻而你我之间思想交流,精神默契未尝有丝毫间隔,也就象征你这个远方游子永远和产生你的民族,抚养你的祖国,灌溉你的文化血肉相连,息息相通。

一九六一年二月七日

从文艺复兴以来,各种古代文化,各种不同民族,各种不同的思想感情大接触之下,造成了近代人的极度复杂的头脑与心情;加上政治经济和社会的急剧变化(如法国大革命,十九世纪的工业革命,封建社会与资本主义社会的交替等等),人的精神状态愈加充满了矛盾。这个矛盾中最尖锐的部分仍然是基督教思想与个人主义的自由独立与自我扩张的对立。凡是非基督徒的矛盾,仅仅反映经济方面的苦闷,其程度决没有那么强烈。——在艺术上表现这种矛盾特别显著的,恐怕要算贝多芬了。以贝多芬与歌德作比较研究,大概更可证实我的假定。贝多芬乐曲中两个主题的对立,决不仅仅从技术要求出发,而主要是反映他内心的双重性。否则,一切 sonata form(奏鸣曲式)都以两个对立的 motifs(主题)为基础,为何独独在贝多芬的作品中,两个不同的主题会从头至尾斗争得那么厉害,那么凶猛呢?他的两个主题,一个往往代表意志,代表力,或者说代表一种自我扩张的个人主义(绝对不是自私自利的庸俗的个人主义或侵犯别人的自我扩张,想你不致误会);另外一个往往代表犷野的暴力,或者说是命运,或者说是神,都无不可。虽则贝多芬本人决不同意把命运与神混为一谈,但客观分析起来,两者实在是一个东西。斗争的结果总是意志得胜,人得胜。但胜利并不持久,所以每写一个曲子就得重新挣扎一次,斗争一次。到晚年的四重奏中,斗争仍然不断发生,可是结论不是谁胜谁败,而是个人的隐忍与舍弃;这个境界在作者说来,可以美其名曰皈依,曰觉悟,曰解脱,其实是放弃斗争,放弃挣扎,以换取精神上的和平宁静,即所谓幸福,所谓极乐。挣扎了一辈子以后再放弃挣扎,当然比一开场就奴颜婢膝的屈服高明得多,也就是说"自我"的确已经大大的扩张了;同时却又证明"自我"不能无限止的扩张下去,而且最后承认"自我"仍然是渺小的,斗争的结果还是一场空,真正得到的只是一个觉悟,觉悟斗争之无益,不如与命运,与神,言归于好,求妥协。当然我把贝多芬的斗争说得简单化了一些,但大致并不错。此处不能作专题研究,有的地方只能笼统说说。——你以前信中屡次说到贝多芬最后的解脱仍是不彻底的,是否就是我以上说的那个意思呢?——我相信,要不是基督教思想统治了一千三四百年(从高卢人信奉基督教算起)的西方民族,现代欧洲人的精神状态决不会复杂到这步田地,即使复杂,也将是另外一种性质。比如我们中华民族,尽管近半世纪以来也因为与西方文化接触之后而心情变得一天天复杂,尽管对人生的无常从古至今感慨伤叹,但我们的内心矛盾,决不能与宗教信仰与现代精神{自我扩张}的矛盾相扩张比。我们心目中的生死感慨,从无仰慕天堂的极其烦躁的期待与追求,也从无对永堕地狱的恐怖忧虑;所以我们的哀伤只是出于生物的本能,而不是由发热的头脑造出许多极乐与极可怖的幻象来一方面诱惑自己一方面威吓自己。同一苦闷,程度强弱之大有差别,健康与病态的分别,大概就取决于这个因素。

中华民族从古以来不追求自我扩张,从来不把人看作高于一切,在哲学文艺方面的表现都反映出人在自然界中与万物占着一个比例较为恰当的地位,而非绝对统治万物,奴役万物的主宰。因此我们的苦闷,基本上比西方人为少为小;因为苦闷的强弱原是随欲望与野心的大小而转移的。农业社会的人比工业社会的人享受差得多,因此欲望也小得多。况中国古代素来以不滞于物,不为物役为最主要的人生哲学。并非我们没有守财奴,但比起莫利哀与巴尔扎克笔下的守财奴与野心家来,就小巫见大巫了。中国民族多数是性情中正和平,淡泊,朴实,比西方人容易满足。——另一方面,佛教影响虽然很大,但天堂地狱之说只是佛教中的小乘(净土宗)的说法,专为知识较低的大众而设的。真正的佛教教理并不相信真有天堂地狱;而是从理智上求觉悟,求超渡;觉悟是悟人世的虚幻,超渡是超脱痛苦与烦恼。尽管是出世思想,却不予人以热烈追求幸福的鼓动,或急于逃避地狱的恐怖;主要是劝导人求智慧。佛教的智慧正好与基督教的信仰成为鲜明的对比。智慧使人自然而然的醒悟,信仰反易使人入于偏执与热狂之途。——我们的民族本来提倡智慧。(中国人的理想是追求智慧而不是追求信仰。我们只看见古人提到彻悟,从未以信仰坚定为人生乐事(这恰恰是西方人心目中的幸福)。你认为亨特尔比巴哈为高,你说前者是智慧的结晶,后者是信仰的结晶:这个思想根源也反映出我们的民族性。)故知识分子受到佛教影响并无恶果。即使南北朝时代佛教在中国极盛,愚夫愚妇的迷信亦未尝在吾国文化史上遗留什么毒素,知识分子亦从未陷于虚无主义。{即使有过一个短时期,但在历史上并无大害。}——相反,在两汉以儒家为唯一正统,罢斥百家,思想入于停滞状态之后,佛教思想的输入倒是给我们精神上的一种刺激,令人从麻痹中觉醒过来,从狭隘的一家一派的束缚中解放出来。在纪元二三世纪的思想情况之下这是一个可喜的现象。——对中国知识分子拘束最大的倒是僵死的礼教。从南宋的理学{程子朱子}起一直到清朝末年,养成了规行矩步,整天反省,唯恐背礼越矩的迂腐头脑,也养成了口是心非的假道学、伪君子。其次是明清两代的科举制度,不仅束缚性灵,也使一部分有心胸有能力的人徘徊于功名利禄与真正修心养性,致知格物的矛盾中(反映于《儒林外史》中)。——然而这一类的矛盾也决不像近代西方人的矛盾那么有害身心。我们的社会进步迟缓,资本主义制度发展若断若续,封建时代的经济基础始终存在,封建时代的道德观、人生观、宇宙观以及一切上层

158

建筑,到近百年中还有很大势力,使我们的精神状态,思想情形不致如资本主义高度发展的国家的人那样混乱、复杂、病态;我们比起欧美人来一方面是落后,一方面也单纯,就是说更健全一些。——从民族特性,传统思想,以及经济制度等等各个方面看,我们和西方人比较之下都有这个双重性。——五四以来,情形急转直下,西方文化的输入使我们的头脑受到极大的骚动,正如"帝国主义的资本主义"的侵入促成我们半封建半资本主义社会的崩溃一样。我们开始感染到近代西方人的烦恼,幸而时期不久,并且宗教影响在我们思想上并无重大作用{西方宗教只影响到买办阶级以及一部分比较落后地区的农民,而且,也并不深刻}故虽有现代式的苦闷,并不太尖锐。我们还是有我们老一套的东方思想与东方哲学,作为批判西方文化的尺度。当然以上所说特别是限于解放以前为止的时期。解放以后情形大不相同,暇时再谈。但即是解放以前我们一代人的思想情况,你也承受下来了,感染得相当深了。我想你对西方艺术、西方思想、西方社会的反应和批评,骨子里都有我们一代(比你早一代)的思想根源,再加上解放以后新社会给你的理想,使你对西欧的旧社会更有另外一种看法,另外一种感觉。——倘能从我这一大段历史分析{不管如何片面如何不正确}来分析你目前的思想感情,也许能大大减少你内心苦闷的尖锐程度,使你的矛盾不致影响你身心的健康与平衡,你说是不是?

人没有苦闷,没有矛盾,就不会进步。有矛盾才会逼你解决矛盾,解决一次矛盾即往前迈进一步。到晚年矛盾减少,即是生命将要告终的表现。没有矛盾的一片恬静只是一个崇高的理想,真正实现的话并不是一个好现象。——凭了修养的功夫所能达到的和平恬静只是极短暂的,比如浪潮的尖峰,一刹那就要过去的。或者理想的平和恬静乃是微波荡漾,有矛盾而不太尖锐,而且随时能解决的那种精神修养,可决非一泓死水:一泓死水有什么可羡呢? 我觉得倘若苦闷而不致陷入悲观厌世,有矛盾而能解决(至少在理论上认识上得到一个总结),那么苦闷与矛盾并不可怕。所要避免的乃是因苦闷而导致身心失常,或者玩世不恭,变作游戏人生的态度。从另一角度看,最伤人的(对己对人,对小我与集体都有害的)乃是由 passion(激情)出发的苦闷与矛盾,例如热衷名利而得不到名利的人,怀着野心而明明不能实现的人,经常忌妒别人、仇恨别人的人,那一类苦闷便是与己与人都有大害的。凡是从自卑感自溺狂等等来的苦闷对社会都是不利的,对自己也是致命伤。反之,倘是忧时忧国,不是为小我打算而是为了社会福利,人类前途而感到的苦闷,因为出发点是正义,是理想,是热爱,所以即有矛盾,对己对人都无害处,倒反能逼自己作出一些小小的贡献来。但此种苦闷也须用智慧来解决,至少在苦闷的时间不能忘了明哲的教训,才不至于转到悲观绝望,用灰色眼镜看事物,才能保持健康的心情继续在人生中奋斗,——而唯有如此,自己的小我苦闷才能转化为一种活泼泼的力量而不仅仅成为愤世嫉俗的消极因素;因为愤世嫉俗并不能解决矛盾,也就不能使自己往前迈进一步。由此得出一个结论,我们不怕经常苦闷,经常矛盾,但必须不让这苦闷与矛盾妨碍我们愉快的心情。

一九六一年二月八日晨

记得你在波兰时期,来信说过艺术家需要有 single - mindedness(一心一意),分出一部分时间关心别的东西,追求艺术就短少了这部分时间。当时你的话是特别针对某个问题而说的。我很了解(根据切身经验),严格钻研一门学术必须整个儿投身进去。艺术——尤其音乐,反映现实是非常间接的,思想感情必须转化为 emotion(感情)才能在声音中表达,而这一段酝酿过程,时间就很长;一受外界打扰,酝酿过程即会延长,或竟中断。音乐家特别需要集中(即所谓 single - mindedness),原因即在于此。因为音乐是时间的艺术,表达的又是流动性最大的 emotion,往往稍纵即逝。——不幸,生在二十世纪的人,头脑装满了多多少少的东西,世界上又有多多少少东西时时刻刻逼你注意;人究竟是社会的动物,不能完全与世隔绝;与世隔绝的任何一种艺术家都不会有生命,不能引起群众的共鸣。经常与社会接触而仍然能保持头脑冷静,心情和平,同时能保持对艺术的新鲜感与专一的注意,的确是极不容易的事。你大概久已感觉到这一点。可是过去你似乎纯用排斥外界的办法(事实上你也做不到,因为你对人生对世界的感触与苦闷还是很多很强烈),而没头没脑的沉浸在艺术里,这不是很健康的做法。我屡屡提醒你,单靠音乐来培养音乐是有很大弊害的。以你的气质而论,我觉得你需要多多跑到大自然中去,也需要不时欣赏造型艺术来调剂。假定你每个月郊游一次,上美术馆一次,恐怕你不仅精神更愉快,更平衡,便是你的音乐表达也会更丰富,更有生命力,更有新面目出现。亲爱的孩子,你无论如何应该试试看!

如今你有弥拉代为料理日常琐事,该是很幸福了。但不管你什么理由,某些道义上的责任是脱卸不了的,不能由弥拉代庖。希望能尽量挤出时间,不时给两位以前的老师写几行,短一些无妨,但决不可几月几年的沉默下去!你在本门艺术中意志很强,为何在道义上不同样拿出意志来节约时间,履行你的义务呢?——孩子,你真不知道我多么希望你在人生各方面都有进步!倘你在尊师方面有行动表现,你真是给你爸爸最大的快乐。你要以与亲友通信作为精神上的调剂,就不会视执笔为畏途了。心理一改变,事情就会轻松,试过几回即会明白。

一月九日与林先生的画同时寄出的一包书,多半为温习你中文着眼,故特别挑选文笔最好的书。——至于艺术与音乐方面的书,英文中有不少扎实的作品。暑中音乐会较少的期间,也该尽量阅读。

一九六一年四月二十日①

亲爱的聪,接到你南非归途中的长信,我一边读一边激动得连心都跳起来了。爸爸没念完就说了几次 Wonderful! Wonderful!(好极了!好极了!)孩子,你不知给了我们多少安慰和快乐!从各方面看,你的立身处世都有原则性,可以说完全跟爸爸一模一样。对黑人的同情,恨殖民主义者欺凌弱小,对世界上一切丑恶的愤懑,原是一个充满热情,充满爱,有正义感的青年应有的反响。你的民族傲气,爱祖国爱事业的热忱,态度的严肃,也是你爸爸多少年来从头至尾感染你的;我想你自己也感觉得到。孩子,看到你们父子气质如此相同,正直的行事如此一致,心中真是说不出的高兴。你们谈艺术、谈哲学、谈人生、上下古今无所不包,一言半语就互相默契,彻底了解;在父子两代中能够有这种情形,实在难得。我更回想到五六、五七两年你回家的时期,没有一天不谈到深更半夜,当时我就觉得你爸爸早已把你当作朋友看待了。

---

① 此信是傅雷夫人朱梅馥所写。

但你成长以后和我们相处的日子太少，还有一个方面你没有懂得爸爸。他有极 delicate（细致）极 complex（复杂）的一面，就是对钱的看法。你知道他一生清白，公私分明，严格到极点。他帮助人也有极强的原则性，凡是不正当的用途，便是知己的朋友也不肯通融（我亲眼见过这种例子），凡是人家真有为难而且是正当用途，就是素不相识的也肯慨然相助。就是说，他对什么事都严肃看待，理智强得不得了。不像我是无原则的人道主义者，有求必应。你在金钱方面只承继了妈妈的缺点，一些也没学到爸爸的好处。爸爸从来不肯有求于人。这二年来营养之缺乏，非你所能想象，因此百病丛生，神经衰弱、视神经衰退、关节炎、三叉神经痛，各种慢性病接踵而来。他虽然一向体弱，可也不至于此伏彼起的受这么多的折磨。他自己常叹衰老得快，不中用了。我看着心里干着急。有几个知己朋友也为之担心，但是有什么办法呢？大家都一样。人家提议："为什么不上饭店去吃几顿呢？""为什么不叫儿子寄些食物来呢？"他却始终硬挺，既不愿出门，也不肯向你开口；始终抱着置生命于度外的态度。（我不知道你有没有体会到爸爸这几年来的心情？他不愿，我也不愿与你提，怕影响你的情绪。）后来我实在看不下去，便在去年十一月二十六日的信末向你表示。……你来信对此不提及。今年一月五日你从 Malta（马耳他）来信还是只字不提，于是我不得不在一月六日给你的信上明明白白告诉你："像我们这样的父母，向儿子开口要东西是出于不得已，这一点你应该理解到。爸爸说不是非寄不可，只要回报一声就行，免得人伸着脖子等。"二月九日我又写道："我看他思想和心理活动都很复杂，每次要你寄食物的单子，他都一再踌躇，仿佛向儿子开口要东西也顾虑重重，并且也怕增加你的负担。你若真有困难，应当来信说明，免得他心中七上八下。否则也该来信安慰安慰他。每次单子都是我从旁做主的。"的确，他自己也承认这一方面有复杂的心理（complex），有疙瘩存在，因为他觉得有求于人，即使在骨肉之间也有屈辱之感。你是非常敏感的人，但是对你爸爸妈妈这方面的领会还不够深切和细腻。我一再表示，你好像都没有感觉，从来没有正面安慰爸爸。

他不但为了自尊心有疙瘩，还老是担心增加你的支出，每次 order（嘱咐）食物，心里矛盾百出，屈辱感、自卑感，一股脑儿都会冒出来，甚至信也写不下去了……他有他的隐痛：一方面觉得你粗心大意，对我们的实际生活不够体贴，同时也原谅你事情忙，对我们实际生活不加推敲，而且他也说艺术家在这方面总是不注意的，太懂实际生活，艺术也不会高明。从这几句话你可想象出他一会儿烦恼一会儿譬解的心理与情绪的波动。此外他再三劝你跟弥拉每月要 save money（省钱），要作预算，要有计划，而自己却要你寄这寄那，多花你们的钱，他认为自相矛盾。尤其你现在成了家，开支浩大，不像单身的时候没有顾忌。弥拉固然体贴可爱，毫无隔膜，但是我们做公公婆婆的在媳妇面前总觉脸上不光彩。中国旧社会对儿女有特别的看法，说什么"养子防老"等等；甚至有些父母还嫌儿子媳妇不孝顺，这样不称心，那样不满意，以致引起家庭纠纷。我们从来不曾有过老派人依靠儿女的念头，所以对你的教育也从来没有接触到这个方面。正是相反，我们是走的另一极端：只知道抚育儿女，教育儿女，尽量满足儿女的希望是我们的责任和快慰。从来不想到要儿女报答。谁料到一朝竟会真的需要儿子依靠儿子呢？因为与一生的原则抵触，所以对你有所要求时总要感到委屈，心里大大不舒服，烦恼得无法解脱。

　　……他想到你为了多挣钱，势必要多开音乐会，以致疲于奔命，有伤身体，因此心里老是忐忑不安，说不出的内疚！既然你没有明白表示，有时爸爸甚至后悔 order（嘱咐）食物，想还是不要你们寄的好。此中痛苦，此中顾虑，你万万想不到。我没有他那样执着，常常从旁劝慰。……不论在哪一方面，你很懂得爸爸，但这方面的疙瘩，恐怕你连做梦也没想到过；我久已埋在心头，没有和你细谈。为了让你更进一步，更全面的了解他，我觉得责任难逃，应当告诉你。

　　我的身体也不算好，心脏衰弱，心跳不正常，累了就浮肿，营养更谈不上。因为我是一家中最不重要的人，还自认为身体最棒，能省下来给你爸爸与弟弟吃是我的乐处（他们又硬要我吃，你推我让，常常为此争执），我这个作风，你在家也看惯的。这二年多来瘦了二十磅，一有心事就失眠，说明我也神经衰弱，眼睛老花，看书写字非戴眼镜不可。以上所说，想你不会误解，我决不是念苦经，只是让你知道人生的苦乐。趁我现在还有精力，我要尽情倾吐，使我们一家人，虽然一东一西分隔遥远，还是能够融融洽洽，无话不谈，精神互相贯通，好像生活在一起。同时也使你多知道一些实际的人生和人情。以上说的一些家常琐碎和生活情形,你在外边的人也当知道一个大概,免得与现实过分脱节。你是聪明人,一定会想法安慰爸爸,消除他心中的complex(矛盾)!

……我们过的生活比大众还好得多。我们的享受已经远过于别人。我天性是最容易满足的,你爸爸也守着"知足常乐"的教训,总的说来,心情仍然愉快开朗;何况我们还有音乐、书法、图画……的精神享受以及工作方面得来的安慰!虽然客观形势困难,连着二年受到自然灾害,但在上下一致的努力之下,一定会慢慢好转。前途仍然是乐观的。所以爸爸照样积极,对大局的信心照样很坚定。虽然带病工作,对事业的那股欲罢不能的劲儿,与以前毫无分别。敏每次来信总劝爸爸多休息少工作,我也常常劝说。但是他不做这样就做那样,脑子不能空闲成了习惯,他自己也无法控制。

一九六一年四月二十五日

亲爱的孩子,寄你"武梁祠石刻搨片"四张,乃系普通复制品,属于现在印的画片一类。

搨片一称拓片,是吾国固有的一种印刷,原则上与过去印木版书,今日印木刻铜刻的版画相同。惟印木版书画先在版上涂墨,然后以白纸覆印;拓片则先覆白纸于原石,再在纸背以布球蘸墨轻拍细按,印讫后纸背即成正面;而石刻凸出部分皆成黑色,凹陷部分保留纸之本色(即白色)。木刻铜刻上原有之图像是反刻的,像我们用的图章;石刻原作的图像本是正刻,与西洋的浮雕相似,故复制时方法不同。

古代石刻画最常见的一种只勾线条,刻划甚浅;拓片上只见大片黑色中浮现许多白线,构成人物鸟兽草木之轮廓;另一种则将人物四周之石挖去,如阳文图章,在拓片上即看到物像是黑的,具有整个形体,不仅是轮廓了。最后一种与第二种同,但留出之图像呈半圆而微凸,接近西洋的浅浮雕。武梁祠石刻则是第二种之代表作。

给你的拓片,技术与用纸都不高明;目的只是让你看到我们远祖雕刻艺术的些少样品。你在欧洲随处见到希腊罗马雕塑的照片,如何能没有祖国雕刻的照片呢？我们的古代遗物既无照相，只有依赖拓片，而拓片是与原作等大，绝未缩小之复本。

武梁祠石刻在山东嘉祥县武氏祠内，为公元二世纪前半期作品，正当东汉（即后汉）中叶。武氏当时是个大地主大官僚，子孙在其墓畔筑有享堂（俗称祠堂）专供祭祀之用。堂内四壁嵌有石刻的图画，武氏兄弟数人，故有武荣祠武梁祠之分，惟世人混称为武梁祠。

同类的石刻画尚有山东肥城县之孝堂山郭氏墓，则是西汉（前汉）之物，早于武梁祠约百年（公元一世纪），且系阴刻，风格亦较古拙厚重。"孝堂山"与"武梁祠"为吾国古雕塑两大高峰，不可不加注意。此外尚有较晚出土之四川汉墓石刻，亦系精品。

石刻画题材自古代神话，如女娲氏补天、三皇五帝等传说起，至圣贤、豪杰烈士、诸侯之史实轶事，无所不包。——其中一部分你小时候在古书上都读过。原作每石有数画，中间连续，不分界限，仅于上角刻有题目，如《老莱子采衣娱亲》、《荆轲刺秦王》等等。惟文字刻划甚浅，年代剥落，大半无存；今日之下欲知何画代表何人故事，非熟悉《春秋》《左传》《国策》不可；我无此精力，不能为你逐条考据。

武梁祠全部石刻共占五十余石，题材总数更远过于此。我仅有拓片二十余纸，亦是残帙，缺漏甚多，兹挑出拓印较好之四纸寄你，但线条仍不够分明，遒劲生动飘逸之美几无从体会，只能说聊胜于无而已。

此种信纸即是木刻印刷，今亦不复制造，值得细看一下。

另附法文说明一份，专供弥拉阅读，让她也知道一些中国古艺术的梗概与中国史地的常识。希望她为你译成英文，好解释给外国友人听；我知道大部分历史与雕塑名词你都不见得会用英文说。——倘装在框内，拓片只可非常小心的压平，切勿用力拉直拉平，无数皱下去的地方都代表原作的细节，将纸完全拉直拉平就会失去本来面目，务望与弥拉细说。

又汉代石刻画纯系吾国民族风格。人物姿态衣饰既是标准汉族气味，雕刻风格亦毫无外来影响。南北朝（公元四世纪至六世纪）之石刻，如河南龙门、山西云岗之巨大塑像（其中很大部分是更晚的隋唐作品——相当于公元六至八世纪），以及敦煌壁画等等，显然深受佛教艺术、希腊罗马及近东艺术之影响。

附带告诉你这些中国艺术演变的零星知识,对你也有好处,与西方朋友谈到中国文化,总该对主流支流,本土文明与外来因素,心中有个大体的轮廓才行。以后去不列颠博物馆巴黎卢浮美术馆,在远东艺术室中亦可注意及之。巴黎还有专门陈列中国古物的 Musée Guimet(吉美博物馆),值得参观!

一九六一年五月一日

聪:四月十七、二十、二十四,三封信(二十日是妈妈写的)都该收到了吧? 三月十五寄你评论摘要一小本(非航空),由妈妈打字装订,是否亦早到了? 我们花过一番心血的工作,不管大小,总得知道没有遗失才放心。四月二十六日寄出汉石刻画像拓片四张,二十九又寄《李白集》十册,《十八家诗钞》二函,合成一包;又一月二十日交与海关检查,到最近发还的丹纳《艺术哲学第四编(论希腊雕塑)》手抄译稿一册,亦于四月二十九寄你。以上都非航空,只是挂号。日后收到望一一来信告知。

中国诗词最好是木刻本,古色古香,特别可爱。可惜不准出口,不得已而求其次,就挑商务影印本给你。以后还会陆续寄,想你一定喜欢。《论希腊雕塑》一编六万余字,是我去冬花了几星期功夫抄的,也算是我的手泽①,特别给你做纪念。内容值得细读,也非单看一遍所能完全体会。便是弥拉读法文原著,也得用功研究,且原著对神话及古代史部分没有注解,她看起来还不及你读译文易懂。为她今后阅读方便,应当买几部英文及法文的比较完整的字典才好。我会另外写信给她提到。

一月九日寄你的一包书内有老舍及钱伯母的作品,都是你旧时读过的。不过内容及文笔,我对老舍的早年作品看法已大大不同。从前觉得了不起的那篇《微神》,如今认为太雕琢,过分刻划,变得纤巧,反而贫弱了。一切艺术品都忌做作,最美的字句都要出之自然,好像天衣无缝,才经得起时间考验而能传世久远。比如"山高月小,水落石出"不但写长江中赤壁的夜景,历历在目,而且也写尽了一切兼有幽远、崇高与寒意的夜景;同时两句话说得多么平易,真叫作"天籁"! 老舍的《柳家大院》还是

---

① 手泽,指先人或前辈的遗墨、遗物等。

有血有肉,活得很。——为温习文字,不妨随时看几段。没人讲中国话,只好用读书代替,免得词汇字句愈来愈遗忘。——最近两封英文信,又长又详尽,我们很高兴,但为了你的中文,仍望不时用中文写,这是你唯一用到中文的机会了。写错字无妨,正好让我提醒你。不知五月中是否演出较少,能抽空写信来?

最近有人批判王氏[①]的"无我之境",说是写纯客观,脱离阶级斗争。此说未免褊狭。第一,纯客观事实上是办不到的。既然是人观察事物,无论如何总带几分主观,即使力求摆脱物质束缚也只能做到一部分,而且为时极短。其次能多少客观一些,精神上倒是真正获得松弛与休息,也是好事。人总是人,不是机器,不可能二十四小时只做一种活动。生理上就使你不能不饮食睡眠,推而广之,精神上也有各种不同的活动。便是目不识丁的农夫也有出神的经验,虽时间不过一刹那,其实即是无我或物我两忘的心境。艺术家表现出那种境界来未必会使人意志颓废。例如念了"寒波淡淡起,白鸟悠悠下"两句诗,哪有一星半点不健全的感觉? 假定如此,自然界的良辰美景岂不成年累月摆在人面前,人如何不消沉至于不可救药的呢? ——相反,我认为生活越紧张越需要这一类的调剂;多亲近大自然倒是维持身心平衡最好的办法。近代人的大病即在于拼命损害了一种机能(或一切机能)去发展某一种机能,造成许多畸形与病态。我不断劝你去郊外散步,也是此意。幸而你东西奔走的路上还能常常接触高山峻岭,海洋流水,日出日落,月色星光,无形中更新你的感觉,解除你的疲劳。等你读了《希腊雕塑》的译文,对这些方面一定有更深的体会。

另一方面,终日在琐碎家务与世俗应对中过生活的人,也该时时到野外去洗掉一些尘俗气,别让这尘俗气积聚日久成为宿垢。弥拉接到我黄山照片后来信说,从未想到山水之美有如此者。可知她虽家居瑞士,只是偶尔在山脚下小住,根本不曾登高临远,见到神奇的景色。在这方面你得随时培养她。此外我也希望她每天挤出时间,哪怕半小时吧,作为阅读之用。而阅读也不宜老拣轻松的东西当作消遣;应当每年选定一二部名著用功细读。比如丹纳的《艺术哲学》之类,若能彻底消化,做人方面,气度

---

① 指王国维(1877—1927)。

方面,理解与领会方面都有进步,不仅仅是增加知识而已。巴尔扎克的小说也不是只供消闲的。像你们目前的生活,要经常不断的阅读正经书不是件容易的事,需要很强的意志与纪律才行。望时常与她提及你老师勃隆斯丹近七八年来的生活,除了做饭、洗衣,照管丈夫孩子以外,居然坚持练琴,每日一小时至一小时半,到今日每月有四五次演出。这种精神值得弥拉学习。

你岳丈灌的唱片,十之八九已听过,觉得以贝多芬的《协奏曲》与巴哈的 *Solo Sonata*(《独奏奏鸣曲》)为最好。Bartok(巴托克)①不容易领会,Bach(巴哈)的《协奏曲》不及 piano(钢琴)的《协奏曲》动人。不知怎么,polyphonic(复调)音乐对我终觉太抽象。便是巴哈的 *Cantata*(《清唱剧》)听来也不觉感动。一则我领会音乐的限度已到了尽头,二则一般中国人的气质和那种宗教音乐距离太远。——语言的隔阂在歌唱中也是一个大阻碍。{勃拉姆斯的小提琴协奏曲似乎不及钢琴协奏曲,是不是我程度太低呢?}

Louis Kentner(路易斯·肯特纳)②似乎并不高明,不知是与你岳丈合作得不大好,还是本来演奏不过尔尔? 他的 Franck(法朗克)朔拿大远不及 Menuhin(梅纽因)③的 violin party(提琴部分)。Kreutzer(克罗采)④更差,2nd movement(第二乐章)的变奏曲部分 weak(弱)之至(老是躲躲缩缩,退在后面,便是 piano 为主的段落亦然如此)。你大概听过他独奏,不知你的看法如何? 是不是我了解他不够或竟了解差了?

你往海外预备拿什么节目出去? 协奏曲是哪几支? 恐怕 Van Wyck(范怀克)首先要考虑那边群众的好恶;我觉得考虑是应当的,但也不宜太迁就。最好还是挑自己最有把握的东西。真有吸引力的还是一个人的本色;而保持本色最多的当然是你理解最深的作品,在英国少有表演机会的 Bartok(巴托克)、Prokofiev(普罗科菲耶夫)⑤等现代乐曲,是否上那边去演出呢? ——前信提及 Cuba(古巴)演出可能,还须郑重考虑,我觉得应推迟一二年再说! 暑假中最好结合工作与休息,不去远地登台,一方面

---

① 贝拉·维克托·亚诺什·巴托克(1881—1945),匈牙利作曲家。
② 路易斯·肯特纳(1905—1987),英籍匈牙利钢琴家。
③ 梅纽因(1916—1999),美国小提琴家。弥拉的父亲。
④ 克罗采,系指贝多芬写的克罗采奏鸣曲,即《第九小提琴奏鸣曲》。
⑤ 谢尔盖·谢尔盖维奇·普罗科菲耶夫(1891—1953),前苏联作曲家、钢琴家。

你们俩都需要松松,一方面你也好集中准备海外节目。——七月中去不去维也纳灌贝多芬第一、四?——问你的话望当场记在小本子上,或要弥拉写下,待写信时答复我们。一举手之劳,我们的问题即有着落。

我们与萧伯母的关系,她对你从小的爱护关切,最近几月来对我们食物方面的帮助,都该和弥拉谈谈,让她知道你父亲的朋友是怎样的患难之交,同时也可感染她缓急相助,古道热肠的做人之道。你说对么?

一九六一年五月二十三日

亲爱的孩子,越知道你中文生疏,我越需要和你多写中文;同时免得弥拉和我们隔膜,也要尽量写英文。有时一些话不免在中英文信中重复,望勿误会是我老糊涂。从你婚后,我觉得对弥拉如同对你一样负有指导的责任:许多有关人生和家常琐事的经验,你不知道还不打紧,弥拉可不能不学习,否则如何能帮助你解决问题呢?既然她自幼的遭遇不很幸福,得到父母指点的地方不见得很充分,再加西方人总有许多观点与我们有距离,特别在人生的淡泊,起居享用的俭朴方面,我更认为应当逐渐把我们东方民族(虽然她也是东方血统,但她的东方只是徒有其名了!)的明智的传统灌输给她。前信问你有关她与生母的感情,务望来信告知。这是人伦至性,我们不能不关心弥拉在这方面的心情或苦闷。

不愿意把物质的事挂在嘴边是一件事,不糊里糊涂莫名其妙的丢失钱是另一件事!这是我与你大不相同之处。我也觉得提到阿堵物是俗气,可是我年轻时母亲(你的祖母)对我的零用抓得极紧,加上二十四岁独立当家,收入不丰;所以比你在经济上会计算,会筹划,尤其比你原则性强。当然,这些对你的艺术家气质不很调和,但也只是对像你这样的艺术家是如此;精明能干的艺术家也有的是,萧邦即是一个有名的例子:他从来不让出版商剥削,和他们谈判条件从不怕烦。你在金钱方面的洁癖,在我们眼中是高尚的节操,在西方拜金世界和吸血世界中却是任人鱼肉的好材料。我不和人争利,但也绝不肯被人剥削,遇到这种情形不能不争。——这也是我与你不同之处。但你也知道,我争的还是一个理而不是为钱,争的是一口气而不是为得利。在这一点上你和我仍然相像。

　　总而言之,理财有方法,有系统,并不与重视物质有必然的联系,而只是为了不吃物质的亏而采取的预防措施;正如日常生活有规律,并非求生活刻板枯燥,而是为了争取更多的时间,节省更多的精力来做些有用的事,读些有益的书,总之是为了更完美的享受人生。

　　裴辽士①我一向认为最能代表法兰西民族,最不受德、意两国音乐传统的影响。《基督童年》一曲朴素而又精雅,热烈而又含蓄,虔诚而又健康,完全写出一个健全的人的宗教情绪,广义的宗教情绪,对一切神圣,纯洁,美好,无邪的事物的崇敬。来信说的很对,那个曲子又有热情又有恬静,又兴奋又淡泊,第二段的古风尤其可爱。怪不得当初巴黎的批评家都受了骗,以为真是新发现的十七世纪法国教士作的。但那 narrator(叙述者)唱的太过火些,我觉得家中原有老哥伦比亚的一个片段比这个新片更素雅自然。可惜你不懂法文,全篇唱词之美在英文译文中完全消失了。我对照看了几段,简直不能传达原作的美于万一!｛原文写得像《圣经》一般单纯! 可是多美!｝想你也知道全部脚本是出于裴辽士的手笔。

　　你既对裴辽士感到很大兴趣,应当赶快买一本罗曼·罗兰的《今代音乐家》,读一读论裴辽士的一篇。(Romain Rolland：*Musiciens d'Aujourd'hui*)｛那篇文章写得好极了!｝倘英译本还有同一作者的《古代音乐家》(*Musiciens d'Autrefois*)当然也该买。正因为裴辽士完全表达他自己,不理会也不知道(据说他早期根本不知道巴哈)过去的成规俗套,所以你听来格外清新,亲切,真诚,而且独具一格。也正因为你是中国人,受西洋音乐传统的熏陶较浅,所以你更能欣赏独往独来,在音乐上追求自由甚于一切的裴辽士。而也由于同样的理由,我热切期望未来的中国音乐应该是这样一个境界。为什么不呢? 俄罗斯五大家不也由于同样的理由爱好裴辽士吗? 同时,不也是由于同样的理由,莫索斯基对近代各国的乐派发生极大的影响吗?

　　你说的很对,"学然后知不足",只有不学无术或是浅尝即止的人才

---

①　裴辽士,今译柏辽兹(1803—1869),法国作曲家、指挥家、评论家。

会自大自满。我愈来愈觉得读书太少,聊以自慰的就是还算会吸收,消化,贯通。像你这样的艺术家,应当无书不读,像 Busoni(布梭尼),Hindemith(亨德密特)那样。就因为此,你更需和弥拉俩妥善安排日常生活,一切起居小节都该有规律有计划,才能挤出时间来。当然,艺术家也不能没有懒洋洋的耽于幻想的时间,可不能太多;否则成了习惯就浪费光阴了。没有音乐会的期间也该有个计划,哪几天招待朋友,哪几天听音乐会,哪几天照常练琴,哪几天读哪一本书。一朝有了安排,就不至于因为无目的无任务而感到空虚与烦躁了。这些琐琐碎碎的项目其实就是生活艺术的内容。否则空谈"人生也是艺术",究竟指什么呢? 对自己有什么好处呢? 但愿你与弥拉多谈谈这些问题,定出计划来按部就班的做去。最要紧的是定的计划不能随便打破或打乱。你该回想一下我的作风,可以加强你实践的意志。

你初订婚时不是有过指导弥拉的念头吗? 现在成了家,更当在实际生活中以身作则,用行动来感染她!

正如你说的,你和我在许多地方太相像了,不知你在小事情的脾气上是否常常把爸爸作为你的警戒? 弥拉还是孩子,你更得优容些,多用善言劝导,多多坐下来商量,切勿遇事烦躁,像我这样。你要能不犯你爸爸在这方面的错误,我就更安心更快活了。

一九四五年我和周伯伯办《新语》,写的文章每字每句脱不了罗曼·罗兰的气息和口吻,我苦苦挣扎了十多天,终于摆脱了,重新找到了我自己的文风。这事我始终不能忘怀。——你现在思想方式受外国语文束缚,与我当时受罗曼·罗兰{翻了他一百二十万字的长篇自然免不了受影响}的束缚有些相似,只是你生活在外国语文的环境中,更不容易解脱,但并非绝对不可能解决。例如我能写中文,也能写法文和英文,固然时间要花得多一些,但不至于像你这样二百多字的一页中文(在我应当是英文——因我从来没有实地应用英文的机会)要花费一小时。问题在于你的意志,只要你立意克服,恢复中文的困难早晚能克服。我建议你每天写一些中文日记,便是简简单单写一篇三四行的流水账,记一些生活琐事也好,唯一的条件是有恒。倘你天天写一二百字,持续到四五星期,你的中文必然会流畅得多。——最近翻出你五〇年十月昆明来信,读了感慨很多。到今天为止,敏还写不出你十六岁时写的那样的中文。既然你有相当根基,恢复并不太难,希望你有信心,不要胆怯,要坚持,持久!你这次写的第一页,虽然气力花了不少,中文还是很好,很能表达你的真情实感。——要长此生疏下去,我倒真替你着急呢!我竟说不出我和你两人为这个问题谁更焦急。可是干着急无济于事,主要是想办法解决,想了办法该坚决贯彻!再告诉你一点:你从英国写回来的中文信,不论从措辞或从风格上看,都还比你的英文强得多;因为你的中文毕竟有许多古书做底子,不比你的英文只是浮光掠影撮拾得来的。你知道了这一点应该更有自信心了吧!

一九六一年五月二十四日

……你也从未提及是否备有胶带录音设备,使你能细细听你自己的演奏。这倒是你极需要的。一般评论都说你的萧邦表情太多,要是听乐曲本身自己表达(即少加表情),效果只会更好。批评家还说大概是你年龄关系,过了四十,也许你自己会改变。这一类的说法你觉得对不对?[Cologne(科隆)的评论有些写得很拐弯抹角,完全是德国人脾气,爱复杂。]我的看法,你有时不免夸张;理论上你是对的,但实际表达往往会"太过"。唯一的补救与防止,是在心情非常冷静的时候,多听自己家里的 tape(磁带)录音;听的时候要尽量客观,当作别人的演奏一样对待。

我自己常常发觉译的东西过了几个月就不满意;往往当时感到得意的段落,隔一些时候就觉得平淡得很,甚至于糟糕得很。当然,也有很多情形,人家对我的批评与我自己的批评并不对头;人家指出的,我不认为是毛病;自己认为毛病的,人家却并未指出。想来你也有同样的经验。

在空闲{即无音乐会}期间有朋友来往,不但是应有的调剂,使自己不致与现实隔膜,同时也表示别人喜欢你,是件大好事。主要是这些应酬也得有限度有计划。最忌有求必应,每会必到;也最忌临时添出新客新事,西方习惯多半先用电话预约,很少人会做不速之客,——即使有不速之客,必是极知己的人,不致妨碍你原定计划的。——希望弥拉慢慢能学会这一套安排的技术。原则就是要取主动,不能处处被动!!

孩子,来信有句话很奇怪。沉默如何就等于同意或了解呢? 不同意或不领会,岂非也可用沉默来表现吗? 在我,因为太追求逻辑与合理,往往什么话都要说得明白,问得明白,答复别人也答复得分明;沉默倒像表示躲避,引起别人的感觉不是信任或放心,而是疑虑或焦急。过去我常问到你经济情况,怕你开支浩大,演出太多,有伤身体与精神的健康;主要是因为我深知一个艺术家在西方世界中保持独立多么不容易,而唯有经济有切实保障才能维持人格的独立。并且父母对儿女的物质生活总是特别关心。再过一二十年,等你的孩子长成以后,你就会体验到这种心情。

一九六一年五月二十五日

倘写纯粹中文信太费时间,不妨夹着英文一起写,作为初步训练,那总比根本不写中文强,也比从头至尾写中文省力省时。设法每天看半小时(至少一刻钟)的中国书,坚持半年以后必有成绩。

一九六一年六月十四日夜

巴尔扎克的《幻灭》(*Lost Illusions*)英译本,已由宋伯伯从香港寄来,弥拉不必再费心了。英译本确是一九五一年新出,并写明是某某人新译,出版者是 John Lehmann, 25 Gilbert St. London W. 1(伦敦西一区吉尔伯特大街二十五号,约翰·雷门),弥拉问过几家伦敦书店,都说并无此新译本,可见英国书店从业员之孤陋寡闻。三十年前巴黎拉丁区的书店,你问什么都能对答如流,简直是一部百科辞典。英译本也有插图,但构图之庸俗,用笔之凄迷琐碎,线条之贫弱无力,可以说不堪一顾。英国画家水准之低实属不堪想象,无怪丹纳在《艺术哲学》中对第一流的英国绘画也批评得很凶。——至此为止,此书我尚在准备阶段。内容复杂,非细细研究不能动笔;况目力、体力、脑力,大不如前,更有蜗步之叹。将来还有一大堆问题寄到巴黎去请教。

一九六一年六月二十六日晚

亲爱的孩子,六月十八日信(邮戳十九)今晨收到。虽然花了很多钟点,信写得很好。多写几回就会感到更容易更省力。最高兴的是你的民族性格和特征保持得那么完整,居然还不忘记:"一箪食｛读如"嗣"｝一瓢饮,回也不改其乐。"唯有如此,才不致被西方的物质文明湮没。你屡次来信说我们的信给你看到和回想到另外一个世界,理想气息那么浓的,豪迈的,真诚的,光明正大的,慈悲的,无我的(即你此次信中说的 idealistic, generous, devoted, loyal, kind, selfless)世界。我知道东方西方之间的鸿沟,只有豪杰之士,领悟颖异,感觉敏锐而深刻的极少数人方能体会。换句话说,东方人要理解西方人及其文化和西方人理解东方人及其文化同样不容易。即使理解了,实际生活中也未必真能接受。这是近代人的苦闷:既不能闭关自守,东方与西方各管各的生活,各管各的思想,又不能避免两种精神两种文化两种哲学的冲突和矛盾。当然,除了冲突与矛盾,两种文化也彼此吸引,相互之间有特殊的魅力使人神往。东方的智慧、明哲、超脱,要是能与西方的活力、热情、大无畏的精神融合起来,人类可能看到另一种新文化出现。西方人那种孜孜矻矻,白首穷经,只知为学,不问成败的精神还是存在(现在和克利斯朵夫的时代一样存在),值得我们学习。你我都不是大国主义者,也深恶痛绝大国主义,但你我的民族自觉、民族自豪和爱国热忱并无一星半点的排外意味。相反,这是一个有根有蒂的人应有的感觉与感情。每次看到你有这种表现,我都快活得心儿直跳,觉得你不愧为中华民族的儿子! 妈妈也为之自豪,对你特别高兴,特别满意。

分析你岳父的一段大有见地,但愿作为你的鉴戒。你的两点结论,不幸的婚姻和太多与太早的成功是艺术家最大的敌人,说得太中肯了。我过去为你的婚姻问题操心,多半也是从这一点出发。如今弥拉不是有野心的女孩子,至少不会把你拉上热衷名利的路,让你能始终维持艺术的尊严,维持你严肃朴素的人生观,已经是你的大幸。还有你淡于名利的胸怀,与我一样的自我批评精神,对你的艺术都是一种保障。但愿十年二十年之后,我不在人世的时候,你永远能坚持这两点。恬淡的胸怀,在西方世界中特别少见,希望你能树立一个榜样!

说到弥拉,你是否仍和去年八月初订婚时来信说的一样预备培养她?不是说培养她成一个什么专门人材,而是带她走上严肃,正直,坦白,爱美,爱善,爱真理的路。希望以身作则,鼓励她多多读书,有计划有系统的正规的读书,不是消闲趋时的读书。你也该培养她的意志:便是有规律有系统的处理事务,掌握家庭开支,经常读书等等,都是训练意志的具体机会。不随便向自己的 fancy(幻想,一时的爱好)让步,也不随便向你的 fancy 让步,也是锻炼意志的机会。孩子气是可贵的,但决不能损害 taste(品味,鉴赏力),更不能影响家庭生活,起居饮食的规律。有些脾气也许一辈子也改不了,但主观上改,总比听其自然或是放纵(即所谓 indulging)好。你说对吗?弥拉与我们通信近来少得多,我们不怪她,但那也是她道义上感情上的一种责任。我们原谅她是一回事,你不从旁提醒她可就不合理,不尽你督促之责了。做人是整体的,对我们经常写信也表示她对人生对家庭的态度。你别误会,我再说一遍,别误会我们嗔怪她,而是为了她太年轻,需要养成一个好作风,处理实际事务的严格的态度;以上的话主要是为她好,而不是仅仅为我们多得一些你们消息的快乐。可是千万注意,和她提到给我们写信的时候,说话要和软,否则反而会影响她与我们的感情。翁姑与媳妇的关系与父母子女的关系大不相同,你慢慢会咂摸到,所以处理要非常细致。

最近几次来信,你对我们托办的事多半有交代,我很高兴。你终于在实际生活方面也成熟起来了,表示你有头有尾,责任感更强了。你的录音机迄未置办,我很诧异;照理你布置新居时,应与床铺在预算表上占同样重要的地位。在我想来,少一二条地毯倒没关系,少一架好的录音机却太不明智。足见你们俩仍太年轻,分不出轻重缓急。但愿你去美洲回来就有能力置办!

我早料到你读了《论希腊雕塑》以后的兴奋。那样的时代是一去不复返的了,正如一个人从童年到少年那个天真可爱的阶段一样,也如同我们的先秦时代、两晋六朝一样。近来常翻阅《世说新语》(正在寻一部铅印而篇幅不太笨重的预备寄你),觉得那时的风流文采既有点儿近古希腊,也有点儿像文艺复兴时期的意大利;但那种高远、恬淡、素雅的意味仍然不同于西方文化史上的任何一个时期。人真是奇怪的动物,文明的时候会那么文明,谈玄说理会那么隽永,野蛮的时候又同野兽毫无分别,甚至更残酷。奇怪的是这两个极端就表现在同一批人同一时代的人身上。两晋六朝多少野心家,想夺天下、称孤道寡的人,坐下来清谈竟是深通老庄与佛教哲学的哲人!

亨特尔的神剧固然追求异教精神,但他毕竟不是纪元前四五世纪的希腊人,他的作品只是十八世纪一个意大利化的日耳曼人向往古希腊文化的表现。便是《赛米里》吧,口吻仍不免带点儿浮夸(pompous)。这不是亨特尔个人之过,而是民族与时代之不同,绝对勉强不来的。将来你有空闲的时候(我想再过三五年,你音乐会一定可大大减少,多一些从各方面晋修的时间),读几部英译的柏拉图、塞诺封一类的作品,你对希腊文化可有更多更深的体会。再不然你一朝去雅典,尽管山陵剥落(如丹纳书中所说)面目全非,但是那种天光水色(我只能从亲自见过的罗马和那不勒斯的天光水色去想象),以及巴德农神庙的废墟,一定会给你强烈的激动,狂喜,非言语所能形容,好比四五十年以前邓肯在巴德农废墟上光着脚不由自主的跳起舞来。[《邓肯(Duncun)自传》,倘在旧书店中看到,可买来一读。]真正体会古文化,除了从小"泡"过来之外,只有接触那古文化的遗物。我所以不断寄吾国的艺术复制品给你,一方面是满足你思念故国,缅怀我们古老文化的饥渴,一方面也想用具体事物来影响弥拉。从文化上、艺术上认识而爱好异国,才是真正认识和爱好一个异国;而且我认为也是加强你们俩精神契合的最可靠的链锁。

石刻画你喜欢吗?是否感觉到那是真正汉族的艺术品,不像敦煌壁画云岗石刻有外来因素。我觉得光是那种宽袍大袖、简洁有力的线条、浑合的轮廓、古朴的屋宇车辆、强劲雄壮的马匹,已使我看了怦然心动,神游于两千年以前的天地中去了。(装了框子更有效果。)

几个月来做翻译巴尔扎克《幻灭》三部曲的准备工作,七百五十余页原文,共有一千一百余生字。发个狠每天温三百到四百生字,大有好处。正如你后悔不早开始把萧邦的 *Etudes*(《练习曲》)作为每天的日课,我也后悔不早开始记生字的苦功。否则这部书的生字至多只有二三百。倘有钱伯怕那种记忆力,生字可减至数十。天资不足,只能用苦功补足。我虽到了这年纪,身体挺坏,这种苦功还是愿意下的。

你对 Michelangeli（米开朗基利）①的观感大有不同，足见你六年来的进步与成熟。同时，"曾经沧海难为水"，"登东山而小鲁，登泰山而小天下"，也是你意见大变的原因。伦敦毕竟是国际性的乐坛，你这两年半的逗留不是没有收获的。

最近在美国的《旅行家杂志》(National Geography)上读到一篇英国人写的爱尔兰游记，文字很长，图片很多。他是三十年中第二次去周游全岛，结论是："什么是爱尔兰最有意思的东西？——是爱尔兰人。"这句话与你在杜伯林匆匆一过的印象完全相同。

吃过晚饭，又读了一遍（第三遍）来信。你自己说写得乱七八糟，其实并不。你有的是真情实感，真正和真实的观察，分析，判断，便是杂乱也乱不到哪里去。中文也并未退步；你爸爸最挑剔文字，我说不退步你可相信是真的不退步。而你那股热情和正义感不知不觉洋溢于字里行间，叫我看了安慰，兴奋……有些段落好像是我十几年来和你说的话的回声……你没有辜负园丁！

老好人往往太迁就，迁就世俗，迁就褊狭的家庭愿望，迁就自己内心中不大高明的因素；不幸真理和艺术需要高度的原则性和永不妥协的良心。物质的幸运也常常毁坏艺术家。可见艺术永远离不开道德——广义的道德，包括正直，刚强，斗争（和自己的斗争以及和社会的斗争），毅力，意志，信仰……

的确，中国优秀传统的人生哲学，很少西方人能接受，更不用说实践了。比如"富贵于我如浮云"在你我是一条极崇高极可羡的理想准则，但像巴尔扎克笔下的那些人物，正好把富贵作为人生最重要的，甚至是唯一的目标。他们那股向上爬，求成功的蛮劲与狂热，我个人简直觉得难以理解。也许是气质不同，并非多数中国人全是那么淡泊。我们不能把自己人太理想化。

你提到英国人的抑制(inhibition)其实正表示他们犷野强悍的程度，不能不深自敛抑，一旦决堤而出，就是莎士比亚笔下的那些人物，如麦克

---

① 米开朗基利(1920—1995)，意大利钢琴家。

白斯、奥赛罗等等,岂不 wild(狂热)到极点?

　　Bath(巴斯)在欧洲亦是鼎鼎大名的风景区和温泉疗养地,无怪你觉得是英国最美的城市。看了你寄来的节目,其中几张风景使我回想起我住过的法国内地古城:那种古色古香,那种幽静与悠闲,至今常在梦寐间出现。——说到这里,希望你七月去维也纳,百忙中买一些美丽的风景片给我。爸爸坐井观天,让我从纸面上也接触一下贝多芬、莫扎特、舒伯特住过的名城!

　　见到你岳父母,千万代我问候。这是应有的礼貌,为了你爸爸你决不可疏忽,切切切切!

　　"After reading that, I found my conviction that Handel's music, specially his oratorio is the nearest to the Greek spirit in music 更加强了。His optimism, his radiant poetry, which is as simple as one can imagine but never vulgar, his directness and frankness, his pride, his majesty and his almost Physical ecstasy. I think that is why when an English chorus sings "*Hallelujah*" they suddenly become so wild, taking off completely their usual English inhibition, because at that moment they experience something really thrilling, something like ecstasy, …"

　　"读了丹纳的文章,我更相信过去的看法不错:亨特尔的音乐,尤其神剧,是音乐中最接近希腊精神的东西。他有那种乐天的倾向,豪华的诗意,同时亦极尽朴素,而且从来不流于庸俗,他表现率直,坦白,又高傲又堂皇,差不多在生理上到达一种狂喜与忘我的境界。也许就因为此,英国合唱队唱 *Hallelujah*(《哈利路亚》)的时候,会突然变得豪放,把平时那种英国人的抑制完全摆脱干净,因为他们那时有一种真正激动心弦,类似出神的感觉。"

　　为了帮助你的中文,我把你信中一段英文代你用中文写出。你看看是否与你原意有距离。ecstasy(狂喜与忘我境界)一字涵义不一,我不能老是用出神二字来翻译。——像这样不打草稿随手翻译,在我还是破题儿第一遭。

　　提醒你一句:信中把"自以为是"写作"自已为是",此是笔误,但也得提一下。

一九六一年六月二十六日夜①

　　我的英文太糟,不能写,请你从头至尾翻给弥拉听。因为有些事让她多知道些,对我们更了解得透彻。我跟弥拉一样的懒散,有时也很拖拉,譬如写信吧,只要爸爸写了,我就懒了,反正他的话,就是我的话。

　　我没有一天不想念你们,看到你的信,总是说不出的高兴,见信如见其人,好像长篇大论跟我们谈天说地。这次你虽花了那么多时间写中文,可是给我更多亲切之感。身为中国人而不能写中文,岂不笑话?你自幼爸爸多少教了你一些古文,还算有根底的,所以不管怎样,你的信写得丰富自然,辞藻也用得恰当。

　　自从你跟萧伯母双管齐下寄食物来,营养方面调剂了些,至少牛油就没有断过,爸爸以点心为主,中饭夜饭光是蔬菜也不在乎了。经常花了你不少钱,心里不免内疚。孩子,你对我们的作用太大了,能不伤感吗!请你告诉弥拉,下月寄食物时,牛油调换一种淡的,现在寄来的,口味太咸了。

　　你为人忠厚,有求必应,对钱满不在乎,从不提防人家,这多少跟我相像,虽有优点也有缺点。我现在并不叫你吝啬,可也不能做"冤头"、做"傻瓜",所以林先生的画,一定要收到了款再放手。既然你已有过经验,当然会有警惕性。你这次来信,尤其使得我高兴,我们问你的,你都有交代,有答复,甚至十五镑的下落也已查过,可知你对人事方面比较实际,成熟,大大进步了。

　　我希望你多多写中文,与我们通信是你唯一写中文的机会,而且有了真情实感,写起来不觉得苦,你说对吗?你为我们通宵写信,未免太伤身体,能在白天或不太晚最好。不多谈了,望你跟弥拉多多保重!

一九六一年七月七日晚

　　亲爱的孩子,《近代文明中的音乐》和你岳父的传记,同日收到。接连三个下午看完传记,感想之多,情绪的波动,近十年中几乎是绝无仅有的经历。写当代人的传记有一个很大的便宜,人证物证多,容易从四面八

————————————

① 　此信是傅雷夫人朱梅馥所写。

179

方搜集材料,相互引证,核对。当然也有缺点:作者与对象之间距离太近,不容易看清客观事实和真正的面目;当事人所牵涉的人和事大半尚在目前,作者不能毫无顾虑,内容的可靠性和作者的意见难免打很大的折扣。总的说来,玛奇陶夫写得很精彩;对人生,艺术,心理变化都有深刻的观察和真切的感受;taste(趣味)不错,没有过分的恭维。作者本人的修养和人生观都相当深广。许多小故事的引用也并非仅仅为了吸引读者,而是旁敲侧击的烘托出人物的性格。

你大概马上想象得到,此书对我有特殊的吸引力。教育儿童的部分,天才儿童的成长及其苦闷的历史,缺乏苦功而在二十六岁至三十岁之间闭门(不是说绝对退隐,而是独自摸索)补课,两次的婚姻和战时战后的活动,都引起我无数的感触。关于教育,你岳父的经历对你我两人都是一面镜子。我许多地方像他的父母,不论是优点还是缺点,也有许多地方不及他的父母,也有某些地方比他们开明。我很庆幸没有把你关在家里太久,这也是时代使然,也是你我的个性同样倔强使然。父母子女之间的摩擦与冲突,甚至是反目,当时虽然对双方都是极痛苦的事,从长里看对儿女的成长倒是利多弊少。你祖岳母的骄傲简直到了不近人情的地步,完全与她的宗教信仰不相容——世界上除了回教我完全茫然以外,没有一个宗教不叫人谦卑和隐忍,不叫人克制骄傲和狂妄的。可是她对待老友Goldman(哥尔门)的态度,对伊虚提[1]在台上先向托斯卡尼尼鞠躬的责备,竟是发展到自高自大、目空一切的程度。她教儿女从小轻视金钱权势,不向政治与资本家低头,不许他们自满,唯恐师友宠坏他们,这一切当然是对的。她与她丈夫竭力教育子女,而且如此全面,当然也是正确的,可敬可佩的;可是归根结蒂,她始终没有弄清楚教育的目的,只笼笼统统说要儿女做一个好人,哪怕当鞋匠也不妨;她却并未给好人(honest man)二字下过定义。在我看来,她的所谓好人实在是非常狭小的,限于respectable(正派的)而从未想到更积极更阔大的天地和理想。假如她心目中有此意念,她必然会鼓励孩子"培养自己以便对社会对人类有所贡献"。她绝未尊敬艺术,她对真、美、善毫无虔诚的崇敬心理;因此她看到

---

[1] 梅纽因全名为 Yehudi Menuhin,现译为耶胡迪·梅纽因(1916—1999)。伊虚提即 Yehudi 的音译。

别人自告奋勇帮助伊虚提［如埃尔曼资助他去欧洲留学，哥尔门送他Prince K（王子 K）……小提琴等等］并不有所感动，而只觉得自尊心受损。她从未认识人的伟大是在于帮助别人，受教育的目的只是培养和积聚更大的力量去帮助别人，而绝对不是盲目的自我扩张。曼纽欣[1]老夫人只看见她自己，她一家，她的和丈夫的姓氏与种族；所以她看别人的行为也永远从别人的自私出发。自己没有理想，如何会想到茫茫人海中竟有具备理想的人呢？她学问丰富。只缺少一个高远的理想作为指南针。她为人正直，只缺少忘我的牺牲精神——她为儿女是忘我的，是有牺牲精神的；但"为儿女"实际仍是"为她自己"；她没有急公好义。慷慨豪侠的仁慈！幸亏你岳父得天独厚，凡是家庭教育所没有给他的东西，他从音乐中吸收了，从古代到近代的乐曲中，从他接触的前辈，尤其安内斯库身上得到了启示。他没有感染他母亲那种狭窄、闭塞、贫乏、自私的道德观［即西方人所谓的 prudery（拘谨）］。也幸而残酷的战争教了他更多的东西，扩大了他的心灵和胸襟，烧起他内在的热情……你岳父今日的成就，特别在人品和人生观方面，可以说是 in spite of his mother（虽有母如此，亦不受影响）。我相信真有程度的群众欣赏你岳父的地方（仍是指艺术以外的为人），他父母未必体会到什么伟大。但他在海牙为一个快要病死的女孩子演奏 Bach（巴赫）的 *Chaconne*（《夏空舞曲》）[2]，以及他一九四七年在柏林对犹太难民的说话，以后在以色列的表现等等，我认为是你岳父最了不起的举动，符合我们威武不能屈的古训。

书中值得我们深思的段落，多至不胜枚举，对音乐，对莫扎特，巴哈直到巴托克的见解；对音乐记忆的分析，小提琴技术的分析，还有对协奏曲｛和你一开始即浸入音乐的习惯完全相似｝的态度，都大有细细体会的价值。他的两次 re-study（重新学习）｛最后一次是一九四二—四五｝，你都可以作为借鉴。

了解人是一门最高深的艺术，便是最伟大的哲人、诗人、宗教家、小说家、政治家、医生、律师，都只能掌握一些原则，不能说对某些具体的实例——一个人——有彻底的了解。人真是矛盾百出，复杂万分，神秘到极点的动物，看了传记，好像对人物有了相当认识，其实还不过是一些粗疏

---

① 曼纽欣，即梅纽因的另外音译。
② 夏空，盛行于十七世纪风格庄重的三拍子舞曲。此处指巴赫的《夏空舞曲》。

的概念。尤其他是性情温和,从小隐忍惯的人,更不易摸透他的底。我想你也有同感。

你上次信中分析他的话,我不敢下任何断语。可是世界上就是到处残缺,没有完善的人或事。大家说他目前的夫人不太理想,但弥拉的母亲又未尝使他幸福。他现在的夫人的确多才多艺,精明强干,而连带也免不了多才多艺和精明强干带来的缺点。假如你和其他友人对你岳父的看法不错,那也只能希望他的艺术良心会再一次觉醒,提到一个新的更高的水平,再来一次严格的自我批评。是否会有这幸运的一天,就得看他的生命力如何了。人的发展总是波浪式的,和自然界一样:低潮之后还有高潮再起的可能,峰回路转,也许"柳暗花明又一村",又来一个新天地呢! 所以古人说对人要"盖棺论定"。

多少零星的故事和插曲也极有意义。例如埃尔迦抗议纽门(Newman)①对伊虚提演奏他小提琴协奏曲的评论:纽门认为伊虚提把第二乐章表达太甜太 luscious(腻),埃尔迦说他写的曲子,特别那个主题本身就是甜美的,luscious,"难道英国人非板起面孔不可吗? 我是板起面孔的人吗?"可见批评家太着重于一般的民族性,作家越出固有的民族性,批评家竟熟视无睹,而把他所不赞成的表现归罪于演奏家。而纽门还是世界上第一流的学者兼批评家呢! 可叹学问和感受和心灵往往碰不到一起,感受和心灵也往往不与学问合流,要不然人类的文化还可大大的进一步呢! 巴托克听了伊虚提演奏他的小提琴协奏曲后说:"我本以为这样的表达只能在作曲家死了长久以后才可能。"可见了解同时代的人推陈出新的创造的确不是件容易的事。——然而我们又不能执着 Elgar(埃尔加)②对 Yehudi(耶胡迪)的例子,对批评家的言论一律怀疑。我们只能依靠自我批评精神来作取舍的标准,可是我们的自我批评精神是否永远可靠,不犯错误呢(infallible)? 是否我们常常在应该坚持的时候轻易让步而在应当信从批评家的时候又偏偏刚愎自用、顽固不化呢? 我提到这一点,因为你我都有一个缺点:"好辩";人家站在正面,我会立刻站在反面;反过来亦然。

---

① 即欧斯内特·纽曼(1868—1958),英国音乐评论家。
② 即上文提到的埃尔迦,现译为埃尔加(1857—1934),英国作曲家。曾指点提携过青年时的梅纽因。

而你因为年轻,这种倾向比我更强。但愿你慢慢的学得客观、冷静、理智,别像古希腊人那样为争辩而争辩!

阿陶夫·蒲希①和安内斯库②两人对巴哈 *Fugue*(《赋格曲》)③主题的 forte or dolce(强或柔)的看法不同,使我想起太多的书本知识要没有高度的理解力协助,很容易流于教条主义,成为学院派。

另一方面,Ysaye(伊萨伊)④要伊虚提拉 arpeggio(琶音)的故事,完全显出一个真正客观冷静的大艺术家的"巨眼",不是巨眼识英雄,而是有看破英雄的短处的"巨眼"。青年人要寻师问道,的确要从多方面着眼。你岳父承认跟 Adolph Busch(阿陶夫·蒲希)还是有益的,尽管他气质上和心底里更喜欢安内斯库。你岳父一再后悔不曾及早注意伊萨伊的暗示。因此我劝你空下来静静思索一下,你几年来可曾听到过师友或批评家的一言半语而没有重视的。趁早想,趁早补课为妙! 你的祖岳母说:"我母亲常言,只有傻瓜才自己碰了钉子方始回头;聪明人看见别人吃亏就学乖。"此话我完全同意,你该记得一九五三年你初去北京以后我说过{在信上}同样的话,记得我说的是:"家里嘱咐你的话多听一些,在外就不必只受别人批评。"大意如此。

你说过的那位匈牙利老太太,指导过 Anni Fischer(安妮·费希尔)的,千万上门去请教,便是去一两次也好。你有足够的聪明,人家三言两语,你就能悟出许多道理。可是从古到今没有一个人聪明到不需要听任何人的意见。智者千虑,必有一失。也许你去美访问以前就该去拜访那位老人家! 亲爱的孩子,听爸爸的话,安排时间去试一试好吗? ——再附带一句:去之前一定要存心去听"不入耳之言"才会有所得,你得随时去寻访你周围的大大小小的伊萨伊!

话愈说愈远——也许是愈说愈近了。假如念的书不能应用到自己身上来,念书干吗?

你岳父清清楚楚对他自幼所受的教育有很大的反响。他一再声明越

---

① 阿陶夫·蒲希(1891—1952),德国提琴家、作曲家。
② 安内斯库(1881—1955),罗马尼亚小提琴家、作曲家。
③ 赋格曲是复调乐曲的一种形式,十八世纪在 J. S. 巴赫的音乐创作中得到了充分的发展。
④ 尤金·伊萨伊(1858—1931),比利时小提琴家、指挥家、作曲家。

少替儿童安排他们的前途越好。这话其实也只说对了一部分,同时也得看这种放任主义如何执行。

要是有时间与精力,这样一本书可以让我写一篇上万字的批评。但老实说,我与伊虚提成了亲家,加上狄阿娜夫人①so sharp and so witty(如此聪明如此机智),我也下笔有顾忌,只好和你谈谈。

最后问你一句:你看过此书没有? 倘未看,可有空即读,而且随手拿一支红笔,要标出(underline)精彩的段落。以后有空还得再念第二三遍。弥拉年轻,未经世事,我觉得她读了此书并无所得。

我已有几次问你弥拉是否开始怀孕,因为她近来信少,与你半年前的情形相仿。若是怀孕而不舒服,则下面的话只当没说! 否则妈妈送了她东西,她一个字都没有,未免太不礼貌。尤其我们没有真好的东西给她(环境限制),可是"礼轻心意重",总希望受的人接受我们一份情意。倘不是为了身体不好,光是忙,不能成为一声不出的理由。这是体统和规矩问题。我看她过去与后母之间不大融洽,说不定一半也由于她太"少不更事"。——但这事你得非常和缓的向她提出,也别露出是我信中嗔怪她,只作为你自己发觉这样不大好,不够kind(体贴),不合乎做人之道。你得解释,这不过是一例,做人是对整个社会,不仅仅是应付家属。但对近亲不讲礼貌的人也容易得罪一般的亲友。——以上种种,你需要掌握时机,候她心情愉快的当口委婉细致,心平气和,像对知己朋友进忠告一般的谈,假如为了我们使你们小夫妇俩不欢,是我极不愿意的。你总得让她感觉到一切是为她好,帮助她学习,live the life(待人处世);而绝非为了父母而埋怨她。孩子,这件微妙的任务希望你顺利完成! 对你也是一种学习和考验。忠言逆耳,但必须出以一百二十分柔和的态度,对方才能接受。

一九六一年七月八日上午

在过去的农业社会里,人的生活比较闲散,周围没有紧张的空气,随遇而安,得过且过的生活方式还能对付。现在时代大变,尤其在西方世界,整天整月整年社会像一个瞬息不停的万花筒,生存竞争的剧烈,想你

① 即梅纽因的第二任夫人。

完全体会到了。最好做事要有计划,至少一个季度事先要有打算,定下的程序非万不得已切勿临时打乱。你是一个经常出台的演奏家,与教授、学者等等不同:生活忙乱得多,不容易控制。但愈忙乱愈需要有全面计划,我总觉得你太被动,常常 be carried away(失去自制力),被环境和大大小小的事故带着走。从长远看,不是好办法。过去我一再问及你经济情况,主要是为了解你的物质基础,想推测一下再要多少时期可以减少演出,加强学习——不仅仅音乐方面的学习。我很明白在西方社会中物质生活无保障,任何高远的理想都谈不上。但所谓物质保障首先要看你的生活水准,其次要看你会不会安排收支,保持平衡,经常有规律的储蓄。生活水准本身就是可上可下,好坏程度、高低等级多至不可胜计的;究竟自己预备以哪一种水准为准,需要想个清楚,弄个彻底,然后用坚强的意志去贯彻。唯有如此,方谈得到安排收支等等的理财之道。孩子,光是瞧不起金钱不解决问题;相反,正因为瞧不起金钱而不加控制,不会处理,临了竟会吃金钱的亏,做物质的奴役。单身汉还可用颜回的刻苦办法应急,有了家室就不行,你若希望弥拉也会甘于素衣淡食就要求太苛,不合实际了。为了避免落到这一步,倒是应当及早定出一个中等的生活水准使弥拉能同意,能实践,帮助你定计划执行。越是轻视物质越需要控制物质。你既要保持你艺术的尊严,人格的独立,控制物质更成为最迫切最重要的先决条件。孩子,假如你相信我这个论点,就得及早行动。

　　经济有了计划,就可按照目前的实际情况定一个音乐活动的计划。比如下一季度是你最忙,但也是收入最多的季度:那笔收入应该事先做好预算;切忌钱在手头,散漫使花,而是要作为今后减少演出的基础——说明白些就是基金。你常说音乐世界是茫茫大海,但音乐还不过是艺术中的一支,学问中的一门。望洋兴叹是无济于事的,要钻研仍然要定计划——这又跟你的演出的多少,物质生活的基础有密切关系。你结了婚,不久家累会更重;你已站定脚跟,但最要防止将来为了家累,为了物质基础不稳固,不知不觉的把演出、音乐为你一家数口服务。古往今来——尤其近代,多少艺术家{包括各个部门的}到中年以后走下坡路,难道真是他们愿意的吗? 多半是为家庭拖下水的,而已拖下水的经过完全出于不知不觉。孩子,我为了你的前途不能不长篇累牍的告诫。现在正是设计你下一阶段生活的时候,应当振作精神,面对当前,眼望将来,从长考虑,何况我相信三五年到十年之内,会有一个你觉得非退隐一年二年不可的时期。一切真有成就的演奏家都逃不过这一关。你得及早准备。

最近三个月,你每个月都有一封长信,使我们好像和你对面谈天一样:这是你所能给我和你妈妈的最大安慰。父母老了,精神上不免一天天的感到寂寞。唯有万里外的游子归鸿使我们生活中还有一些光彩和生气。希望以后信中除了艺术,也谈谈实际问题。你当然领会到我做爸爸的只想竭尽所能帮助你进步,增进你的幸福,想必不致嫌我烦琐吧?

一九六一年八月一日

亲爱的孩子,二十四日接弥拉十六日长信,快慰之至。几个月不见她手迹着实令人挂心,不知怎么,我们真当她亲生女儿一般疼她;从未见过一面,却像久已认识的人那样亲切。读她的信,神情笑貌跃然纸上。口吻那么天真那么朴素,taste(品味)很好,真叫人喜欢。成功的婚姻不仅对当事人是莫大的幸福,而且温暖的光和无穷的诗意一直照射到、渗透入双方的家庭。敏读了弥拉的信也非常欣赏她的人品。孩子,我不能不再一次祝贺你的幸运。两年半以来这是你音乐成就以外最大的收获了:相信你一定会珍惜这美满的婚姻,日后开出鲜艳的花来!

弥拉报告中有一件事教我们特别高兴:你居然去找过了那位匈牙利太太!(姓名弥拉写得不清楚,望告知!)多少个月来(在杰老师心中已是一年多了),我们盼望你做这一件事,一旦实现,不能不为你的音乐前途庆幸。——写到此,又接你明信片;那么原来希望本月四日左右接你长信,又得推迟十天了。但愿你把技巧改进的经过与实际谈得详细些,让我转告李先生好慢慢帮助国内的音乐青年,想必也是你极愿意做的事,本月十二至二十七日间,九月二十三日以前,你都有空闲的时间,除了出门休息(想你们一定会出门吧?)以外,尽量再去拜访那位老太太,向她请教。尤其维也纳派(莫扎特,贝多芬,舒伯特),那种所谓repose(宁静)的风味必须彻底体会。好些评论对你这方面的欠缺都一再提及。——至于追求细节太过,以致妨碍音乐的朴素与乐曲的总的轮廓,批评家也说过很多次。

据我的推想,你很可能犯了这些毛病。往往你会追求一个目的,忘了其他,不知不觉钻入牛角尖(今后望深自警惕)。可是深信你一朝醒悟,信从了高明的指点,你回头是岸,纠正起来是极快的,只是别矫枉过正,望另一极端摇摆过去就好了。

像你这样的年龄与经验,随时随地吸收别人的意见非常重要。经常请教前辈更是必需。你敏感得很,准会很快领会到那位前辈的特色与专长,尽量汲取——不到汲取完了决不轻易调换老师。

上面说到维也纳派的 repose,推想当是一种闲适恬淡而又富于旷达胸怀的境界,有点儿像陶靖节、杜甫(某一部分田园写景)、苏东坡、辛稼轩(也是田园曲与牧歌式的词)。但我还捉摸不到真正维也纳派的所谓repose,不知你的体会是怎么回事?

近代有名的悲剧演员可分两派:一派是浑身投入,忘其所以,观众好像看到真正的剧中人在面前歌哭;情绪的激动,呼吸的起伏,竟会把人在火热的浪潮中卷走,Sarah Bernhardt(莎拉·伯恩哈特)①即是此派代表(巴黎有她的纪念剧院)。一派刻划人物惟妙惟肖,也有大起大落的激情,同时又处处有一个恰如其分的节度,从来不流于"狂易"之境。心理学家说这等演员似乎有双重人格:既是演员,同时又是观众。演员使他与剧中人物合一,观众使他一切演技不会过火(即是能入能出的那句老话)。因为他随时随地站在圈子以外冷眼观察自己,故即使到了猛烈的高潮峰顶仍然能控制自己。以艺术而论,我想第二种演员应当是更高级。观众除了与剧中人发生共鸣,亲身经受强烈的情感以外,还感到理性节制的伟大,人不被自己情欲完全支配的伟大。这伟大也就是一种美。感情的美近于火焰的美,浪涛的美,疾风暴雨之美,或是风和日暖、鸟语花香的美;理性的美却近于钻石的闪光,星星的闪光,近于雕刻精工的美,完满无疵的美,也就是智慧之美!情感与理性平衡所以最美,因为是最上乘的人生哲学,生活艺术。

① 莎拉·伯恩哈特(1844—1923),法国女演员。

记得好多年前我已与你谈起这一类话。现在经过千百次实际登台的阅历,大概更能体会到上述的分析可应用于音乐了吧?去冬你岳父来信说你弹两支莫扎特协奏曲,能把强烈的感情纳入古典的形式之内,他意思即是指感情与理性的平衡。但你还年轻,出台太多,往往体力不济,或技巧不够放松,难免临场紧张,或是情不由己,be carried away(难以自制)。并且你整个品性的涵养也还没到此地步。不过早晚你会在这方面成功的,尤其技巧有了大改进以后。

国内形势八个月来逐渐改变,最近周总理关于文艺工作十大问题的报告长达八小时,内容非常精彩。惟尚未公布,只是京中极高级的少数人听到,我们更只知道一鳞半爪,不敢轻易传达。总的倾向是由紧张趋向缓和,由急进趋向循序渐进。也许再过一些日子会有更明朗的轮廓出现。

一九六一年八月十九日

近几年来常常想到人在大千世界、星云世界中多么微不足道,因此更感到人自命为万物之灵实在狂妄可笑。但一切外界的事物仍不断对我发生强烈的作用,引起强烈的反应和波动,忧时忧国不能自已;另一时期又觉得转眼之间即可撒手而去,一切于我何有哉! 这一类矛盾的心情几乎经常控制了我:主观上并无出世之意,事实上常常浮起虚无幻灭之感。个人对一切感觉都敏锐、强烈,而常常又自笑愚妄。不知这是现代中国知识分子的共同苦闷,还是我特殊的气质使然。即使想到你,有些安慰,却也立刻会想到随时有离开你们的可能,你的将来,你的发展,我永远看不见的了,你十年二十年后的情形,对于我将永远是个谜,正如世界上的一切,人生的一切,到我脱离尘世之时都将成为一个谜——个人消灭了,茫茫宇宙照样进行,个人算得什么呢!

一九六一年八月三十一日夜

亲爱的孩子,八月二十四日接十八日信,高兴万分。你最近的学习心得引起我许多感想。杰老师的话真是至理名言,我深有同感。会学的人举一反三,稍经点拨,即能跃进。不会学的不用说闻一以知十,连闻一以知一都不容易办到,甚至还要缠夹,误入歧途,临了反抱怨老师指引错了。所谓会学,条件很多,除了悟性高以外,还要足够的人生经验。暑假中教敏读王尔德《温德米尔夫人的扇子》,life is a speculation 一句,我解释了几遍,似乎他仍不甚了了。现代青年头脑太单纯,说他纯洁固然不错,无奈遇到现实,纯洁没法作为斗争的武器,倒反因天真幼稚而多走不必要的弯路。玩世不恭,cynical(愤世嫉俗)的态度当然为我们所排斥,但不懂得什么叫作 cynical 也反映入世太浅,眼睛只会朝一个方向看。周总理最近批评我们的教育,使青年只看见现实世界中没有的理想人物,将来到社会上去一定感到失望与苦闷。胸襟眼界狭小的人,即使老辈告诉他许多旧社会的风俗人情,也几乎会骇而却走。他们既不懂得人是从历史上发展出来的,经过几千年上万年的演变过程才有今日的所谓文明人,所谓社会主义制度下的人,一切也就免不了管中窥豹之弊。这种人倘使学文学艺术,要求体会比较复杂的感情,光暗交错,善恶并列的现实人生,就难之又难了。要他们从理论到实践,从抽象到具体,样样结合起来,也极不容易。但若不能在理论→实践,实践→理论,具体→抽象,抽象→具体中不断来回,任何学问都难以入门。

以上是综合的感想。现在谈谈你最近学习所引起的特殊问题。

据来信,似乎你说的 relax(放松)不是五六年以前谈的纯粹技巧上的relax,而主要是精神、感情、情绪、思想上的一种安详、闲适、淡泊、超逸的意境,即使牵涉到技术,也是表现上述意境的一种相应的手法,音色与tempo rubato(自由节奏)等等。假如我这样体会你的意思并不错,那我就觉得你过去并非完全不能表达 relax 的境界,只是你没有认识到某些作品某些作家确有那种 relax 的精神。一年多以来,英国批评家有些说你的贝多芬(当然指后期的朔拿大)缺少那种 Viennese repose(维也纳式闲适),恐怕即是指某种特殊的安闲、恬淡、宁静之境,贝多芬在早年中年剧烈挣扎与苦斗之后,到晚年达到的一个 peaceful mind(精神上的清明恬静之境),也就是一种特殊的 serenity(安详)[是一种 resignation(隐忍恬淡,心平气和)产生的 serenity]。但精神上的清明恬静之境也因人而异,贝多芬的清明恬静既不同于莫扎特的,也不同于舒伯特的。稍一混淆,在水平较高的批评家、音乐家以及听众耳中就会感到气息不对,风格不合,口吻不真。我是用这种看法来说明你为何在弹斯卡拉蒂和莫扎特时能完全 relax，而遇到贝多芬与舒伯特就成问题。另外两点，你自己已分析得很清楚：一是看到太多的 drama（跌宕起伏，戏剧成分），把主观的情感加诸原作；二是你的个性与气质使你不容易 relax，除非遇到斯卡拉蒂与莫扎特，只有轻灵、松动、活泼、幽默、妩媚、温婉而没法找出一点儿借口可以装进你自己的 drama。因为莫扎特的 drama 不是十九世纪的 drama，不是英雄式的斗争，波涛汹涌的感情激动，如醉若狂的 fanaticism（狂热激情）；你身上所有的近代人的 drama 气息绝对应用不到莫扎特作品中去；反之，那种十八世纪式的 flirting（风情）和诙谐、俏皮、讥讽等等，你倒也很能体会；所以能把莫扎特表达得恰如其分。还有一个原因，凡作品整体都是 relax 的，在你不难掌握；其中有激烈的波动又有苍茫惆怅的那种 relax 的作品，如萧邦，因为与你气味相投，故成绩也较有把握。但若既有激情又有隐忍恬淡如贝多芬晚年之作，你即不免抓握不准。你目前的发展阶段，已经到了理性的控制力相当强，手指神经很驯服的能听从头脑的指挥，故一朝悟出了关键所在的作品精神，领会到某个作家的 relax 该是何种境界何种情调时，即不难在短时期内改变面目，而技巧也跟着适应要求，像你所说"有些东西一下子显得容易了"。旧习未除，亦非短期所能根绝，你也分析得很彻底：悟是一回事，养成新习惯来体现你的"悟"是另一回事。

最后你提到你与我气质相同的问题，确是非常中肯。你我秉性都过敏，容易紧张。而且凡是热情的人多半流于执着，有 fanatic（狂热）倾向。你的观察与分析一点不错。我也常说应该学学周伯伯那种潇洒，超脱，随意游戏的艺术风格，冲淡一下太多的主观与肯定，所谓 positivism（自信独断）。无奈向往是一事，能否做到是另一事。有时个性竟是顽强到底，什么都扭它不过。幸而你还年轻，不像我业已定型；也许随着阅历与修养，加上你在音乐中的熏陶，早晚能获致一个既有热情又能冷静，能入能出的境界。总之，今年你请教 Kobos（卡波斯）①太太后，所有的进步是我与杰老师久已期待的；我早料到你并不需要到四十左右才悟到某些淡泊、朴

---

① 卡波斯（1893—1973），匈牙利出生的英国钢琴家和钢琴教育家。即前文中提到的匈牙利太太。

素、闲适之美——像去年四月《泰晤士报》评论你两次萧邦音乐会所说的。附带又想起批评界常说你追求细节太过,我相信事实确是如此,你专追一门的劲也是 fanatic(狂热)得厉害,比我还要执着。或许近二个月以来,在这方面你也有所改变了吧? 注意局部而忽视整体,雕琢细节而动摇大的轮廓固谈不上艺术;即使不妨碍完整,雕琢也要无斧凿痕,明明是人工,听来却宛如天成,才算得艺术之上乘。这些常识你早已知道,问题在于某一时期目光太集中在某一方面,以致耳不聪,目不明,或如孟子所说"明察秋毫而不见舆薪"。一旦醒悟,回头一看,自己就会大吃一惊,正如五五年时你何等欣赏弥盖朗琪利,最近却弄不明白当年为何如此着迷。

一九六一年九月一日

早在一九五七年李赫特在沪演出时,我即觉得他的舒伯特没有 grace(优雅)。以他的身世而论很可能于不知不觉中走上神秘主义的路。生活在另外一个世界中,那世界只有他一个人能进去,其中的感觉、刺激、形象、色彩、音响都另有一套,非我们所能梦见。神秘主义者往往只有纯洁、朴素、真诚,但缺少一般的温馨妩媚。便是文艺复兴初期的意大利与法兰德斯宗教画上的 grace 也带一种圣洁的他世界的情调,与十九世纪初期维也纳派的风流蕴藉,熨帖细腻,同时也带一些淡淡的感伤的柔情毫无共通之处。而斯拉夫族,尤其俄罗斯民族的神秘主义又与西欧的罗马正教一派的神秘主义不同。听众对李赫特演奏的反应如此悬殊也是理所当然的。二十世纪六十年代的人还有几个能容忍音乐上的神秘主义呢? 至于捧他上天的批评只好目之为梦呓,不值 哂。

从通信所得的印象,你岳父说话不多而含蓄甚深,涵养功夫极好,但一言半语中流露出他对人生与艺术确有深刻的体会。以他成年前所受的教育和那么严格的纪律而论,能长成为今日这样一个独立自由的人,在艺术上保持鲜明的个性,已是大不容易的了;可见他秉性还是很强,不过藏在内里,一时看不出罢了。他自己在书中说:"我外表是哈泼齐巴,内心是雅尔太。"①但他坚强的个性不曾发展到他母亲的路上,没有那种过分的

---

① 哈泼齐巴和雅尔太是梅纽因的大妹妹和小妹妹。

民族自傲,也算大幸。

尽管那本传记经过狄安娜夫人①校阅,但其中并无对狄安娜特别恭维的段落,对诺拉②亦无贬词——这些我读的时候都很注意。上流社会的妇女总免不了当面一套,背后一套:为了在西方社会中应付,也有不得已的苦衷。主要仍须从大事情大原则上察看一个人的品质。希望你竭力客观,头脑冷静,前妻的子女对后母必有成见,我们局外人只能以亲眼目睹的事实来判断,而且还须分析透彻。年轻人对成年人的看法往往不大公平,何况对待后母!故凡以过去的事为论证的批评最好先打个问号,采取保留态度,勿急于下断语。家务事曲折最多,单凭一面之词难以窥见真相。

你与弥拉之间能如此融洽也是不容易的了。她年幼未经世事,偶有差错亦在意料之中。但若与一般(不论国内国外)同年龄的女子相比,恐怕弥拉也是属于纯洁、懂事、肯刻苦一类的了。凡事不能有绝对标准,只能用比较的眼光看待一切。要一个像她那样出身的女孩子接近你的理想,必须以极大的忍耐,极长的时间,做感染与教育的工作。("娇气"是家庭与社会共同培养出来的,故最难革除。)主要仍在于以身作则。你既有自知之明,相信你定会以容忍的态度应付。只要共同的理想不变,高远的目标始终成为双方追求的对象,心爱你那种艺术气氛中的弥拉自会一天一天进步的,假如你自己也在一天一天的进步。

弥拉初婚时来信一本正经提及要作预算,要储蓄:我们非常快慰。八个月来不知执行情况如何?此次访美访澳,收入较多,务须作好长久计划,万不能在外见物即买。弥拉年轻,你该多出主意。最好在去美以前就平心静气与她商量商量,以免临时为了用钱而争执。在外四个月,演出紧张,你们二人尤其要"和平共处",不能有细小风波,切记切记。

一九六一年九月二日中午

感慨在英文中如何说,必姨来信说明如下:

"有时就是(deeply) affected, (deeply) moved(深受影响,深受感动);

---

① 即梅纽因的第二任夫人,前文译为狄阿娜。
② 诺拉,梅纽因的前妻,弥拉的母亲。

有时是(He is)affected with painful recollections(他因痛苦的往事而有所感触); the music(音乐)(或诗或文)calls forth painful memories(引人追思、缅怀痛苦的往事)或 stirs up painful(or mournful, melancholy)memories[激起对痛苦(或忧伤、伤感)往事的追思]。如嫌 painful(痛苦)太重,就说那音乐 starts a train of melancholy thoughts ,(sorrowfull, mournful, sad)thoughts[引起连串忧思(忧伤,哀伤,悲哀)的追思]。对人生的慨叹有时不用 memory, recollection(回忆,追思),就用 reflection(反应,反映),形容词还是那几个,e. g. His letter is full of sad reflections on life(他的来信充满对人生的慨叹)。"

据我的看法,"感慨"、"慨叹"纯是描写中国人特殊的一种心理状态,与西洋人的 recollection(追思)固大大不同,即与 reflection 亦有出入,故难在外文中找到恰当的 equivalent(对等字眼)。英文的 recollection 太肯定,太"有所指";reflection 又嫌太笼统,此字本义是反应、反映。我们的感慨只是一种怅惘、苍茫的情绪,说 sad(悲伤)也不一定 sad,或者未免过分一些;毋宁是带一种哲学意味的 mood(情绪),就是说感慨本质上是一种情绪,但有思想的成分。

从去年冬天起,党中央颁布了关于农业工作十二条,今年春季又扩充为六十条,纠正过去人民公社中的歪风(所谓乱刮共产风),定出许多新的措施,提高农民的积极性,增加物质报酬,刺激生产。大半年以来农村情况大有改变,农民工作都有了劲,不再拖拉,磨洋工。据说六十条是中央派了四十人的调查团,分别深入各地,住在农民家中实地调查研究以后得出的结论。可见党对人民生活的关心,及时大力扭转偏差,在天灾频仍的关头提出"大办农业,大种粮食"的口号。我个人感觉:人事方面,社会主义制度下最重要的关键仍然要消灭官僚主义;农业增产要达到理想指标必须机耕与化肥两大问题基本解决以后才有可能。并且吾国人民的饮食习惯倘不逐渐改变,不用油脂和蛋白、肉类,来代替大量的淀粉,光靠各类增产还是有困难。吾国人口多,生育率高,消耗淀粉(米、麦、高粱及一切杂粮)的总量大得惊人,以绝大部分的可耕地种谷类所能供应人的热力(即加洛里),远不如少量面积种油脂作物所能供应人的热量为多。在经济核算上,在国民健康观点上,油脂的价值远过于谷类。我们工农阶级的食物,油脂与淀粉质消耗的比例,正好和西欧工农在这两类上的比例相反。结果我们的胃撑得很大,到相当年纪又容易下垂,所得营养却少得可怜。——但要改变大家几千年来多吃谷类的习惯太不容易,至少也要一二代才能解决。同时增加油脂作物和畜牧生产也是件大事。以上仅仅是我个人的感想,社会上尚未听见有人提出。

教育与文艺方面,半年来有不少党中央的报告,和前几年的看法做法也大有不同。对知识分子思想水平的要求有所调整,对红专问题的标准简化为:只要有国际主义爱国主义精神,接受马列主义,就算红。当然红与专都无止境,以之为终身努力的目标是应该的,但对目前知识分子不能要求过高,期望太急。文艺创作的题材亦可不限于工农兵,只消工农兵喜爱,能为工农兵看了以后消除疲劳也就是为工农兵服务。政治固然是判断作品的第一标准,但并非"唯一的"标准。以后要注意艺术性。学校教育不能再片面强调政治,不能停了课"搞运动"。周扬部长与陈副总理都提到工厂不搞生产如何成为工厂,学校不搞学习如何成为学校;今后培养青年一定要注重业务,要"专",决不允许红而不专。诸如此类的指示有许许多多,大致都根据以上说的几个方针。问题在于如何执行,如何贯彻。基层干部的水平不可能一转眼就提高,也就不可能一下子正确领会党中央的政策与精神。大家"拨一拨、动一动"的惰性已相当深,要能主动掌握,彻底推行中央决定,必须经过长时期的教育与自我教育。国家这样大,人这么多,摊子摆得这么多、这么大,哪里一下就能扭转错误!现在只是调整方向方针,还未到全面实现的阶段。不过有此转变已经是可喜之至了。

以往四年简直不和你谈到这些,原因你自会猜到。我的感想与意见写起来也许会积成一厚本:我吃亏的就是平日想的太多,无论日常生活,大事小事,街头巷尾所见所闻,都引起我许多感想;更吃亏的是看问题水平提得太高(我一向说不是我水平高,而是一般的水平太低),发现症结为时太早:许多现在大家承认为正确的意见,我在四五年、六七年以前就有了;而在那时的形势下,在大家眼中我是思想落后,所以有那些看法。

九月是你比较空闲的一月,我屡次要你去博物馆看画,无论如何在这个月中去一二回!先定好目标看哪一时期的哪一派,集中看,切勿分散精力。早期与中期文艺复兴（意大利派）也许对你理解斯卡拉蒂更有帮助。造型艺术与大自然最能培养一个人身心的 relax（轻松）！

你的中文信并未退步，辞汇也仍丰富，只是作主词的"我"字用得太多，不必要的虚字也用多了些。因你时间有限，我不苛求；仅仅指出你的毛病，让你知道而已。

一九六一年九月十四日晨

你工作那么紧张，不知还有时间和弥拉谈天吗？我无论如何忙，要是一天之内不与你妈谈上一刻钟十分钟，就像漏了什么功课似的。时事感想，人生或大或小的事务的感想，文学艺术的观感，读书的心得，翻译方面的问题，你们的来信，你的行踪……上下古今，无所不谈，拉拉扯扯，不一定有系统，可是一边谈一边自己的思想也会整理出一个头绪来，变得明确；而妈妈今日所达到的文化、艺术与人生哲学的水平，不能不说一部分是这种长年的闲谈熏陶出来的。去秋你信中说到培养弥拉，不知事实上如何做？也许你父母数十年的经历和生活方式还有值得你参考的地方。以上所提的日常闲聊便是熏陶人最好的一种方法。或是饭前饭后或是下午喝茶（想你们也有英国人喝 tea 的习惯吧？）的时候，随便交换交换意见，无形中彼此都得到不少好处：启发，批评，不知不觉的提高自己，提高对方，总不能因为忙，各人独自生活在一个小圈子里。少女少妇更忌精神上的孤独。共同的理想，热情，需要长期不断的灌溉栽培，不是光靠兴奋时说几句空话所能支持的。而一本正经的说大道理，远不如日常生活中琐琐碎碎的一言半语来得有效，——只要一言半语中处处贯彻你的做人之道和处世的原则。孩子，别因为埋头于业务而忘记了你自己定下的目标，别为了音乐的艺术而抛荒生活的艺术。弥拉年轻，根基未固，你得耐性细致，孜孜不倦的关怀她，在人生琐事方面，读书修养方面，感情方面，处处观察，分析，思索，以诚挚深厚的爱做原动力，以冷静的理智做行动的指针，加以教导，加以诱引，和她一同进步！倘或做这些工作的时候有什么困难，千万告诉我们，可帮你出主意解决。你在音乐艺术中固然只许成功，不许失败；在人生艺术中，婚姻艺术中也只许成功，不许失败！这是你爸爸妈妈最关心的，也是你一生幸福所系。而且你很明白，像你这种性格的人,人生没法与艺术分离,所以要对你的艺术有所贡献,家庭生活与夫妇生活更需要安排得美满。——语重心长,但愿你深深体会我们爱你和爱你的艺术的热诚,从而在行动上彻底实践!

我老想帮助弥拉,但自知手段笨拙,深怕信中处处流露出说教口吻和家长面孔。青年人对中年老年人另有一套看法,尤其西方少妇。你该留意我的信对弥拉起什么作用:要是她觉得我太古板,太迂等等,得赶快告诉我,让我以后对信中的措辞多加修饰。我决不嗔怪她,可是我极需要知道她的反应来调节我教导的方式方法。你务须实事求是,切勿粉饰太平,歪曲真相:日子久了,这个办法只能产生极大的弊害。你与她有什么不协和,我们就来解释,劝说;她与我们之间有什么不协和,你就来解释,劝说:这样才能做到所谓"同舟共济"。我在中文信中谈的问题,你都可挑出一二题目与她讨论;我说到敏的情形也好告诉她:这叫作旁敲侧击,使她更了解我们,我知道她家务杂务,里里外外忙得不可开交,故至今不敢在读书方面督促她。我屡屡希望你经济稳定,早日打定基础,酌量减少演出,使家庭中多些闲暇,一方面也是为了弥拉的晋修。(要人晋修,非给他相当时间不可。)我一再提议你去森林或郊外散步,去博物馆欣赏名作,大半为了你,一小半也是为了弥拉。多和大自然与造型艺术接触,无形中能使人恬静旷达(古人所云"荡涤胸中尘俗",大概即是此意),维持精神与心理的健康。在众生万物前面不自居为"万物之灵",方能祛除我们的狂妄,打破纸醉金迷的俗梦,养成淡泊洒脱的胸怀,同时扩大我们的同情心。欣赏前人的剧迹,看到人类伟大的创造,才能不使自己被眼前的局势弄得悲观,从而鞭策自己,竭尽所能的在尘世留下些少成绩。以上不过是与大自然及造型艺术接触的好处的一部分,其余你们自能体会。

一九六一年九月十四日下午

前几日细细翻阅你六〇、六一两年的节目,发觉你练的新作品寥寥无几。一方面演出太多,一方面你的表达方式与技术正在波动与转变,没有时间精力与必要的心情练新作品。这些都不难理解;但为长久之计,不能不及早考虑增加"曲码"的问题。预计哪一年可腾出较多的时间,今后的日课应如何安排以便挤出时间来,起居生活的细节应如何加速动作,不让占去很多工作时间……都有待于仔细筹划。

在英国演出现代作品的机会太少,在美澳两洲是否较多呢?可是放下已久的东西,如在华沙时练好的普罗利菲埃夫与肖斯塔科维奇的朔拿大,以及巴托克的协奏曲,恐非短时期的温习就能拿出去登台,是不是?可是这一方面的学习计划不妨与我谈谈!

一九六一年十月五日深夜

等了好久,昨晚才收到弥拉的信。没料到航空寄的画和信一样快。我挑选的作品你们俩都喜爱,可见我与你们的眼光与口味完全一致,也叫我非常高兴。

八九两月你统共只有三次演出,但似乎你一次也没去郊外或博物馆。我知道你因技术与表达都有大改变,需要持续加工和巩固;访美的节目也得加紧准备;可是两个月内毫不松散也不是办法。两年来我不知说了多少次,劝你到森林博物馆走走:你始终不能接受。孩子,我多担心你身心的健康和平衡;一切都得未雨绸缪,切勿到后来悔之无及。单说技巧吧,有时硬是别扭,倘若丢开一个下午,往大自然中跑跑,或许下一天就能顺利解决。人的心理活动总需要一个酝酿的时期,不成熟时硬要克服难关,只能弄得心烦意躁,浪费精力。音乐理解亦然如此。我始终觉得你犯一个毛病,太偏重以音乐本身去领会音乐。你的思想与信念并不如此狭窄,很会海阔天空的用想象力;但与音乐以外的别的艺术,尤其大自然,实际上接触太少。整天看谱、练琴、听唱片……久而久之会减少艺术的新鲜气息,趋于抽象,闭塞,缺少生命的活跃与搏击飞纵的气势。我常常为你预感到这样一个危机,不能不舌敝唇焦,及早提醒,要你及早防止。你的专业与我的大不同。我是不需要多大创新的,我也不是有创新才具的人:长年关在家里不致在业务上有什么坏影响。你的艺术需要时时刻刻的创造,便是领会原作的精神也得从多方面(音乐以外的感受)去探讨:正因为过去的大师就是从大自然,从人生各方面的材料中"泡"出来的,把一切现实升华为 emotion(感情)与 sentiment(情操),所以表达他们的作品也得走同样的路。这些理论你未始不知道,但似乎并未深信到身体力行的程度。另外我很奇怪：你年纪还轻，应该比我爱活动；你也强烈的爱好自然：怎么实际生活中反而不想去亲近自然呢。我记得很清楚，我二十二三岁在巴黎、瑞士、意大利以及法国乡间，常常在月光星光之下，独自在林中水边踏着绿茵，呼吸浓烈的草香与泥土味、水味，或是借此舒散苦闷，或是沉思默想。便是三十多岁在上海，一逛公园就觉得心平气和，精神健康多了。太多与刺激感官的东西（音乐便是刺激感官最强烈的）接触，会不知不觉失去身心平衡。你既憧憬希腊精神，为何不学学古希腊人的榜样呢？你既热爱陶潜、李白，为什么不试试去体会"采菊东篱下，悠然见南山"的境界（实地体会）呢？你既从小熟读克利斯朵夫，总不致忘了克利斯朵夫与大自然的关系吧？还有造型艺术，别以家中挂的一些为满足：干什么不上大不列颠博物馆去流连一下呢？大概你会回答我说没有时间：做了这样就得放弃那样。可是暑假中比较空闲，难道去一二次郊外与美术馆也抽不出时间吗？只要你有兴致，便是不在假中，也可能特意上美术馆，在心爱的一二幅画前面呆上一刻钟半小时。不必多，每次只消集中一二幅，来回统共也花不了一个半小时；无形中积累起来的收获可是不小呢！你说我信中的话，你"没有一句是过耳不入"的；好吧，那么在这方面希望你思想上慢慢酝酿，考虑我的建议，有机会随时试一试，怎么样？行不行呢？我一生为你的苦心，你近年来都体会到了。可是我未老先衰，常有为日无多之感，总想尽我仅有的一些力量，在我眼光所能见到的范围以内帮助你，指导你，特别是早早指出你身心与艺术方面可能发生的危机，使你能预先避免。"语重心长"这四个字形容我对你的态度是再贴切没有了。只要你真正爱你的爸爸，爱你自己，爱你的艺术，一定会郑重考虑我的劝告，接受我数十年如一日的这股赤诚的心意！

　　你也很明白，钢琴上要求放松先要精神上放松：过度的室内生活与书斋生活恰恰是造成现代知识分子神经紧张与病态的主要原因；而萧然意远，旷达恬静，不滞于物，不凝于心的境界只有从自然界中获得，你总不能否认吧？

　　还有很重要的一点：弥拉比你小五岁，应该是喜欢活动的年纪。你要是闭户家居，岂不连带她感到岑寂枯索？而看她的气质，倒也很爱艺术与大自然，那就更应该同去欣赏，对彼此都有好处。只有不断与森林，小溪，花木,鸟兽,虫鱼和美术馆中的杰作亲炙的人,才会永远保持童心,纯洁与美好的理想。培养一个人,空有志愿有什么用?主要从行动着手!无论多么优秀的种籽,没有适当的环境、水土、养分,也难以开花结果,说不定还会中途变质或夭折。弥拉的妈妈诺拉本性何尝不好、不纯洁,就是与伊虚提之间缺少一个共同的信仰与热爱,缺少共同的 devotion(努力目标),才会如此下场。即使有了共同的理想与努力的目标,仍然需要年纪较长的伙伴给她熨帖的指点,带上健全的路,帮助她发展,给她可能发展的环境和条件。你切不可只顾着你的艺术,也得分神顾到你一生的伴侣。二十世纪登台演出的人更非上一世纪的演奏家可比,他要紧张得多,工作繁重得多,生活忙乱得多,更有赖于一个贤内助。所以分些精神顾到弥拉(修养、休息、文娱活动……),实际上仍是为了你的艺术;虽然是间接的,影响与后果之大却非你意想所及。你首先不能不以你爸爸的缺点——脾气暴躁为深戒,其次不能期待弥拉也像你妈妈一样和顺。在西方女子中,我与你妈妈都深切感到弥拉已是很好的好脾气了,你该知足,该约制自己。天下父母的心总希望子女活得比自己更幸福;只要我一旦离开世界的时候,对你们俩的结合能有确切不移的信心,也是我一生极大的酬报了!

十一月至明春二月是你去英后最忙的时期,也是出入重大的关头;旅途辛苦,演出劳累,难免神经脆弱,希望以最大的忍耐控制一切,处处为了此行的使命,与祖国荣辱攸关着想。但愿你明年三月能够以演出与性情脾气双重的成功报告我们,那我们真要快乐到心花怒放了!——放松,放松!精神上彻底的轻松愉快,无挂无碍,将是你此次双重胜利的秘诀!

另一问题始终说服不了你,但为你的长久利益与未来的幸福不得不再和你唠叨。你历来厌恶物质,避而不谈;殊不知避而不谈并不解决问题,要不受物质之累,只有克服物质、控制物质,把收支情况让我们知道个大概,帮你出主意妥善安排。唯有妥善安排才能不受物质奴役。凡不长于理财的人少有不吃银钱之苦的。我和你妈妈在这方面自问还有相当经验可给你作参考。你怕烦,不妨要弥拉在信中告诉我们。她年少不更事,只要你从旁怂恿一下,她未始不愿向我们学学理财的方法。你们早晚要有儿女,如不及早准备,临时又得你增加演出来弥补,对你的艺术却无裨益。其次要弥拉进修,多用些书本功夫也该给她时间;目前只有一个每周来二次的 maid(女佣人),可见弥拉平日处理家务还很忙。最好先逐步争取,经济上能雇一个每日来帮半天的女佣。每年暑假至少要出门完全休息两星期。这种种都得在家庭收支上调度得法,定好计划,方能干半年或一年之后实现。当然主要在于实际执行而不仅仅是一纸空文的预算和计划。唱片购买也以随时克制为宜,勿见新即买。我一向主张多读谱,少听唱片,对一个像你这样的艺术家帮助更大。读谱好比弹琴用 urtext①,听唱片近乎用某人某人 edit(编)的谱。何况我知道你十年二十年后不一定永远当演奏家;假定还可能向别方面发展,长时期读谱也是极好的准备。我一心一意为你打算,不论为目前或将来,尤其为将来。你忙,没空闲来静静的分析,考虑;倘我能代你筹划筹划,使我身后你还能得到我一些好处——及时播种的好处,那我真是太高兴了。

一九六一年十月五日夜②

孩子,你跟爸爸相似的地方太多了,连日常生活也如此相似,老关在家里练琴,听唱片,未免太单调。要你出去走走,看看博物馆,无非是调剂生活,丰富你的精神生活。你的主观、固执,看来与爸爸不相上下,这个我是绝对同情弥拉的,我决不愿意身受折磨会在下一代的儿女身上重现。——你是自幼跟我在一起,生活细节也看得多,你是最爱妈妈的,也应该是最理解妈妈的,我对你爸爸性情脾气的委曲求全,逆来顺受,都是有原则的,因为我太了解他,他一贯的秉性乖戾,嫉恶如仇,是有根源的,当时你祖父受土豪劣绅的欺侮压迫,二十四岁上就郁闷而死,寡母孤儿(你祖母和你爸爸)悲惨凄凉的生活,修道院式的童年,真是不堪回首。到成年后,孤军奋斗,爱真理,恨一切不合理的旧传统和杀人不见血的旧礼教,为人正直不苟,对事业忠心耿耿,我爱他,我原谅他。为了家庭的幸福,儿女的幸福,以及他孜孜不倦的事业的成就,放弃小我,顾全大局。爸爸常常抱恨自己把许多坏脾气影响了你,所以我们要你及早注意,克制自

---

① urtext,原文德文。这里指音乐的原谱版本,即未经他人编辑、整理或注释的原始曲谱。
② 此信是傅雷夫人朱梅馥所写。

己,把我们家上代悲剧的烙印从此结束,而这个结束就要从你开始,才能不再遗留到后代身上去。现在弥拉还年轻,有幻想,有热情,多少应该满足她活跃的青春的梦,偶尔看看电影,上博物馆,陶醉在过去的历史的成果中,欣赏体会;周末去郊外或公园散步闲游,吸收自然界的美,要过这种有计划有调节的生活,人生才有意思。我们是年老了,可是心里未尝不向往这种生活呢!目前你赶巡回演出的节目,一切都谈不上,可是让你心中有数,碰到有时间有机会的时候,千万争取利用,不可随便放弃。好孩子,你是爱父母的,那么千言万语,无非要你们更美满更幸福,总要接受父母的劝告,让我们也跟着你们快活,何乐而不为呢。

一九六二年

一九六二年一月十四日下午

聪,亲爱的孩子,又快一个月没给你写信了。你们信少,我们的信也不知不觉跟着减少。你在外忙得昏天黑地,未必有闲情逸致读长信;有些话和你说了你亦过日即忘;再说你的情形我们一无所知,许多话也无从谈起。十日收到来电,想必你们俩久不执笔,不免内疚,又怕我们着急之故吧?不管怎样,一个电报引得妈妈眉开眼笑,在吃饭前说:"开心来……"我问:"为什么?"她说:"为了孩子。"今天星期日,本想休息,谁知一提笔就写了七封信,这一封是第八封了。从十一月初自苏州回来后,一口气工作到今,赛过跑马拉松,昨天晚上九点半放下笔也感到脑子疲惫得很了。想想自己也可笑,开头只做四小时多工作,加到六小时,译一千字已经很高兴了;最近几星期每天做到八九小时,译到两千字,便又拿两千字作为新定量,好似老是跟自己劳动竞赛,抢"红旗"似的。幸而脑力还能支持,关节炎也不常发。只是每天上午泪水滔滔,哈欠连连;大概是目力用得过度之故。

此次出外四月,收入是否预先定好计划?不管你们俩听从与否,我总得一再提醒你们。既然生活在金钱世界中,就不能不好好的控制金钱,才不致为金钱所奴役。

当然,世界上到处没有两全之事,一切全赖自己掌握,目的无非是少受些物质烦恼，多一些时间献给学问和艺术。理想的世界始终是理想；无论天南地北，看不上眼的事总是多于看得上眼的。但求不妨碍你的钻研，别的一切也就可以淡然置之。烦闷徒然浪费时间，扰乱心绪，犯不上！你恐怕对这些也想过很多，旷达了不少吧？

一九六二年一月二十一日下午

亲爱的孩子，斐济岛来信，信封上写明挂号，事实并没有挂号，想必交旅馆寄，他们马虎过去了。以后别忘了托人代送邮局的信，一定要追讨收条。你该记得五五年波兰失落一长信，害得我们几个星期心绪不宁。十一月到十二月间，敏有二十六天没家信，打了两个电报去也不复，我们也为之寝食不安；谁知中间失落了二封信，而他又功课忙，不即回电，累我们急得要命。

读来信，感触万端。年轻的民族活力固然旺盛，幼稚的性情脾气少接触还觉天真可爱，相处久了恐怕也要吃不消的。我们中国人总爱静穆，沉着，含蓄，讲 taste（品味），遇到 silly（愚蠢，糊涂）的表现往往会作恶。生命力旺盛也会带咄咄逼人的意味，令人难堪。我们朋友中即有此等性格的，我常有此感觉。也许我自己的 dogmatic（固执，武断）气味，人家背后已在怨受不了呢。我往往想，像美国人这样来源复杂的民族究竟什么是他的定型，什么时候才算成熟。他们二百年前的祖先不是在欧洲被迫出亡的宗教难民（新旧教都有，看欧洲哪个国家而定：大多数是新教徒——来自英法。旧教徒则来自荷兰及北欧），便是在事业上栽了筋斗的人，不是年轻的淘金者便是真正的强盗和杀人犯。这些人的后代，反抗与斗争性特别强是不足为奇的，但传统文化的熏陶欠缺，甚至于绝无仅有也是想象得到的，只顾往前直冲，不问成败，什么都可以孤注一掷，一切只问眼前，冒起危险来绝不考虑值不值得，不管什么场合都不难视生命如鸿毛：这一等民族能创业，能革新，但缺乏远见和明智，难于守成，也不容易成熟；自信太强，不免流于骄傲，看事太轻易，未免幼稚狂妄。难怪资本主义到了他们手里会发展得这样快，畸形得这样厉害。我觉得他们的社会好像长着一个癌：少数细胞无限止的扩张，把其他千千万万的细胞吞掉了；而千千万万的细胞在未被完全吞掉以前，还自以为健康得很，"自由""民主"得很呢!

可是社会的发展毕竟太复杂了,变化太多了,不能凭任何理论"一以蔽之"的推断。比如说,关于美国钢琴的问题,在我们爱好音乐的人听来竟可说是象征音乐文化在美国的低落;但好些乐队水准比西欧高,又怎么解释呢? 经理人及其他音乐界的不合理的事实,垄断,压制,扼杀个性等等令人为之发指;可是有才能的艺术家在青年中还是连续不断的冒出来:难道就是新生的与落后的斗争吗? 还是新生力量也已到了强弩之末呢?美国音乐创作究竟是在健康的路上前进呢,还是总的说来是趋向于消沉,以至于腐烂呢? 人民到处是善良正直的,分得出是非美丑的,反动统治到处都是牛鬼蛇神;但在无线电、TV(电视)、报刊等等的麻痹宣传之下,大多数人民的头脑能保得住清醒多久呢? 我没领教过极端的物质文明,但三十年前已开始关心这个问题。欧洲文化界从第一次大战以后曾经几次三番讨论过这个问题。可是真正的答案只有未来的历史。是不是不穷不白就闹不起革命呢,还是有家私的国家闹出革命来永远不会彻底? 就是彻底了,穷与白的病症又要多少时间治好呢? 有时我也像服尔德小说中写的一样,假想自己在另一个星球上,是另一种比人更高等的动物,来看这个星球上的一切,那时不仅要失笑,也要感到茫茫然一片,连生死问题都不知该不该肯定了。当然,我不过告诉你不时有这种空想,事实上我受着"人"的生理限制,不会真的虚无寂灭到那个田地的,而痛苦烦恼也就不可能摆脱干净,只有靠工作来麻醉自己了。

辛辛纳蒂,纽约,旧金山三处的批评都看到了一些样品,都不大高明(除了一份),有的还相当"小儿科"。至于弥拉讲的《纽约时报》的那位仁兄,简直叫人发笑。而《纽约时报》和《先驱论坛报》还算美国最大的两张日报呢! 关于批评家的问题以及你信中谈到的其他问题,使我不单单想起《约翰·克利斯朵夫》中的节场,更想起巴尔扎克在《幻灭》(我正在译)第二部中描写一百三十年前巴黎的文坛、报界、戏院的内幕。巴尔扎克不愧为现实派的大师,他的手笔完全有血有肉,个个人物历历如在目前,决不像罗曼·罗兰那样只有意识形态而近于抽象的漫画。学艺术的人,不管绘画、雕塑、音乐,学不成都可以改行;画家可以画画插图、广告等等,雕塑家不妨改做室内装饰或手工业艺术品。钢琴家提琴家可以收门徒。专搞批评的人倘使低能，就没有别的行业可改，只能一辈子做个蹩脚批评家，或竟受人雇佣，专做捧角的拉拉队或者打手。不但如此，各行各业的文化人和知识分子，一朝没有出路，自己一门毫无成就，无法立足时，都可以转业为批评家；于是批评界很容易成为垃圾堆。高明、严肃、有良心、有真知灼见的批评家所以比真正的艺术家少得多，恐怕就由于这些原因：你以为怎样？

一九六二年一月二十一日夜

没想到澳洲演出反比美洲吃重，怪不得你在檀香山不早写信。重温巴托克，我听了很高兴，有机会弹现代的东西就不能放过，便是辛苦些也值得。对你的音乐感受也等于吹吹新鲜空气。

你能讨岳父母的喜欢，着实不容易。听弥拉口气，她的祖父母不大容易喜欢人，即使最亲近的家属也如此。我猜想两老的脾气大概和我差不多吧？

这次弥拉的信写得特别好，细腻，婉转，显出她很了解你，也对你的艺术关切到一百二十分。从头至尾感情丰富，而且文字也比以前进步。我得大大夸奖她一番才好。此次出门，到处受到华侨欢迎，对她也大有教育作用，让她看看我们的民族的气魄，同时也能培养她的热情豪侠。我早知道你对于夫妇生活的牢骚不足为凭。第一，我只要看看我自己，回想自己的过去，就知道你也是遇事挑剔，说话爱夸大，往往三分事实会说成六七分；其次青年人婚后，特别是有性格的人，多半要经过长时期的摸索方始能逐渐知情识性，相处融洽。恐怕此次旅行，要不是她始终在你身旁，你要受到许多影响呢，琐碎杂务最打扰人，尤其你需要在琴上花足时间，经不起零星打搅。我们一年多观察下来，弥拉确是本性善良，绝顶聪明的人，只要耐着性子，多过几年，一切小小的对立自会不知不觉的解决的。总而言之，我们不但为你此次的成功感到欣慰，也为你们二人一路和谐相处感到欣慰！

在旧金山可曾遇到 Lazeloff（拉滋洛夫）老先生？你还记得十岁时李阿姨带你去请教过他吗？

一九六二年二月二十一日夜

今年春节假期中来客特别多,有些已四五年不见面了,雷伯伯也从芜湖回申(他于五八年调往安徽皖南大学),听了你最近的唱片,说你的萧邦确有特点,诗意极浓,近于李白的味道。此话与你数年来的感受不谋而合。可见真有艺术家心灵的人总是一拍即合的。雷伯伯远在内地,很少接触音乐的机会,他的提琴亦放弃多年,可是一听到好东西马上会感受。想你听了也高兴。他是你的开蒙钢琴老师,亦是第一个赏识你的人(五二年你在兰心演出半场,他事后特意来信,称道你沉浸在音乐内的忘我境界,国内未有前例),至今也仍然是你的知己。

前信提到美国经理人的种种剥削,不知你为何不在他建议订下年合同时提出条件,倘仍有那么多莫名其妙的账单开出来,你就不考虑签新合同?你要是患得患失,就只能听人宰割;要是怕难为情,剥削者更是正中下怀。这一回的教训应当牢牢记住,以后与任何新经理人打交道,事先都该问明,除佣金外,还有哪些开支归艺术家负担,最好在合同上订明,更有保障。还有灌唱片的事,恐怕也不免大受盘剥吧?

一九六二年三月九日

三四两个月还是那么忙,我们只操心你身体。平日饮食睡眠休息都得经常注意。只要身心支持得住,音乐感觉不迟钝不麻木,那么演出多一些亦无妨;否则即须酌减。演奏家若果发现感觉的灵敏有下降趋势,就该及早设法;万不能因循拖延!多多为长远利益打算才是!万一感到出台是很重的负担,你就应警惕,分析原因何在,是否由于演出过多而疲劳过度。其次你出台频繁,还有时间与精力补充新的 repertoire(曲目)吗?这也是我常常关心的一点。

我近来目力又退步,工作一停就要流泪打哈欠,平日总觉眼皮沉重得很,尤其左眼,简直不容易张开来。这几天不能不休息,但又苦于不能看书(休息原是为了眼睛嘛),心烦得厉害。知识分子一离开书本真是六神无主。

昨天晚上陪妈妈去看了"青年京昆剧团赴港归来汇报演出"的《白蛇

传》。自五七年五月至今，是我第一次看戏。剧本是田汉改编的，其中有昆腔也有京腔。以演技来说，青年戏曲学生有此成就也很不差了，但并不如港九报纸捧的那么了不起。可见港九群众艺术水平实在不高，平时接触的戏剧太蹩脚了。至于剧本，我的意见可多啦。老本子是乾隆时代的改本，倒颇有神话气息，而且便是荒诞妖异的故事也编得入情入理，有曲折有照应，逻辑很强，主题的思想，不管正确与否，从头至尾是一贯的、完整的。目前改编本仍称为"神话剧"，说明中却大有翻案意味，而戏剧内容并不彰明较著表现出来，令人只感到态度不明朗，思想混乱，好像主张恋爱自由，又好像不是；说是⌈据说明书⌉金山寺高僧法海嫉妒白蛇⌈所谓白娘娘⌉与许宣⌈俗称许仙⌉的爱情，但一个和尚为什么无事端端嫉妒青年男女的恋爱呢？青年恋爱的实事多得很，为什么嫉妒这一对呢？总之是违背情理，没有 logic（逻辑），有些场面简单化到可笑的地步：例如许仙初遇白素贞后次日去登门拜访，老本说是二人有了情，白氏与许生订婚，并送许白金百两；今则改为拜访当场定亲成婚：岂不荒谬！古人编神怪剧仍顾到常理，二十世纪的人改编反而不顾一切，视同儿戏。改编理当去芜存青，今则将武戏场面全部保留，满足观众看杂耍要求，未免太低级趣味。倘若节略一部分，反而精彩（就武功而论）。"断桥"一出在昆剧中最细腻，今仍用京剧演出，粗糙单调：诚不知改编的人所谓昆京合演，取舍根据什么原则。总而言之，无论思想，精神，结构，情节，唱辞，演技，新编之本都缺点太多了，真弄不明白剧坛老前辈的艺术眼光与艺术手腕会如此不行；也不明白内部从上到下竟无人提意见：解放以来不是一切剧本都走群众路线吗？相信我以上的看法，老艺人中一定有许多是见到的，文化部领导中也有人感觉到的。结果演出的情形如此，着实费解。报上也从未见到批评，可知文艺家还是噤若寒蝉，没办法做到百家争鸣。

四月初你和 London Mozart Players（伦敦莫扎特乐团）同在瑞士演出七场，想必以 Mozart（莫扎特）为主。近来多弹了 Mozart（莫扎特），不知对你心情的恬静可有帮助？我始终觉得艺术的进步应当同时促成自己心情方面的恬淡，安详，提高自己气质方面的修养。又去年六月与 Kabos（卡波斯）讨教过后，到现在为止你在 relax（放松）方面是否继续有改进？对Schubert（舒伯特）与 Beethoven（贝多芬）的理解是否进了一步？你出外四个月间演奏成绩，想必心中有数；很想听听你自己的评价。

《音乐与音乐家》月刊十二月号上有篇文章叫作 *Liszt's Daughter Who Ran Wagner's Bayreuth*（《瓦格纳拜鲁特音乐节主持人李斯特之女》），作者是现代巴赫专家 Dr. Albert Schweitzer（阿尔伯特·史怀哲博士）[1]，提到 Cosima Wagner（科西玛·瓦格纳）指导的 Bayreuth Festival（拜鲁特音乐节）有两句话：At the most moving moments there were lacking that spontaneity and that naturalness which come from the fact that the actor has let himself be carried away by his playing and so surpass himself. Frequently, it seemed to me, perfection was obtained only at the expense of life.（在最感人的时刻，缺乏了自然而然的真情流露，这种真情的流露，是艺术家演出时兴往神来，不由自主而达到的高峰。我认为一般艺术家好像往往得牺牲了生机，才能达到完满。）其中两点值得注意：（一）艺术家演出时的"不由自主"原是犯忌的，然而兴往神来之际也会达到前所未有的高峰，所谓 surpass himself（超越自己）。（二）完满原是最理想的，可不能牺牲了活泼泼的生命力去换取。大概这两句话，你听了一定大有感触。怎么能在"不由自主"（carried by himself）的时候超过自己而不是越出规矩，变成"野"、"海"、"狂"，是个大问题。怎么能保持生机而达到完满，又是个大问题。作者在此都着重在 spontaneity and naturalness（真情流露与自然而然）方面，我觉得与个人一般的修养有关，与能否保持童心和清新的感受力有关。

过去听你的话，似乎有时对作品钻得过分，有点儿钻牛角尖：原作所没有的，在你主观强烈追求之下未免强加了进去，虽然仍有吸引力，仍然 convincing（有说服力）（像你自己所说），但究竟违背了原作的精神，越出了 interpreter（解释者）的界限。近来你在这方面是不是有进步，能克制自己，不过于无中生有的追求细节呢？

一九六二年四月一日

聪，亲爱的孩子，每次接读来信，总是说不出的兴奋，激动，喜悦，感

---

[1] 阿尔伯特·史怀哲（1875—1965），法国思想家。

慨,惆怅! 最近报告美澳演出的两信,我看了在屋内屋外尽兜圈子,多少的感触使我定不下心来。人吃人的残酷和丑恶的把戏多可怕! 你辛苦了四五个月落得两手空空,我们想到就心痛。固然你不以求利为目的,做父母的也从不希望你发什么洋财,——而且还一向鄙视这种思想;可是那些中间人凭什么来霸占艺术家的劳动所得呢! 眼看孩子被人剥削到这个地步,像你小时候被强暴欺凌一样,使我们对你又疼又怜惜,对那些吸血鬼又气又恼,恨得牙痒痒地! 相信早晚你能从魔掌之下挣脱出来,不再做鱼肉。巴尔扎克说得好:社会踩不死你,就跪在你面前。在西方世界,不经过天翻地覆的革命,这种丑剧还得演下去呢。当然四个月的巡回演出在艺术上你得益不少,你对许多作品又有了新的体会,深入下一步。可见唯有艺术和学问从来不辜负人:花多少劳力,用多少苦功,拿出多少忠诚和热情,就得到多少收获与进步。写到这儿,想起你对新出的莫扎特唱片的自我批评,真是高兴。一个人停滞不前才会永远对自己的成绩满意。变就是进步,——当然也有好的变质,成为坏的;——眼光一天天不同,对窥见学问艺术的新天地,能不断的创造。妈妈看了那一段叹道:"聪真像你,老是不满意自己,老是在批评自己!"

美国的评论绝大多数平庸浅薄,赞美也是皮毛。英国毕竟还有音乐学者兼写报刊评论,如伦敦 *Times*(《泰晤士报》)和曼彻斯忒的《导报》,两位批评家水平都很高;纽约两家大报的批评家就不像样了,那位《纽约时报》的更可笑。很高兴看到你的中文并不退步,除了个别的辞汇。|我们说"心乱如麻",不说"心痛如麻"。形容后者只能说"心痛如割"或"心如刀割"。又鄙塞、鄙陋不能说成"陋塞";也许是你笔误。|读你的信,声音笑貌历历在目;议论口吻所流露的坦率,真诚,朴素,热情,爱憎分明,正和你在琴上表现出来的一致。孩子,你说过我们的信对你有如一面镜子;其实你的信对我们也是一面镜子。有些地方你我二人太相像了,有些话就像是我自己说的。平时盼望你的信即因为"薰莸同臭",也因为对人生、艺术,周围可谈之人太少。不过我们很原谅你,你忙成这样,怎么忍心再要你多写呢? 此次来信已觉出于望外,原以为你一回英国,演出那么多,不会再动笔了。可是这几年来,我们俩最大的安慰和快乐,的确莫过于定期接读来信。还得告诉你,你写的中等大的字(如此次评论封套上写的)非常好看;近来我的钢笔字已难看得不像话了。你难得写中国字,真难为你了!

来信说到中国人弄西洋音乐比日本人更有前途，因为他们虽用苦功而不能化。化固不易，用苦功而得其法也不多见，以整个民族性来说，日华两族确有这点儿分别。可是我们能化的人也是凤毛麟角，原因是接触外界太少，吸收太少。近几年营养差，也影响脑力活动。我自己深深感到比从前笨得多。在翻译工作上也苦于化得太少，化得不够，化得不妙。艺术创造与再创造的要求，不论哪一门都性质相仿。音乐因为抽象，恐怕更难。理会的东西表达不出，或是不能恰到好处，跟自己理想的境界不能完全符合，不多不少。心、脑、手的神经联系，或许在音乐表演比别的艺术更微妙，不容易掌握到成为 automatic（得心应手，收放自如）的程度。一般青年对任何学科很少能作独立思考，不仅缺乏自信，便是给了他们方向，也不会自己摸索。原因极多，不能怪他们。十余年来的教育方法大概有些缺陷。青年人不会触类旁通，研究哪一门学问都难有成就。思想统一固然有统一的好处；但到了后来，念头只会往一个方向转，只会走直线，眼睛只看到一条路，也会陷于单调，贫乏，停滞。往一个方向钻并非坏事，可惜没钻得深。

月初看了盖叫天口述，由别人笔录的《粉墨春秋》，倒是解放以来谈艺术最好的书。人生—教育—伦理—艺术，再没有结合得更完满的了。从头至尾都有实例，决不是枯燥的理论。关于学习，他提出，"慢就是快"，说明根基不打好，一切都筑在沙上，永久爬不上去。我觉得这一点特别值得我们深思。倘若一开始就猛冲，只求速成，临了非但一无结果，还造成不踏实的坏风气。德国人要不在整个十九世纪的前半期埋头苦干，在每一项学问中用死功夫，哪会在十九世纪末一直到今天，能在科学、考据、文学各方面放异彩？盖叫天对艺术更有深刻的体会。他说学戏必需经过一番"默"的功夫。学会了唱、念、做，不算数；还得坐下来叫自己"魂灵出窍"，就是自己分身出去，把一出戏默默的做一遍、唱一遍；同时自己细细观察，有什么缺点该怎样改。然后站起身来再做，再唱，再念。那时定会发觉刚才思想上修整很好的东西又跑了，做起来同想的完全走了样。那就得再练，再下苦功，再"默"，再做。如此反复做去，一出戏才算真正学会了，拿稳了。——你看，这段话说得多透彻，把自我批评贯彻得多好！老艺人的自我批评决不放在嘴边，而是在业务中不断实践。其次，经过一再"默"练，作品必然深深的打进我们心里，与我们的思想感情完全化为一片。此外，盖叫天现身说法，谈了不少艺术家的品德，操守，做人，必须与艺术一致的话。我觉得这部书值得写一长篇书评：不仅学艺术的青年、中年、老年人，不论学的哪一门，应当列为必读书，便是从上到下一切的文艺领导干部也该细读几遍；做教育工作的人读了也有好处。不久我就把这书寄给你，你一定喜欢，看了也一定无限兴奋。

一九六二年四月三十日

最近买到一本法文旧书，专论写作艺术。其中谈到"自然"（natural），引用罗马文豪西塞罗的一句名言：It is an art to look like without art.（看起来浑然天成，不着痕迹，才是真正的艺术。）作者认为写得自然不是无意识的天赋，而要靠后天的学习。甚至可以说自然是努力的结果（The natural is result of efforts），要靠苦功磨练出来。此话固然不错，但我觉得首先要能体会到"自然"的境界，然后才能往这个境界迈进。要爱好自然，与个人的气质、教育、年龄，都有关系；一方面是勉强不来，不能操之过急；一方面也不能不逐渐作有意识的培养。也许浸淫中国古典文学的人比较容易欣赏自然之美，因为自然就是朴素、淡雅、天真；而我们的古典文学就是具备这些特点的。

全国人大及政协开会才完，参加的朋友们回来说起，中央各方面对你很关切，认为你的爱国精神难得，说明望能回来。中宣部、中央统战部也表示对我关切，地方上也多方照顾。本来做人只能求自己良心平安，一时毁誉均所不计。但日子久了，你的人格、作风，究竟还是有公平估价的。

一九六二年五月九日

昨天收到你上月二十七自丢林（Torino）发的短信，感慨得很。艺术最需要静观默想，凝神壹志；现代生活偏偏把艺术弄得如此商业化，一方面经理人作为生财之道，把艺术家当作摇钱树式的机器，忙得不可开交，一方面把群众作为看杂耍或马戏班的单纯的好奇者。在这种浑浊的洪流中打滚的,当然包括所有老辈小辈,有名无名的演奏家歌唱家。像你这样初出道的固然另有苦闷,便是久已打定天下的前辈也不免随波逐流,那就更可叹了。也许他们对艺术已经缺乏信心,热诚,仅仅作为维持已得名利的工具。年轻人想要保卫艺术的纯洁与清新,唯一的办法是减少演出;这却需要三个先决条件:(一)经理人剥削得不那么凶(这是要靠演奏家的年资积累,逐渐争取的),(二)个人的生活开支安排得极好,这要靠理财的本领与高度理性的控制,(三)减少出台不至于冷下去,使群众忘记你。我知道这都是极不容易做到的,一时也急不来。可是为了艺术的尊严,为了你艺术的前途,也就是为了你的长远利益和一生的理想,不能不把以上三个条件作为努力的目标。任何一门的艺术家,一生中都免不了有几次艺术难关(crisis),我们应当早作思想准备和实际安排。愈能保持身心平衡(那就决不能太忙乱),艺术难关也愈容易闯过去。希望你平时多从这方面高瞻远瞩,切勿被终年忙忙碌碌的漩涡弄得昏昏沉沉,就是说要对艺术生涯多从高处远处着眼;即使有许多实际困难,一时不能实现你的计划,但经常在脑子里思考成熟以后,遇到机会就能紧紧抓住。这一类的话恐怕将来我不在之后,再没有第二个人和你说;因为我自信对艺术的热爱与执着,在整个中国也不是很多人有的。

……提到洛桑(Lausanne)和日内瓦,莱芒湖与白峰的形象又宛然如在目前。一九二九年我在莱芒湖的另外一端,法瑞交界处的小村子“圣·扬高尔夫”住过三个多月;环湖游览了两次。有一回是和刘抗伯伯、刘海粟伯伯等同去的。

听过列巴蒂弹的巴卡洛尔,很精彩;那味儿有些像 *Prélude Op.* 45(《升 c 小调前奏曲》),想来你一定能胜任。

近来我正在经历一个艺术上的大难关,眼光比从前又高出许多(五七年前译的都已看不上眼),脑子却笨了许多,目力体力也不行,睡眠近十多天又不好了。大概是精神苦闷的影响。生就惶惶不安的性格,有什么办法呢?

一九六二年八月十二日

聪,亲爱的孩子,很少这么久不给你写信的。从七月初起你忽而维也纳,忽而南美,行踪飘忽,恐去信落空。弥拉又说南美各处邮政很不可靠,故虽给了我许多通讯处,也不想寄往那儿。七月二十九用七张风景片写成的信已于八月九日收到。委内瑞拉的城街,智利的河山,前年曾在外国杂志上见过彩色照相,来信所云,颇能想象一二。现代国家的发展太畸形了,尤其像南美那些落后的国家。一方面人民生活穷困,一方面物质的设备享用应有尽有。照我们的理想,当然先得消灭不平等,再来逐步提高。无奈现代史实告诉我们,革命比建设容易,消灭少数人所垄断的享受并不大难,提高多数人的生活却非三五年八九年所能见效。尤其是精神文明,总是普及易,提高难;而在普及的阶段中往往降低原有的水准,连保持过去的高峰都难以办到。再加老年,中年,青年三代脱节,缺乏接班人,国内外沟通交流几乎停止,恐怕下一辈连什么叫标准,前人达到过怎样的高峰,眼前别人又到了怎样的高峰,都不大能知道;再要迎头赶上也就更谈不到了。这是前途的隐忧;过去十一二年中所造成的偏差与副作用,最近一年正想竭力扭转;可是十年种的果,已有积重难返之势;而中老年知识分子的意气消沉的情形,尚无改变迹象,——当然不是从他们口头上,而是从实际行动上观察。人究竟是唯物的,没有相当的客观条件,单单指望知识界凭热情苦干,而且干出成绩来,也是不现实的。我所以能坚守阵地,耕种自己的小园子,也有我特殊优越的条件,不能责望于每个人。何况就以我来说,体力精力的衰退,已经给了我很大的限制,老是感到心有余而力不足!

前信你提到灌唱片问题,认为太机械。那是因为你习惯于流动性特大的艺术(音乐)之故,也是因为你的气质特别容易变化,情绪容易波动的缘故。文艺作品一朝完成,总是固定的东西:一幅画,一首诗,一部小说,哪有像音乐演奏那样能够每次予人以不同的感受?观众对绘画,读者对作品,固然每次可有不同的印象,那是在于作品的暗示与含蓄非一时一次所能体会,也在于观众与读者自身情绪的变化波动。唱片即使开十次二十次,听的人感觉也不会千篇一律,除非演奏太差太呆板;因为音乐的流动性那么强,所以听的人也不容易感到多听了会变成机械。何况唱片不仅有普及的效用,对演奏家自身的学习改进也有很大帮助。我认为主要是克服你在 microphone(麦克风)前面的紧张,使你在灌片室中跟在台上的心情没有太大差别。再经过几次实习,相信你是做得到的。至于完美与生动的冲突,有时几乎不可避免;记得有些批评家就说过,perfection(完美)往往要牺牲一部分 life(生动)。但这个弊病恐怕也在于演奏家属于 cold(冷静)型。热烈的演奏往往难以 perfect,万一 perfect 的时候,那就是 incomparable(无与伦比)了!

×××在沪举行音乐会,去听了他两支协奏曲(*Rachmaninoff No. 3——Tchaikovsky No. 1*)(《拉赫玛尼诺夫第三钢琴协奏曲》——《柴可夫斯基第一钢琴协奏曲》)确实很好,音色,技巧,音乐感,国内无出其右。他现在列宁格勒音乐院二年级修毕,还有三年学习,将来必是了不起的人才。看他在台上的举动也很神经质,身子摇摆得非常厉害。因而想起你也犯同样的毛病。固然,演奏家是要人听的,不是要人看的,但太多的摇摆容易分散听众的注意力;而且艺术是整体,弹琴的人的姿势也得讲究,给人一个和谐的印象。国外的批评曾屡次提到你的摇摆,希望能多多克制。如果自己不注意,只会越摇越厉害,浪费体力也无必要。最好在台上给人的印象限于思想情绪的活动,而不是靠肉体帮助你的音乐。手之舞之,足之蹈之,只适用于通俗音乐。古典音乐全靠内在的心灵的表现,竭力避免外在的过火动作,应当属于艺术修养范围之内,望深长思之!

唐六如①的山水册页(不是插页)是纸本抑绢本? 将来有机会可拍几张照片寄来。

一九六二年九月二日

聪,亲爱的孩子,上月初旬接哥仑比亚来信后杳无消息,你四处演出,席不暇暖固不必说;便是弥拉从离英前夕来一短简后迄今亦无只字。天各一方儿媳异地,诚不胜飘蓬之慨。南美气候是否酷热? 日程紧张,当地一切不上轨道,不知途中得无劳累过度? 我等在家无日不思,苦思之余惟

---

① 即明代画家、诗人唐寅(1470—1524),号六如居士。

有取出所灌唱片,反复开听,聊以自慰。上次收到贝多芬朔拿大,……*Op.* 110(贝多芬:《第三十一钢琴奏鸣曲,降 A 大调》)最后乐章两次 *arioso dolente*(《哀伤的咏叹调》)表情深浅不同,大有分寸,从最轻到最响十个 chord(和弦),以前从未有此印象,可证 interpretation(演绎)对原作关系之大。*Op.* 109(贝多芬:《第三十号钢琴奏鸣曲,E 大调》)的许多变奏曲,过去亦不觉面目变化有如此之多。有一份评论说:"At first hearing there seemed light – weight interpretations."(乍听之下,似乎演绎得轻描淡写)light – weight 指的是什么? 你对 Schnabel(施纳贝尔)①灌的贝多芬现在有何意见? Kempff(肯普夫)②近来新灌之贝多芬朔拿大,你又觉得如何?我都极想知道,望来信详告! 七月份《音乐与音乐家》杂志 p. 35 有书评,介绍 Eva & Paul Badura Skoda(伊娃及保罗·巴杜拉·斯可达)③合著 *Interpreting Mozart on the Keyboard*(《在琴键上演绎莫扎特》),你知道这本书吗? 似乎值得一读,尤其你特别关心莫扎特。

前昨二夜听了李斯特的第二协奏曲(匈牙利钢琴家弹),但丁朔拿大、意大利巡礼集第一首,以及 Annie Fischer(安妮·费舍尔)④弹的 *B Min Sonata*(《B 小调奏鸣曲》)都不感兴趣。只觉得炫耀新奇,并无真情实感;浮而不实,没有深度,没有逻辑,不知是不是我的偏见? 不过这一类风格,对现代的中国青年钢琴家也许倒正合适,我们创作的乐曲多多少少也有这种故意做作七拼八凑的味道。以作曲家而论,李兹远不及舒曼和勃拉姆斯,你以为如何?

上月十三日有信(No. 41)寄瑞士,由弥拉回伦敦时面交,收到没有?在那封信中,我谈到对唱片的看法,主要不能因为音乐是流动的艺术,或者因为个人的气质多变,而忽视唱片的重要。在话筒面前的紧张并不难于克服。灌协奏曲时,指挥务必先经郑重考虑,早早与唱片公司谈妥。为了艺术,为了向群众负责,也为了唱片公司的利益,独奏者对合作的乐队

---

① 阿图尔·施纳贝尔(1882—1951),出生于波兰的美国钢琴家、作曲家。
② 肯普夫(1895—1995),德国钢琴家、作曲家。
③ 伊娃(1929—   ),奥地利音乐学家。保罗·巴杜拉·斯可达(1927—   ),奥地利钢琴家。
④ 安妮·费舍尔(1914—1995),匈牙利女钢琴家。

与指挥，应当有特别的主张，有坚持的权利，望以后在此等地方勿太"好说话"！

想到你们俩的忙碌，不忍心要求多动笔，但除了在外演出，平时你们该反过来想一想：假定我们也住在伦敦，难道每两星期不得上你们家吃一顿饭，你们也得花费一二小时陪我们谈谈话吗？今既相隔万里，则每个月花两小时写封比较详细的信，不也应该而且比同在一地已经省掉你们很多时间吗？——要是你们能常常作此想，就会多给我们一些消息了。

长期旅行演出后，务必好好休息，只会工作不会休息，也不是生活的艺术，而且对你本门的艺术，亦无好处！

一九六二年九月二十三日

说起我的书，人文副社长去年十一月来看我，说争取去年之内先出一种。今年八月来电报，说第三季度可陆续出书，但今已九月下旬，恐怕今年年内也出不了一二种。这又是令人啼笑皆非的事。

你的笑话叫我们捧腹不置，可是当时你的确是窘极了的。南美人的性格真是不可思议，如此自由散漫的无政府状态，居然还能立国，社会不至于大乱，可谓奇迹。经历了这些怪事，今后无论何处遇到什么荒唐事儿都将见怪不怪，不以为奇了。也可见要人类合理的发展，社会一切上轨道，不知还得等几百年，甚至上千年呢。

还有，在那么美丽的自然环境中，人民也那么天真可爱，就是不能适应二十世纪的生活。究竟是这些人不宜于过现代生活呢，还是现代生活不适于他们？换句话说：人应当任情适性的过日子呢，还是要削足适履，迁就客观现实？有一点可以肯定：就是人在世界上活了几千年，还仍然没法按照自己的本性去设计一个社会。世界大同看来永远是个美丽的空想：既然不能在精神生活物质生活方面五大洲的人用同一步伐同一速度向前，那么先进与落后的冲突永远没法避免。试想二千三百年以前的希腊人如果生在今日，岂不一样搅得一团糟，哪儿还能创造出雅典那样的城市和雅典文明？反过来，假定今日的巴西人和其他的南美民族，生在文艺复兴前后,至少是生在闭关自守,没有被近代的工业革命侵入之前,安知他们不会创造出一种和他们的民族性同样天真可爱,与他们优美的自然界调和的文化?

巴尔扎克说过:"现在的政府,缺点是过分要人去适应社会,而不想叫社会去适应人。"这句话值得一切抱救世渡人的理想的人深思!

前信已和你建议找个时期休息一下,无论在身心健康或艺术方面都有必要。你与我缺点相同:能张不能弛,能劳不能逸。可是你的艺术生活不比我的闲散,整月整年,天南地北的奔波,一方面体力精力消耗多,一方面所见所闻也需要静下来消化吸收,——而这两者又都与你的艺术密切相关。何况你条件比我好,音乐会虽多,也有空隙可利用:随便哪个乡村待上三天五天也有莫大好处。听说你岳父岳母正在筹备于年底年初到巴伐里亚区阿尔卑斯山中休养,照样可以练琴。我觉得对你再好没有:去北美之前正该养精蓄锐。山中去住两三星期一涤尘秽,便是寻常人也会得益。狄阿娜来信常常表示关心你,看来也是出于真情。岳父母想约你一同去山中的好意千万勿辜负了。望勿多所顾虑,早日打定主意,让我们和弥拉一齐高兴高兴。真的,我体会得很清楚:不管你怎么说,弥拉始终十二分关怀你的健康和艺术。而我为了休息问题也不知向你提过多少回了,如果是口头说的话,早已舌敝唇焦了。你该知道我这个爸爸不仅是爱孩子,而且热爱艺术;爱你也就是为爱艺术,爱艺术也是为爱你!你千万别学我的样,你我年龄不同,在你的年纪,我也不像你现在足不出户。便是今日,只要物质条件可能,每逢春秋佳日,还是极喜欢徜徉于山巅水涯呢!

八月号的《音乐与音乐家》杂志有三篇纪念特皮西的文章,都很好。Maggie Teyte(玛姬·泰特)①的 Memoiries of Debussy(《德彪西的回忆》)对贝莱阿斯与梅丽桑特的理解很深。不知你注意到没有?前信也与你提到新出讨论莫扎特钢琴乐曲的书,想必记得。《音乐与音乐家》月刊自改版以来,格式新颖,内容也更丰富。

---

① 玛姬·泰特(1888—1976),英国女高音歌唱家。

南美之行收入如何？是否比去冬北美演出较实惠？你尽管不爱谈物质问题，父母却是对此和其他有关儿子的事同样迫切的关心，总想都知道一些。

听过你的唱片，更觉得贝多芬是部读不完的大书，他心灵的深度、广度的确代表了日耳曼民族在智力、感情、感觉方面的特点，也显出人格与意志的顽强，飘渺不可名状的幽思，上天下地的幻想，对人生的追求，不知其中有多少深奥的谜。贝多芬实在不仅仅是一个音乐家，无怪罗曼·罗兰要把歌德与贝多芬作为不仅是日耳曼民族并且是全人类的两个近代的高峰。

中国古画赝者居绝大多数，有时连老辈鉴赏家也不易辨别，你在南美买的唐六如册页，真伪恐有问题，是纸本抑绢本、水墨抑设色，望一一告知，最好拍照片，适当放大寄来。（不妨去大不列颠博物馆看看中国作品，特别是明代的，可与你所得唐寅对照一下。）以后遇有此种大名家的作品，最要小心提防；价高者尤不能随便肯定，若价不过昂，则发现问题后，尚可转让与人，不致太吃亏。我平时不收大名家，宁取"冷名头"，因"冷名头"不值钱，作假者少，但此等作品，亦极难遇。最近看到黄宾虹的画亦有假的。

一转眼快中秋了，才从炎暑中透过气来，又要担心寒冬难耐了。去冬因炉子泄气，室内臭秽，只生了三十余日火，连华氏四十余度的天气也打熬过去了。手捧热水袋，脚拥汤婆子①，照常工作。人生就在寒来暑往中老去！一个夏天挥汗作日课，精神勉强支持，惟脑子转动不来，处处对译文不满，苦闷不已。

过几日打算寄你《中国文学发展史》《宋词选》《世说新语》。第一种是友人刘大杰旧作，经过几次修改的。先出第一册，以后续出当续寄。此书对古文字古典籍有概括叙述，也可补你常识之不足，特别是关于殷代的甲骨，《书经》《易经》的性质等等。《宋词选》的序文写得不错，作者胡云翼也是一位老先生了。大体与我的见解相近，尤其对苏、辛二家的看法，

---

① 汤婆子，一种像水壶样的家用取暖用具。

我也素来反对传统观点。不过论词的确有两个不同的角度,一是文学的,一是音乐的;两者各有见地。时至今日,宋元时唱词唱曲的技术皆已无考,则再从音乐角度去评论当日的词,也就变成无的放矢了。

另一方面,现代为歌曲填词的人却是对音乐太门外,全不知道讲究阴阳平仄,以致往往拗口;至于哪些音节可拖长,哪些字音太短促,不宜用作句子的结尾,更是无人注意了。本来现在人写散文就不知道讲究音节与节奏;而作歌词的人对写作技巧更是生疏。电台上播送中译的西洋歌剧的 aria(咏叹调),往往无法卒听。

《世说新语》久已想寄你一部,因找不到好版子,又想弄一部比较小型轻巧的,便于出门携带。今向友人索得一部是商务铅印,中国纸线装的,等妈妈换好封面,分册重钉后即寄。我常常认为这部书可与希腊的《对话录》媲美,怪不得日本人历来作为枕中秘笈,作为床头常读的书。你小时念的国文,一小部分我即从此中取材。

一九六二年十月二十日

亲爱的孩子,十四日信发出后第二天即接瑞典来信,看了又高兴又激动,本想即复,因日常工作不便打断,延到今天方始提笔。这一回你答复了许多问题,尤其对舒曼的表达解除了我们的疑团。我既没亲耳朵听你演奏,即使听了也够不上判别是非好坏,只有从评论上略窥一二;评论正确与否完全不知道,便是怀疑人家说的不可靠,也没有别的方法得到真实报道。可见我不是把评论太当真,而是无法可想。现在听你自己分析,当然一切都弄明白了。以后还是跟我们多谈谈这一类的问题,让我们经常对你的艺术有所了解。

文章千古事,得失寸心知,哪一门艺术不如此!真懂是非,识得美丑的,普天之下能有几个?你对艺术上的客观真理很执着,对自己的成绩也能冷静检查,批评精神很强,我早已放心你不会误入歧途;可是单知道这些原则并不能了解你对个别作品的表达,我要多多探听这方面的情形:一方面是关切你,一方面也是关切整个音乐艺术,渴欲知道外面的趋向与潮流。

你常常梦见回来,我和你妈妈也常常有这种梦。除了骨肉的感情,跟乡土的千丝万缕,割不断的关系,纯粹出于人类的本能之外,还有一点是真正的知识分子所独有的,就是对祖国文化的热爱。不单是风俗习惯,文学艺术,使我们离不开祖国,便是对大大小小的事情的看法和反应,也随时使身处异乡的人有孤独寂寞之感。但愿早晚能看到你在我们身边! 你心情的复杂矛盾,我敢说都体会到,可是一时也无法帮你解决。原则和具体的矛盾,理想和实际的矛盾,生活环境和艺术前途的矛盾,东方人和西方人根本气质的矛盾,还有我们自己内心的许许多多矛盾……如何统一起来呢? 何况旧矛盾解决了,又有新矛盾,循环不已,短短一生就在这过程中消磨! 幸而你我都有工作寄托,工作上的无数的小矛盾,往往把人生中的大矛盾暂时遮盖了,使我们还有喘息的机会。至于"认真"受人尊重或被人讪笑的问题,事实上并不像你说的那么简单。一切要靠资历与工作成绩的积累。即使在你认为更合理的社会中,认真而受到重视的实例也很少;反之在乌烟瘴气的场合,正义与真理得胜的事情也未始没有。你该记得一九五六至五七年间毛主席说过党员若欲坚持真理,必须准备经受折磨……等等的话,可见他把事情看得多透彻多深刻。再回想一下罗曼·罗兰写的《名人传》和《克利斯朵夫》,执着真理一方面要看客观的环境,一方面更在于主观的斗争精神。客观环境较好,个人为斗争付出的代价就比较小,并非完全不要付代价。以我而论,侥幸的是青壮年时代还在五四运动的精神没有消亡,而另一股更进步的力量正在兴起的时期,并且我国解放前的文艺界和出版界还没有被资本主义腐蚀到不可救药的地步。反过来,一百三十年前的法国文坛,报界,出版界,早已腐败得出于我们意想之外;但法国学术至今尚未完全死亡,至今还有一些认真严肃的学者在钻研:这岂不证明便是在恶劣的形势之下,有骨头,有勇气,能坚持的人,仍旧能撑持下来吗?

一九六二年十一月二十五日

　　敏尚在京等待分配。……大概在北京当中学教员,单位尚未定。他心情波动……我们当然去信劝慰。青年初出校门,未经锻炼,经不起挫折。过去的思想训练,未受实际生活陶冶,仍是空的。从小的家庭环境使他重是非,处处认真,倒是害苦了他。在这个年纪上还不懂现实与理想的距离,即使理性上认识到,也未能心甘情愿的接受。只好等社会教育慢慢的再磨练他。

本月初弥拉信中谈到理想主义者不会快乐,艺术家看事情与一般人大大不同等等,足见她对人生有了更深的了解。我们很高兴。可见结婚两年,她进步了不少,人总要到婚后才成熟。

一九六二年十二月三十日

来信提到音乐批评,看了很感慨。一个人只能求一个问心无愧。世界大局,文化趋势,都很不妙。看到一些所谓抽象派的绘画、雕塑的图片,简直可怕。我认为这种"艺术家"大概可以分为两种,一种是极少数的病态的人,真正以为自己在创造一种反映时代的新艺术,以为抽象也是现实;一种——绝大多数,则完全利用少数腐烂的资产阶级为时髦的 snob-bish(附庸风雅,假充内行),卖野人头,欺哄人,当作生意经。总而言之,是二十世纪愈来愈没落的病象。另一方面,不学无术的批评界也泯灭了良心,甘心做资产阶级的清客,真是无耻之尤。

……

一九六三年

一九六三年三月十七日

聪,亲爱的孩子:

两个多月没给你提笔了,知道你行踪无定,东奔西走,我们的信未必收到,收到也无心细看。去纽约途中以及在新墨西哥发的信均先后接读;你那股理想主义的热情实可惊,相形之下,我真是老朽了。一年来心如死水,只有对自己的工作还是一个劲儿死干;对文学艺术的热爱并未稍减,只是常有一种"废然而返"、"怅然若失"的心情。也许是中国人气质太重,尤其是所谓"洒脱"与"超然物外"的消极精神影响了我,也许是童年的阴影与家庭历史的惨痛经验无形中在我心坎里扎了根,年纪越大越容易人格分化,好像不时会置身于另外一个星球来看尘世,也好像自己随时随地会失去知觉,化为物质的元素。天文与地质的宇宙观常常盘踞在我脑子里,像服尔德某些短篇所写的那种境界,使我对现实多多少少带着detached(超然)的态度。可是在工作上,日常生活上,斤斤较量的认真还是老样子,正好和上述的心情相反——可以说人格分化;说不定习惯成了天性,而自己的天性又本来和我理智冲突。intellectually(理智上)我是纯粹东方人,emotionally & instinctively(感情上及天性方面)又是极像西方人。其实也仍然是我们固有的两种人生观:一种是四大皆空的看法,一种是知其不可为而为之的精神。或许人从青少年到壮年到老年,基本上就是从积极到消极的一个过程,只是有的人表现得明显一些,有的人不明显一些。自然界的生物也逃不出这个规律。你将近三十,正是年富力强的时候,好比暮春时节,自应蓬蓬勃勃往发荣滋长的路上趱奔。最近两信的乐观与积极气息,多少也给我一些刺激,接信当天着实兴奋了一下。你的中国人的自豪感使我为你自豪,你善于赏识别的民族与广大人民的优点使我感到宽慰。唯有民族自豪与赏识别人两者结合起来,才不致沦为狭窄的沙文主义,在个人也不致陷于自大狂自溺狂,而且这是爱国主义与国际主义真正的交融。我们的领导对国际形势是看得很清楚的,从未说过美国有爆发国内革命的可能性的话,你前信所云或许是外国记者的揣测和不正确的引申。我们的问题,我觉得主要在于如何建设社会主义,如何在生产关系改变之后发挥个人的积极性,如何从实践上、物质成就上显示我们制度的优越性,如何使口头上的"红"化为事业上的"红",如何防止集体主义不被官僚主义拖后腿,如何提高上上下下干部的领导水平,如何做到实事求是,如何普及文化而不是降低,如何培养与爱护下一代……

述及与你岳父及 Goldberg(戈尔德贝格)合作的经过,我们看了非常高兴。肯学会学的人到处都有学习的机会,否则"学到老"这句话如何兑现呢?

我的工作愈来愈吃力。初译稿每天译千字上下,第二次修改(初稿誊清后),一天也只能改三千余字,几等重译。而改来改去还是不满意(线条太硬,棱角凸出,色彩太单调等等)。改稿誊清后(即第三稿)还得改一次。等到书印出了,看看仍有不少毛病。这些情形大致和你对待灌唱片差不多。可是我已到了日暮途穷的阶段，能力只有衰退，不可能再进步；不比你尽管对自己不满，始终在提高。想到这点，我真艳羡你不已。近来我情绪不高，大概与我对工作不满有关。前五年译的书正在陆续出版。不久即寄《都尔的本堂神甫——比哀兰德》。还有《赛查·皮罗多》，约四五月出版。此书于五八年春天完成，偏偏最后出世。《艺术哲学》已先寄你了。巴尔扎克各书，我特意寄平装的，怕你要出门时带在身边，平装较方便。《高老头》——《贝姨》——《邦斯》——《欧也妮》几种都在重印，你若需要补哪一种，望速告知。（书一出来，十天八天即销完。）你把 cynic（愤世嫉俗的人）写成 scinic；naiveness，没有这个字，应作 naivety（天真）。

一九六三年四月二十六日

……你在外跑了近两月，疲劳过度，也该安排一下，到乡间去住个三五天。几年来为这件事我不知和你说过多少回，你总不肯接受我们的意见。人生是多方面的，艺术也得从多方面培养，劳逸调剂得恰当，对艺术只有好处。三天不弹琴，决不损害你的技术；你应该有这点儿自信。况且所谓 relax（放松）也不能仅仅在 technique（技术）上求，也不能单独的抽象的追求心情的 relax。长年不离琴决不可能有真正的 relax；唯有经常与大自然亲近，放下一切，才能有 relax 的心情，有了这心情，艺术上的 relax 可不求而自得。我也犯了过于紧张的毛病，可是近两年来总还春秋二季抽空出门几天。回来后精神的确感到新鲜，工作效率反而可以提高。Kabos（卡波斯）太太批评你不能竭尽可能的 relax，我认为基本原因就在于生活太紧张。平时老是提足精神，能张不能弛！你又很固执，多少爱你的人连弥拉和我们在内，都没法说服你每年抽空出去一下，至少自己放三五天假。这是我们常常想起了要喟然长叹的，觉得你始终不体谅我们爱护你的热忱，尤其我们，你岳父，弥拉都是深切领会艺术的人，劝你休息的话决不会妨碍你的艺术！

你太片面强调艺术，对艺术也是危险的：你要不听从我们的忠告，三五年七八年之后定会后悔。孩子，你就是不够 wise（明智），还有，弥拉身体并不十分强壮，你也得为她着想，不能把人生百分之百的献给艺术。勃隆斯丹太太也没有为了艺术疏忽了家庭。你能一年往外散心一两次，哪怕每次三天,对弥拉也有好处,对艺术也没有害处,为什么你不肯试验一下看看结果呢?

扬州是五代六朝隋唐以来的古城,可惜屡经战祸,甲于天下的园林大半荡然,可是最近也修复了一部分。瘦西湖风景大有江南境界。我们玩了五天,半休息半游玩,住的是招待所,一切供应都很好。慢慢寄照片给你。

一九六三年六月二日晚

你最近在伦敦的两场音乐会,要不是弥拉来信说明,我们几乎不明白真相。《曼彻斯特导报》的评论似乎有些分析,我是外行,不知其中可有几分说得对的?既然批评界敌意持续至一年之久,还是多分析分析自己,再多问问客观、中立、有高度音乐水平的人的意见。我知道你自我批评很强,但外界的敌意仍应当使我们对自己提高警惕:也许有些不自觉的毛病,自己和相熟的朋友们不曾看出。多探讨一下没有害处。若真正是批评界存心作对,当然不必介意。历史上受莫名其妙的指摘的人不知有多少,连迦利略、服尔德、巴尔扎克辈都不免,何况区区我辈! 主要还是以君子之心度人,作为借鉴之助,对自己只有好处。老话说得好:是非自有公论,日子久了自然会黑白分明!

一九六三年七月二十二日

亲爱的孩子,五十多天不写信了。千言万语,无从下笔;老不写信又心神不安;真是矛盾百出。我和妈妈常常梦见你们,声音笑貌都逼真。梦后总想写信,也写过好几次没写成。我知道你的心情也波动得很。有理想就有苦闷,不随波逐流就到处龃龉,可是能想到易地则皆然,或许会平静一些。生年不满百,常怀千岁忧:此二语可为你我写照。两个多月没有你们消息,但愿身心健康,勿过紧张。你俩体格都不很强壮,平时总要善自保养。劳逸调剂得好,才是久长之计。我们别的不担心,只怕你工作过度,连带弥拉也吃不消。任何耽溺都有流弊,为了耽溺艺术而牺牲人生也不是明智的!

六月下旬起我的许多老毛病次第平复,目前仅过敏性鼻炎纠缠不休。

关节炎根本是治不好的,气候一变或劳顿过度即会复发。也只能过一天算一天,只要发作时不太剧烈,妨碍工作,就是上上大吉。

最近大事想必关切,苏共会如此对待我们,实出意外,言之可慨可痛!

一九六三年九月一日

亲爱的孩子,很高兴知道你终于彻底休息了一下。瑞士确是避暑最好的地方。三十四年前我在日内瓦的西端,一个小小的法国村子里住过三个月,天天看到白峰(Mont Blanc)上的皑皑积雪,使人在盛暑也感到一股凉意。可惜没有去过瑞士北部的几口湖,听说比日内瓦湖更美更幽。你从南非来的信上本说要去希腊,那儿天气太热,不该在夏季去。你们改变游程倒是聪明的。威尼斯去了没有? 其实意大利北部几口湖也风景秀丽,值得小住几天。相信这次旅行定能使你感觉新鲜,精神上洗个痛快的澡。弥拉想来特别快乐。她到底身体怎样? 在 Zurich(苏黎士)疗养院检查结果又怎么样? 除了此次的明信片以外,她从五月十日起没有来过信,不知中间有没有遗失? 我写到 Gstaad(格斯塔德)①的信,你们收到没有? 下次写信来,最好提一笔我信上的编号,别笼笼统统只说"来信都收到"。最好也提一笔你们上一封信的日期,否则丢了信也不知道。七月下旬勃隆斯丹夫人有信来,报告你们二月中会面的情形,简直是排日描写,不仅详细,而且事隔五月,字里行间的感情还是那么强烈,看了真感动。世界上这样真诚,感情这样深的人是不多的!

巴尔扎克的长篇小说《幻灭》(*Lost Illusions*)三部曲,从六一年起动手,最近才译完初稿。第一二部已改过,第三部还要改,便是第一二部也得再修饰一遍,预计改完誊清总在明年四五月间。总共五十万字,前前后后要花到我三年半时间。文学研究所有意把《高老头》收入"文学名著丛书",要重排一遍,所以这几天我又在从头至尾修改,也得花一二十天。翻译工作要做得好,必须一改再改三改四改。《高老头》还是在抗战期译的,五二年已重译一过,这次是第三次大修改了。此外也得写一篇序。第

---

① 格施塔德,瑞士的景区。

二次战后,法国学术界对巴尔扎克的研究大有发展,那种热情和渊博(erudition)令人钦佩不置。

敏在家住了一月,又已回京。他教书颇有兴趣,也很热心负责,拼命在课外找补充材料。校长很重视他,学生也喜欢他,虽然辛苦些,只要能踏踏实实为人民做点工作,总是值得的。

一九六三年十月十四日

亲爱的孩子,你赫辛斯基来信和弥拉伦敦来信都收到。原来她瑞士写过一信,遗失了。她写起长信来真有意思:报告意大利之行又详细又生动。从此想你对意大利绘画,尤其威尼斯派,领会得一定更深切。瑞士和意大利的湖泊都在高原上,真正是山高水深,非他处所及。再加人工修饰,古迹林立,令人缅怀以往,更加徘徊不忍去。我们的名胜最吃亏的是建筑:先是砖木结构,抵抗不了天灾人祸、风雨侵蚀;其次,建筑也是中国艺术中比较落后的一门。

接弥拉信后,我大查字典,大翻地图和旅行指南。一九三一年去罗马时曾买了一本《蓝色导游》(《Guide Bleu》)中的《意大利》,厚厚一小册,五百多面,好比一部字典。这是法国最完全最详细的指南,包括各国各大城市(每国都是一厚册),竟是一部旅行丛书。你们去过的几口湖,Maggiore,Lugarno,Como,Iseo,Garda(马焦雷湖,卢加诺湖,科莫湖,伊塞奥湖,加尔达湖),你们歇宿的 Stresa(斯特雷萨)和 Bellagio(贝拉吉奥)。都在图上找到了,并且每个湖各有详图。我们翻了一遍,好比跟着你们"神游"了一次。弥拉一路驾驶,到底是险峻的山路,又常常摸黑,真是多亏她了,不知驾的是不是你们自己的车,还是租的?

此刻江南也已转入暮秋,桂花已谢,菊花即将开放。想不到伦敦已是风啊雨啊雾啊,如此沉闷! 我很想下月初去天目山(浙西)赏玩秋色,届时能否如愿,不得而知。四八年十一月曾和仑布伯伯同去东西天目,秋色斑斓,江山如锦绣,十余年来常在梦寐中。

《高老头》已改讫,译序也写好寄出。如今写序要有批判,极难下笔。

我写了一星期，几乎弄得废寝忘食，紧张得不得了。至于译文，改来改去，总觉得能力已经到了顶，多数不满意的地方明知还可修改，却都无法胜任，受了我个人文笔的限制。这四五年来愈来愈清楚的感觉到自己的limit（局限），仿佛一道不可超越的鸿沟。

一九六三年十一月三日

亲爱的孩子，最近一信使我看了多么兴奋，不知你是否想象得到？真诚而努力的艺术家每隔几年必然会经过一次脱胎换骨，达到一个新的高峰。能够从纯粹的感觉（sensation）转化到观念（idea）当然是迈进一大步，这一步也不是每个艺术家所能办到的，因为同各人的性情气质有关。不过到了观念世界也该提防一个pitfall（陷阱）：在精神上能跟踪你的人越来越少的时候，难免钻牛角尖，走上太抽象的路，和群众脱离。哗众取宠（就是一味用新奇唬人）和取媚庸俗固然都要不得，太沉醉于自己理想也有它的危险。我这话不大说得清楚，只是具体的例子也可以作为我们的警戒。李赫特某些演奏某些理解很能说明问题。归根结蒂，仍然是"出"和"入"的老话。高远绝俗而不失人间性人情味，才不会叫人感到cold（冷漠）。像你说的"一切都远了，同时一切也都近了"，正是莫扎特晚年和舒伯特的作品达到的境界。古往今来的最优秀的中国人多半是这个气息，尽管sublime（崇高），可不是mystic（神秘）（西方式的）；尽管超脱，仍是warm，imtimate，human（温馨，亲切，有人情味）到极点！你不但深切了解这些，你的性格也有这种倾向，那就是你的艺术的safeguard（保障）。基本上我对你的信心始终如一，以上有些话不过是随便提到，作为"闻者足戒"的提示罢了。

我和妈妈特别高兴的是你身体居然不摇摆了：这不仅是给听众的印象问题，也是一个对待艺术的态度，掌握自己的感情，控制表现，能入能出的问题，也具体证明你能化为一个idea（观念），而超过了被音乐带着跑，变得不由自主的阶段。只有感情净化，人格升华，从dramatic（激动人心）进到contemplative（沉思）的时候，才能做到。可见这样一个细节也不是单靠注意所能解决的，修养到家了，自会迎刃而解。（胸中的感受不能完全在手上表达出来，自然会身体摇摆，好像无意识的要"手舞足蹈"的帮助表达。我这个分析你说对不对？）

相形之下，我却是愈来愈不行了。也说不出是退步呢，还是本来能力有限，以前对自己的缺点不像现在这样感觉清楚。越是对原作体会深刻，越是欣赏原文的美妙，越觉得心长力绌，越觉得译文远远的传达不出原作的神韵。返工的次数愈来愈多，时间也花得愈来愈多，结果却总是不满意。时时刻刻看到自己的 limit（局限），运用脑子的 limit，措辞造句的 limit，先天的 limit——例如句子的转弯抹角太生硬，色彩单调，说理强而描绘弱，处处都和我性格的缺陷与偏差有关。自然，我并不因此灰心，照样"知其不可为而为之"，不过要心情愉快也很难了。工作有成绩才是最大的快乐：这一点你我都一样。

另外有一点是肯定的，就是西方人的思想方式同我们距离太大了。不做翻译工作的人恐怕不会体会到这么深切。他们刻画心理和描写感情的时候，有些曲折和细腻的地方，复杂繁琐，简直与我们格格不入。我们对人生琐事往往有许多是认为不值一提而省略的，有许多只是罗列事实而不加分析的；如果要写情就用诗人的态度来写；西方作家却多半用科学家的态度，历史学家的态度（特别巴尔扎克），像解剖昆虫一般。译的人固然懂得了，也感觉到它的特色，妙处，可是要叫思想方式完全不一样的读者领会就难了。思想方式反映整个的人生观，宇宙观，和几千年文化的发展，怎能一下子就能和另一民族的思想沟通呢？你很幸运，音乐不像语言的局限性那么大，你还是用音符表达前人的音符，不是用另一种语言文字，另一种逻辑。

真了解西方的东方人，真了解东方人的西方人，不是没有，只是稀如星凤。对自己的文化遗产彻底消化的人，文化遗产决不会变成包袱，反而养成一种无所不包的胸襟，既明白本民族的长处短处，也明白别的民族的长处短处，进一步会截长补短，吸收新鲜的养料。任何孤独都不怕，只怕文化的孤独，精神思想的孤独。你前信所谓孤独，大概也是指这一点吧？

尽管我们隔得这么远，彼此的心始终在一起，我从来不觉得和你有什么精神上的隔阂。父子两代之间能如此也不容易：我为此很快慰。

一九六三年十二月十一日

……这一年多开始做了些研究巴尔扎克的工作，发现从一九四〇年以后，尤其在战后，法国人在这方面着实有贡献。几十年来一共出版了四千多种关于巴尔扎克的传记、书评、作品研究；其中绝大多数是法国人的著作。我不能不挑出几十种最有分量的，托巴黎友人代买。法国书印数还是不多，好多书一时都脱销，要等重印，或托旧书商物色。

一九六四年

一九六四年一月十二日

莫扎特的 *Fantasy in B Min*(《B 小调幻想曲》)记得五三年前就跟你提过。罗曼·罗兰极推崇此作，认为他的痛苦的经历都在这作品中流露了，流露的深度便是韦白与贝多芬也未必超过。罗曼·罗兰的两本名著：(1)*Muscians of the Past*(《古代音乐家》)，(2)*Muscians of Today*(《当代音乐家》)英文中均有译本，不妨买来细读。其中论莫扎特、裴辽士、特皮西各篇非常精彩。名家的音乐论著，可以帮助我们更准确的了解以往的大师，也可以纠正我们太主观的看法。我觉得艺术家不但需要在本门艺术中勤修苦练，也得博览群书，也得常常作 meditation(冥思默想)，防止自己的偏向和钻牛角尖。感情强烈的人不怕别的，就怕不够客观；防止之道在于多多借鉴，从别人的镜子里检验自己的看法和感受。其次磁带录音机为你学习的必需品，——也是另一面自己的镜子。我过去常常提醒你理财之道，就是要你能有购买此种必需品的财力。Kabos(卡波斯)太太那儿是否还去？十二月轮空，有没有利用机会去请教她？学问上艺术上的师友必须经常接触，交流。只顾关着门练琴也有流弊。

近来除日课外，每天抓紧时间看一些书。国外研究巴尔扎克的有分量的书，二次战前战后出了不少，只嫌没时间，来不及补课。好些研究虽不以马列主义自命，实际做的就是马列主义工作：比如搜罗十九世纪前五十年的报刊著作，回忆录，去跟《人间喜剧》中写的政治、经济、法律、文化对证，看看巴尔扎克的现实主义究竟有多少真实性。好些书店重印巴尔扎克的作品，或全集，或零本，都请专家作详尽的考据注释。老实说，从最近一年起,我才开始从翻译巴尔扎克,进一步作了些研究,不过仅仅开了头,五年十年以后是否做得出一些成绩来也不敢说。

……知道你准备花几年苦功对付巴哈,真是高兴,这一点(还有贝多芬)非过不可。五三年曾为你从伦敦订购一部 Albert Schweitzer:*Bach*——translated by Ernest Newman——2vols(阿尔贝特·史怀哲:《巴赫》,欧内斯特·纽曼翻译,两卷本),放在家里无用,已于一月四日寄给你了。原作者是当代巴哈权威,英译者又是有名的音乐学者兼批评者。想必对你有帮助。此等书最好先从头至尾看一遍,以后再细看。——一切古典著作都不是一遍所能吸收的。

今天看了十二月份《音乐与音乐家》上登的 Dorat:*An Anatony Conducting*(多拉特:《指挥的剖析》)有两句话妙极:——"Increasing economy of means,employed to better effect,is a sign of increasing maturity in every form of art."(不论哪种形式的艺术,艺术家为了取得更好的效果,采取的手法越精练,越表示他渐趋成熟。")——这个道理应用到弹琴,从身体的平稳不摇摆,一直到 interpretation(演绎)的朴素、含蓄,都说得通。他提到艺术时又说:……calls for great pride and extreme humility at the same time(……同一时间,既有伟大的骄傲,又需极度的谦卑)。全篇文字都值得一读。

一九六四年三月一日

弥拉的信比你从加拿大发的早到四天。我们听到喜讯,都说不出的快乐,妈妈更是坐也不是,立也不是,兴奋几日。她母性强,抱孙心切,已经盼望很久了,常说:怎么聪还没有孩子呢?每次长时期不接弥拉来信,总疑心她有了喜不舒服。我却是担心加重你的负担,也怕你们俩不得自由:总之,同样的爱儿女,不过看问题的角度不同而已。有责任感的人遇到这等大事都不免一则以喜,一则以忧。可是结婚的时候早知道有这一天,也不必临时慌张。回想三十年前你初出世的一刹那,在医院的产妇科外听见你妈妈呻吟,有一种说不出的"肃然"的感觉,仿佛从那时起才真正体会到做母亲的艰苦与伟大,同时感到自己在人生中又迈了一大步。一个人的成长往往是不自觉的,但你母亲生你的时节,我对自己的长成却是清清楚楚意识到的,至今忘不了。相信你和弥拉到时也都会有类似的经验。

有了孩子，父母双方为了爱孩子，难免不生出许多零星琐碎的争执，应当事先彼此谈谈，让你们俩都有个思想准备：既不要在小地方固执，也不必为了难免的小争执而闹脾气。还有母性特强的妻子，往往会引起丈夫的妒忌，似乎一有孩子，自己在妻子心中的地位缩小了很多——这一点不能不先提醒你。因为大多数的西方女子，母性比东方女子表现得更强——我说"表现"，因为东方人的母爱，正如别的感情一样，不像西方女子那么显著的形诸于外。但过分的形诸于外，就容易惹动丈夫的妒意。

在经济方面，与其为了孩子将临而忧虑，不如切实想办法，好好安排一下。衣、食、住、行的固定开支，每月要多少，零用要多少，以量入为出的原则全面做一个计划，然后严格执行。大多数人的经验，总是零用不易掌握，最需要克制功夫。遇到每一笔非生活必需开支，都得冷静的想一想，是否确实必不可少。我平时看到书画、文物、小玩意（连价钱稍昂的图书在内），从不敢当场就买，总是左思右想，横考虑竖考虑，还要和妈妈商量再决定；很多就此打消了。凡是小玩意儿一类，过了十天八天，欲望自然会淡下来的。即使与你研究学问有关的东西，也得考虑一下是否必需，例如唱片，少买几张也未必妨碍你艺术上的进步。只有每一次掏出钱去的时候，都经过一番客观的思索，才能贯彻预算，做到收支平衡而还能有些小小的储蓄。我们在最困难的时候，曾经把每月的每一笔开支，分别装在信封内，写明"伙食""水电""图书"等等；一个信封内的钱用完了，决不挪用别的信封内的钱，更不提前用下个月的钱。现在查看账目，便是那几年花费最少。我们此刻还经常检查账目，看上个月哪几样用途是可用不可用的，使我们在本月和以后的几个月内注意节约。我不是要你如法炮制，而是举实例给你看，我们是用什么方法控制开销的。

"理财"，若作为"生财"解，固是一件难事，作为"不亏空而略有储蓄"解，却也容易做到。只要有意志，有决心，不跟自己妥协，有狠心压制自己的 fancy（爱好）！老话说得好：开源不如节流。我们的欲望无穷，所谓"欲壑难填"，若一手来一手去，有多少用多少，即使日进斗金也不会觉得宽裕的。既然要保持清白，保持人格独立，又要养家活口，防旦夕祸福，更只有自己紧缩，将"出口"的关口牢牢把住。"入口"操在人家手中，你不能也不愿奴颜婢膝的乞求；"出口"却完全操诸我手，由我做主。你该记得中国古代的所谓清流，有傲骨的人，都是自甘淡泊的清贫之士。清贫二字为何连在一起，值得我们深思。我的理解是，清则贫，亦惟贫而后能清！我不是要你"贫"，仅仅是约制自己的欲望，做到量入为出，不能说要求太高吧！这些道理你全明白，无须我啰嗦，问题是在于实践。你在艺术上想得到，做得到，所以成功；倘在人生大小事务上也能说能行，只要及到你艺术方面的一半，你的生活烦虑也就十分中去了八分。古往今来，艺术家多半不会生活，这不是他们的光荣，而是他们的失败。失败的原因并非真的对现实生活太笨拙，而是不去注意，不下决心。因为我所谓"会生活"不是指发财、剥削人或是啬刻，做守财奴，而是指生活有条理，收支相抵而略有剩余。要做到这两点，只消把对付艺术的注意力和决心拿出一小部分来应用一下就绰乎有余了！

至于弥拉，记得你结婚以前有过培养她的意思，即使结果与你的理想仍有距离，（哪个人的理想能与现实一致呢？）也不能说三年来没有成绩。首先，你近两年来信中不止一次的提到，你和她的感情融洽多了；证明你们互相的了解是在增进，不是停滞。这便是夫妇之爱的最重要的基础。其次，她对我们的感情，即使在海外娶的中国媳妇，也未必及得上她。很多朋友的儿子在外结婚多年，媳妇（还是中国人）仍像外人一般，也难得写信，哪像弥拉和我们这么亲切！最后，她对孩子的教育（最近已和我们谈了），明明是接受了你的理想。她本人也想学中文，不论将来效果如何，总是"其志可嘉"。对中国文化的仰慕爱好，间接表示她对你的赏识。固然她很多孩子气，许多地方还不成熟，但孩子气的优点是天真无邪。她对你的艺术的理解与感受，恐怕在西方女子中也不一定很多。她至少不是冒充风雅的时髦女子，她对艺术的态度是真诚的。五九年八月以前的弥拉和六四年一月的弥拉，有多少差别，只有你衡量得出。我相信你对她做的工作并没有白费。就算是她走得慢一些，至少在跟着你前进。

再说，做一个艺术家的妻子，本来很难，做你的妻子，尤其不容易。一般的艺术家都少不了仆仆风尘。可不见得像你我这样喜欢闭户不出，过修院生活。这是西方女子很难适应的。而经常奔波，视家庭如传舍（即驿站、逆旅）的方式，也需要 Penelope（珀涅罗珀）对待 Ulysses（尤利西斯）那样坚贞的耐性才行——要是在这些方面，弥拉多少已经习惯，便是很大的成功，值得你高兴的了。我们还得有自知之明：你脾气和我一样不好，即使略好，也不过五十步与百步。想到这个，夫妇之间的小小争执，也许责任是一半一半，也许我这方面还要多担一些责任——我国虽然有过五四运动，新女性运动（一九二〇年前后），夫权还是比西方重，西方妇女可不容易接受这一点。我特别提出，希望你注意。至于持家之道，你也不能以身作则的训练人家；你自己行事就很难做到有规律有条理，经常旅行也使你有很大困难：只能两人同时学习，多多商量。我相信你们俩在相忍相让上面已有不少成就。只是艺术家的心情容易波动，常有些莫名其妙的骚扰、烦闷、苦恼，影响家庭生活。平时不妨多冷静的想到这些，免得为了小龃龉而动摇根本。你信中的话，我们并不太当真。两个年轻人相处，本来要摸索多年。我以上的话，你思想中大半都有，我不过像在舞台上做一番"提示"工作。特别想提醒你的是信念，对两人的前途的信念。若存了"将来讲究如何，不得而知"的心，对方早晚体会得到，那就动了根本，一切不好办了。往往会无事变小事，小事变大事；反之，信念坚定，就会大事化小，小事化无。再过一二十年，你们回顾三十岁前后的生活，想起两人之间的无数小争执，定会哑然失笑。你不是说你已经会把事情推远去看么？这便是一个实例。预先体会十年二十年以后的感想，往往能够使人把眼前的艰苦看淡。

总之，你的生活艺术固然不及你的音乐艺术，可也不是没有进步，没有收获。安德烈·莫洛阿说过：夫妇之间往往是智力较差，意志较弱的一个把较高较强的一个往下拉，很少较高较强的一个能把较差较弱的对方往上提。三年来你至少是把她往上提，这也足以使你感到安慰了。

弥拉要学中文，最好先进"东方语言学校"之类开蒙。我即将寄一本《汉英合璧》给她，其中注音字母，你可以先教她。这是外国传教士编的，很不错。China Inland Missiom 中文名叫"内地会"，解放后当然没有了。当年在牯岭，有许多房子便是那个团体的。他们做学问确实下了一番苦功。教弥拉要非常耐性，西方人学东方语言，比东方人学西方语言难得多。先是西方语言是分析的，东方语言是综合的、暗示的、含蓄的。并且我们从小有学西方语言的环境。你对弥拉要多鼓励,少批评,否则很容易使她知难而退。一切慢慢来,不要急。记住盖叫天的话:慢就是快! 你也得告诉她这个道理。开头根基打得扎实,以后就好办。

孩子的教育,眼前不必多想。将来看形势再商量。我们没有不愿意帮你们解决的。名字待我慢慢想,也需要 inspiration(灵感)。弥拉怀孕期间,更要让她神经安静,心情愉快。定期检查等等,你们有的是医生,不必我们多说。她说胃口不好,胖得 like a cow(像头母牛),这倒要小心,劝她克制一些。母体太胖,婴儿也跟着太胖,分娩的时候,大人和小孩都要吃苦的! 故有孕时不宜过分劳动,却也不宜太不劳动。

……像我们这种人,从来不以恋爱为至上,不以家庭为至上,而是把艺术、学问放在第一位,作为人生目标的人,对物质方面的烦恼还是容易摆脱的,可是为了免得后顾之忧,更好的从事艺术与学问,也不能不好好的安排物质生活;光是瞧不起金钱,一切取消极态度,早晚要影响你的人生最高目标——艺术的! 希望克日下决心,在这方面采取行动! 一切保重!

"战战兢兢"勿写作"克克","非同小可"勿写作"岂同小可"。

一九六四年四月十二日

亲爱的孩子,你从北美回来后还没来过信,不知心情如何? 写信的确要有适当的心情,我也常有此感。弥拉去弥阿弥后,你一日三餐如何解决? 生怕你练琴出了神,又怕出门麻烦,只吃咖啡面包了事,那可不是日常生活之道。尤其你工作消耗多,切勿饮食太随便,营养(有规律进食)毕竟是要紧的。你行踪无定,即使在伦敦,琴声不断;房间又隔音,挂号信送上门,打铃很可能听不见,故此信由你岳父家转,免得第三次退回。瑞士的 tour(游历)想必满意,地方既好,气候也好,乐队又是老搭档,瑞士人也喜爱莫扎特,效果一定不坏吧? 六月南美之行,必有巴西在内;近来那边时局突变,是否有问题,出发前务须考虑周到,多问问新闻界的朋友,同伦敦的代理人多商量商量,不要临时找麻烦,切记切记! 三月十五日前后欧美大风雪,我们看到新闻也代你担忧,幸而那时不是你飞渡大西洋的时候。此间连续几星期春寒春雨,从早到晚,阴沉沉的,我老眼昏花,只能常在灯下工作，天气如此，人也特别闷塞，别说郊外踏青，便是跑跑书店古董店也不成。即使风和日暖，也舍不得离开书桌。要做的事，要读的书实在太多了，不能怪我吝惜光阴。从二十五岁至四十岁，我浪费了多少宝贵的时日！

近几月老是研究巴尔扎克，他的一部分哲学味特别浓的小说，在西方公认为极重要，我却花了很大的劲才勉强读完，也花了很大的耐性读了几部研究这些作品的论著。总觉得神秘气息玄学气息不容易接受，至多是了解而已，谈不上欣赏和共鸣。中国人不是不讲形而上学，但不像西方人抽象，而往往用诗化的意境把形而上学的理论说得很空灵，真正的意义固然不易捉摸，却不至于像西方形而上学那么枯燥，也没那种刻舟求剑的宗教味儿叫人厌烦。西方人对万有的本原，无论如何要归结到一个神，所谓 God（上帝），似乎除了 God，不能解释宇宙，不能说明人生，所以非肯定一个造物主不可。好在谁也提不出证明 God 是没有的，只好由他们去说；可是他们的正面论证也牵强得很，没有说服力。他们首先肯定人生必有意义，灵魂必然不死，从此推论下去，就归纳出一个有计划有意志的神！可是为什么人生必有意义呢？灵魂必然不死呢？他们认为这是不辩自明之理，我认为欧洲人比我们更骄傲，更狂妄，更 ambitious（野心勃勃），把人这个生物看作天下第一，所以千方百计要造出一套哲学和形而上学来，证明这个"人为万物之灵"的看法，仿佛我们真是负有神的使命，执行神的意志一般。在我个人看来，这都是 vanity（虚荣心）作祟。东方的哲学家玄学家要比他们谦虚得多。除了程朱一派理学家 dogmatic（武断）很厉害之外，别人就是讲什么阴阳太极，也不像西方人讲 God 那么绝对，凿凿有据，咄咄逼人，也许骨子里我们多少是怀疑派，接受不了太强的 insist（坚持），太过分的 certainty（确定性）。

前天偶尔想起，你们要是生女孩子的话，外文名字不妨叫 GRACIA（葛拉齐亚），此字来历想你一定记得。意大利字读音好听，grace（雅致）一字的意义也可爱。弥拉不喜欢名字太普通，大概可以合乎她的条件。阴历今年是甲辰，辰年出生的人肖龙，龙从云，风从虎，我们提议女孩子叫"凌云"（Lin Yuan），男孩子叫"凌霄"（Lin Sio）。你看如何？男孩的外文名没有 inspiration（灵感），或者你们决定，或者我想到了以后再告。这些我都另外去信讲给弥拉听了。（凌云 = to tower over the clouds，凌霄 = to tower over the sky，我和 Mira 就是这样解释的。）

一九六四年四月十二日①

自接喜讯以来，我快乐的心情无法抑制，老在计算生产的日期，弥拉说医生估计在八月里的上两星期，那时正是天气很热的阶段，想来伦敦医院设备好，不用担心，必有冷气，那产妇就不怎么辛苦了。最近一个月来，陆陆续续打了几件毛线衣，另外买了一件小斗篷，小被头，作为做祖母的一番心意，不日就要去寄了，怕你们都不在，还是由你岳父转的。我也不知对你们合适否？衣服尺寸都是望空做的，好在穿绒线衣时要九、十月才用得着，将来需要，不妨来信告知，我可以经常代你们打。孩子的名字，我们俩常在商量，因为今年是龙年，就根据龙的特性来想，前两星期去新城隍庙看看花草，有一种叫凌霄的花，据周朝帧先生说，此花开在初夏，色带火黄，非常艳丽，我们就买了一棵回来，后来我灵机一动，"凌霄"作为男孩子的名字不是很好么？声音也好听，意义有高翔的意思；传说龙在云中，那么女孩子叫"凌云"再贴切没有了，我们就这么决定了。再有我们姓傅的，三代都是单名（你祖父叫傅鹏，父雷，你聪），来一个双名也挺有意思，你觉得怎样？

阿敏去冬年假没回来，工作非常紧张，他对教学相当认真，相当钻研，校方很重视他。他最近来信说："我教了一年多书，深深体会到传授知识比教人容易，如果只教书而不教人的话，书绝对教不好，而要教好人，把学生教育好，必须注意身教和言教，更重要的是身教，处处要严格要求自己，以身作则。越是纪律不好的班，聪明的孩子越多，她们就更敏感，这就要求自己以身作则，否则很难把书教好。"他对教学的具体情况，有他的看法，也有他的一套，爸爸非常赞同。你看我多高兴，阿敏居然长成得走正路，这正是我俩教育孩子的目的，我们没有名利思想，只要做好本门工作就很好了，你做哥哥的知道弟弟有些成绩，一定也庆幸。

---

① 此信是傅雷夫人朱梅馥所写。

235

一九六四年四月二十三日

亲爱的孩子,有人四月十四日听到你在 B. B. C(英国广播公司)远东华语节目中讲话,因是辗转传达,内容语焉不详,但知你提到家庭教育、祖国,以及中国音乐问题。我们的音乐不发达的原因,我想过数十年,不得结论。从表面看,似乎很简单:科学不发达是主要因素,没有记谱的方法也是一个大障碍。可是进一步问问为什么我们科学不发达呢? 就不容易解答了。早在战国时期,我们就有墨子、公输般等的科学家和工程师,汉代的张衡不仅是个大文豪,也是了不起的天文历算的学者。为何后继无人,一千六百年间,就停滞不前了呢? 为何西方从文艺复兴以后反而突飞猛进呢? 希腊的早期科学,七世纪前后的阿拉伯科学,不是也经过长期中断的么? 怎么他们的中世纪不曾把科学的根苗完全斩断呢? 西方的记谱也只是十世纪以后才开始,而近代的记谱方法更不过是几百年中发展的,为什么我们始终不曾在这方面发展? 要说中国人头脑不够抽象,明代的朱载堉(《乐律全书》的作者)偏偏把音乐当作算术一般讨论,不是抽象得很吗? 为何没有人以这些抽象的理论付诸实践呢? 西洋的复调音乐也近乎数学,为何法兰德斯乐派,意大利乐派,以至巴哈 - 亨特尔,都会用创作来作实验呢? 是不是一个民族的艺术天赋并不在各个艺术部门中平均发展的,希腊人的建筑、雕塑、诗歌、戏剧,在纪元前五世纪时登峰造极,可是以后两千多年间就默默无闻,毫无建树了。文艺复兴时期的意大利艺术也只是昙花一现。有些民族尽管在文学上到过最高峰,在造型艺术和音乐艺术中便相形见绌,例如英国。有的民族在文学,音乐上有杰出的成就,但是绘画便赶不上,例如德国。可见无论在同一民族内,一种艺术的盛衰,还是各种不同的艺术在各个不同的民族中的发展,都不容易解释。我们的书法只有两晋、六朝、隋、唐是如日中天,以后从来没有第二个高潮。我们的绘画艺术也始终没有超过宋、元。便是音乐,也只有开元、天宝,唐玄宗的时代盛极一时,可是也只限于“一时”。现在有人企图用社会制度、阶级成分,来说明文艺的兴亡。可是奴隶制度在世界上许多民族都曾经历,为什么独独在埃及和古希腊会有那么灿烂的艺术成就? 而同样的奴隶制度,为何埃及和希腊的艺术精神、风格,如此之不同? 如果说统治阶级的提倡大有关系,那么英国十八、十九世纪王室的提倡音乐,并不比十五世纪意大利的教皇和诸侯（如梅提契家族）差劲，为何英国自己就产生不了第一流的音乐家呢？再从另一些更具体更小的角度来说，我们的音乐不发达，是否同音乐被戏剧侵占有关呢？我们所有的音乐材料，几乎全部在各种不同的戏剧中。所谓纯粹的音乐，只有一些没有谱的琴曲（琴曲谱只记手法，不记音符，故不能称为真正的乐谱。）。其他如笛、箫、二胡、琵琶等等，不是简单之至，便是外来的东西。被戏剧侵占而不得独立的艺术，还有舞蹈。因为我们不像西方人迷信，也不像他们有那么强的宗教情绪，便是敬神的节目也变了职业性的居多，群众自动参加的较少。如果说中国民族根本不大喜欢音乐，那又不合乎事实。我小时在乡，听见舟子，赶水车的，常常哼小调，所谓"山歌"。［古诗中（汉魏）有许多"歌行"，"歌谣"；从白乐天到苏、辛都是高吟低唱的，不仅仅是写在纸上的作品。］

总而言之，不发达的原因归纳起来只是一大堆问题，谁也不曾彻底研究过，当然没有人能解答了。近来我们竭力提倡民族音乐，当然是大好事。不过纯粹用土法恐怕不会有多大发展的前途。科学是国际性的、世界性的，进步硬是进步，落后硬是落后。一定要把土乐器提高，和钢琴、提琴竞争，岂不劳而无功？抗战前（一九三七年前）丁西林就在研究改良中国笛子，那时我就认为浪费。工具与内容，乐器与民族特性，固然关系极大；但是进步的工具，科学性极高的现代乐器，决不怕表达不出我们的民族特性和我们特殊的审美感。倒是原始工具和简陋的乐器，赛过牙齿七零八落、声带构造大有缺陷的人，尽管有多丰富的思想感情，也无从表达。乐曲的形式亦然如此。光是把民间曲调记录下来，略加整理，用一些变奏曲的办法扩充一下，绝对创造不出新的民族音乐。我们连"音乐文法"还没有，想要在音乐上雄辩滔滔，怎么可能呢？西方最新乐派［当然不是指电子音乐一类的 ultramodern（超现代的）的东西］的理论，其实是尺寸最宽、最便于创造民族音乐的人利用的；无奈大家害了形式主义的恐怖病，提也不敢提，更不用说研究了。俄罗斯五大家——从德彪西到巴托克，事实俱在，只有从新的理论和技巧中才能摸出一条民族乐派的新路来。问题是不能闭关自守，闭门造车，而是要掌握西方最高最新的技巧，化为我有，为我所用。然后才谈得上把我们新社会的思想感情用我们的音乐来表现。这一类的问题,想谈的太多了,一时也谈不完。

一九六四年四月二十四日

昨天才寄出一封长信,今日即收到四月十四日信,却未提及我四月十二日由你岳家转的信,不只曾否收到,挂念得很!

孤独的感觉,彼此差不多,只是程度不同,次数多少有异而已。我们并未离乡背井,生活也稳定,比绝大多数人都过得好;无奈人总是思想太多,不免常受空虚感的侵袭。唯一的安慰是骨肉之间推心置腹,所以不论你来信么稀少,我总尽量多给你写信,但愿能消解一些你的苦闷与寂寞。只是心愿是一件事,写信的心情是另一件事:往往极想提笔而精神不平静,提不起笔来;或是勉强写了,写得十分枯燥,好像说话的声音口吻僵得很,自己听了也不痛快。

一方面狂热,执着,一方面洒脱,旷达,怀疑,甚至于消极:这个性格大概是我遗传给你的。妈妈没有这种矛盾,她从来不这么极端。弥拉常说你跟我真像,可见你在她面前提到我的次数不可胜计,所以她虽未见过我一面,也像多年相识一样。

你们夫妇关系,我们从来不真正担心过。你的精神波动,我们知之有素,千句并一句,只要基本信心不动摇,任何小争执大争执都会跟着时间淡忘的。我三月二日(No.59)信中的结论就是这话。人生的每个阶段都是一边学一边过的,从来没有一个人具备了所有的(理论上的)条件才结婚,才生儿育女的。你为了孩子而惶惶然,表示你对人生态度严肃,却也不必想得太多。一点不想是不负责任,当然不好;想得过分也徒然自苦,问题是彻底考虑一番,下决心把每个阶段的事情做好,想好办法实行就是了。

人不知而不愠是人生最高修养,自非一时所能达到。对批评家的话我过去并非不加保留,只是增加了我的警惕。即是人言籍籍,自当格外反躬自省,多征求真正内行而善意的师友的意见。你的自我批评精神,我完全信得过;可是艺术家有时会钻牛角尖而自以为走的是独创而正确的路。要避免这一点,需要经常保持冷静和客观的态度。所谓艺术上的 illusion (幻觉),有时会蒙蔽一个人到几年之久的。至于批评界的黑幕,我近三年译巴尔扎克的《幻灭》，得到不少知识。一世纪前尚且如此，何况今日！二月号《音乐与音乐家》杂志上有一篇 karayan（卡拉扬）的访问记，说他对于批评只认为是某先生的意见，如此而已。他对所钦佩的学者，则自会倾听，或者竟自动去请教。这个态度大致与你相仿。

认真的人很少会满意自己的成绩，我的主要苦闷即在于此。所不同的，你是天天在变，能变出新体会，新境界，新表演，我则是眼光不断提高而能力始终停滞在老地方。每次听你的唱片总心上想：不知他现在弹这个曲子又是怎么一个样子了。

你老是怕对父母不尽心，我老是怕成为你的包袱，尤其从六一年以后，愈了解艺术劳动艰苦，愈不忍多花你的钱。说来说去，是大家顺着大家。

旧金山评论中说你的萧邦太 extrovert（外向），李先生说奇怪，你的演奏正是 introvert（内向）一路，怎么批评家会如此说。我说大概他们听惯老一派的 Chopin（萧邦），软绵绵的，听到不 sentimental（伤感）的 Chopin（萧邦）就以为不够内向了，你觉得我猜得对不对？

一九六四年十月三十一日①

亲爱的孩子，几次三番动笔写你的信都没有写成，而几个月的保持沉默也使我魂不守舍，坐立不安。我们从八月到今的心境简直无法形容。你的处境，你的为难（我猜想你采取行动之前，并没和国际公法或私法的专家商量过。其实那是必要的。），你的迫不得已的苦衷，我们都深深的体会到，怎么能责怪你呢？可是再彻底的谅解也减除不了我们沉重的心情。民族自尊心受了伤害，非短时期内所能平复；因为这不是一个"小我"的，个人的荣辱得失问题。便是万事随和处处乐观的你的妈妈，也耿耿于怀，伤感不能自已。不经过这次考验，我也不知道自己在这方面的感觉有这样强。五九年你最初两信中说的话，以及你对记者发表的话，自然而然的，不断的回到我们脑子里来，你想，这是多大的刺激！我们知道一切官方的文件只是一种形式，任何法律手续约束不了一个人的心——在这一

---

① 此信写在得知傅聪迫于现实加入英国籍之后。

点上我们始终相信你;我们也知道,文件可以单方面的取消,只是这样的一天遥远得望不见罢了。何况理性是理性,感情是感情,理性悟透的事情,不一定能叫感情接受。不知你是否理解我们几个月沉默的原因,能否想象我们这一回痛苦的深度？ 不论工作的时候或是休息的时候,精神上老罩着一道阴影,心坎里老压着一块石头,左一个譬解,右一个譬解,总是丢不下,放不开。我们比什么时候都更想念你,可是我和妈妈都不敢谈到你:大家都怕碰到双方的伤口,从而加剧自己的伤口。我还暗暗的提心吊胆,深怕国外的报纸、评论,以及今后的唱片说明提到你这件事……孩子出生的电报来了,我们的心情更复杂了。这样一件喜事发生在这么一个时期,我们的感觉竟说不出是什么滋味,百感交集,乱糟糟的一团,叫我们说什么好呢,怎么表示呢？ 所有这一切,你岳父都不能理解,他有他的民族性,他有他民族的悲剧式的命运（这个命运,他们两千年来已经习为故常,不以为悲剧了）,看法当然和我们不一样。然而我决不承认我们的看法是民族自大,是顽固,他的一套是开明是正确。他把国籍看作一个侨民对东道国应有的感激的表示,这是我绝对不同意的！ 至于说弥拉万一来到中国,也必须入中国籍,所以你的行动可以说是有往有来等等,那完全是他毫不了解中国国情所作的猜测。我们的国家从来没有一条法律,要外国人入了中国籍才能久居！ 接到你岳父那样的信以后,我并不作复,为的是不愿和他争辩;可是我和他的意见分歧点应当让你知道。

一九六五年

一九六五年二月二十日

　　亲爱的孩子,半年来你唯一的一封信不知给我们多少快慰。看了日程表,照例跟着你天南地北的神游了一趟,做了半天白日梦。人就有这点儿奇妙,足不出户,身不离斗室,照样能把万里外的世界,各地的风光,听众的反应,游子的情怀,一样一样的体验过来。你说在南美仿佛回到了波兰和苏联,单凭这句话,我就咂摸到你当时的喜悦和激动;拉丁民族和斯拉夫民族的热情奔放的表现也历历如在目前。

　　照片则是给我们另一种兴奋,虎着脸的神气最像你。大概照相机离得太近了,孩子看见那怪东西对准着他,不免有些惊恐,有些提防。可惜带笑的两张都模糊了(神态也最不像你),下回拍动作,光圈要放大到 F.2 或 F.3.5,时间用 1/100 或 1/150 秒。若用闪光(即 flash)则用 F.11,时间 1/100 或 1/150 秒。望着你弹琴的一张最好玩,最美;应当把你们俩作为特写放大,左手的空白完全不要;放大要五或六英寸才看得清,因原片实在太小了。另外一张不知坐的是椅子是车子? 地下一张装中国画(谁的?)的玻璃框,我们猜来猜去猜不出是怎么回事,望说明!

你父性特别强是像你妈,不过还是得节制些,第一勿妨碍你的日常工作,第二勿宠坏了凌霄。——小孩儿经常有人跟他玩,成了习惯,就非时时刻刻抓住你不可,不但苦了弥拉,而且对孩子也不好。耐得住寂寞是人生一大武器,而耐寂寞也要自幼训练的! 疼孩子固然要紧,养成纪律同样要紧;几个月大的时候不注意,到两三岁时再收紧,大人小儿都要痛苦的。你的心绪我完全能体会。你说的不错,知子莫若父,因为父母子女的性情脾气总很相像,我不是常说你是我的一面镜子吗? 且不说你我的感觉一样敏锐,便是变化无常的情绪,忽而高潮忽而低潮,忽而兴奋若狂,忽而消沉丧气等等的艺术家气质,你我也相差无几。不幸这些遗传(或者说后天的感染)对你的实际生活弊多利少。凡是有利于艺术的,往往不利于生活;因为艺术家两脚踏在地下,头脑却在天上,这种姿态当然不适应现实的世界。我们常常觉得弥拉总算不容易了,你切勿用你妈的性情脾气去衡量弥拉。你得随时提醒自己,你的苦闷没有理由发泄在第三者身上。况且她的童年也并不幸福,你们俩正该同病相怜才对。我一辈子没有做到克己的功夫,你要能比我成绩强,收效早,那我和妈妈不知要多么快活呢!

要说 exile(放逐),从古到今多少大人物都受过这苦难,但丁便是其中的一个;我辈区区小子又何足道哉! 据说《神曲》是受了 exile 的感应和刺激而写的,我们倒是应当以此为榜样,把 exile 的痛苦升华到艺术中去。以上的话,我知道不可能消除你的悲伤愁苦,但至少能供给你一些解脱的理由,使你在愤懑郁闷中有以自拔。做一个艺术家,要不带点儿宗教家的心肠,会变成追求纯技术或纯粹抽象观念的 virtuoso(演奏能手),或者像所谓抽象主义者一类的狂人;要不带点儿哲学家的看法,又会自苦苦人

（苦了你身边的伴侣），永远不能超脱。最后还有一个实际的论点：以你对音乐的热爱和理解，也许不能不在你厌恶的社会中挣扎下去。你自己说到处都是 outcast（被驱逐者），不就是这个意思吗？艺术也是一个 tyrant（暴君），因为做他奴隶的都心甘情愿，所以这个 tyrant 尤其可怕。你既然认了艺术做主子，一切的辛酸苦楚便是你向他的纳贡，你信了他的宗教，怎么能不把少牢太牢去做牺牲呢[①]？每一行有每一行的 humiliation（屈辱）和 misery（辛酸），能够 resign（心平气和）就是少痛苦的不二法门。你可曾想过，萧邦为什么后半世自愿流亡异国呢？他的 *Op.* 25（《萧邦练习曲》）以后的作品付的是什么代价呢？

任何艺术品都有一部分含蓄的东西，在文学上叫作言有尽而意无穷，西方人所谓 between lines（弦外之音）。作者不可能把心中的感受写尽，他给人的启示往往有些还出乎他自己的意想之外。绘画、雕塑、戏剧等等，都有此潜在的境界。不过音乐所表现的最是飘忽，最是空灵，最难捉摸，最难肯定，弦外之音似乎比别的艺术更丰富，更神秘，因此一般人也就懒于探索，甚至根本感觉不到有什么弦外之音。其实真正的演奏家应当努力去体会这个潜在的境界（即淮南子所谓"听无音之音者聪"，无音之音不是指这个潜藏的意境又是指什么呢？）而把它表现出来，虽然他的体会不一定都正确。能否体会与民族性无关。从哪一角度去体会，能体会作品中哪一些隐藏的东西，则多半取决于各个民族的性格及其文化传统。甲民族所体会的和乙民族所体会的，既有正确不正确的分别，也有种类的不同，程度深浅的不同。我猜想你和岳父的默契在于彼此都是东方人，感受事物的方式不无共同之处，看待事物的角度也往往相似。你和董氏兄弟初次合作就觉得心心相印，也是这个缘故。大家都是中国人，感情方面的共同点自然更多了。

你的中文还是比英文强，别灰心，多写信，多看中文书，就不会失去用中文思考的习惯。你的英文基础不够，看书太少，句型未免单调。

[①] 少牢是古代诸侯祭祀用的羊、猪各一只；太牢是天子祭祀时的牲畜，牛、羊、猪各一只；牺牲，指祭祀用品。

一九六五年五月十六日夜

亲爱的孩子,从香港到马尼拉,恐怕一出机场就要直接去音乐厅,这样匆促也够辛苦紧张了,何况五月三日晚上你只睡了四五小时,亏你有精力应付得了!要不是刘抗伯伯四月二十三日来信报告,怎想得到你在曼谷和马尼拉之间加出了两场新加坡演出,又兼做什么钢琴比赛的评判呢?在港登台原说是明年可能去日本时顺便来的,谁知今年就实现了。你定的日程使我大吃一惊:六月五日你不是要同 London Mozart Players(伦敦莫扎特乐团)合作 *Mozart K. 503*(《莫扎特第二十五号钢琴协奏曲,C 大调》),场子是 Croyden(克罗伊登)的 Fairfield Hall(费尔菲尔德大厅)吗?这一类定期演出不大可能在一二个月以前有变动,除非独奏的人临时因故不能出场,那也要到期前十天半个月才发生。是不是你一时太兴奋,看错了日程表呢?想来你不至于粗心到这个地步。那么到底是怎么回事呢?我既然发现了这个疑问,当然不能不让萧伯母知道,她的信五月十二日中午到沪,我吃过饭就写信,把你在新西兰四处地方的日程抄了一份给她,要她打电报给你问问清楚,免得出乱子。同时又去信要弥拉向 Van Wyck(范怀克)①核对你六月五日伦敦的演出。我直要等弥拉回信来了以后,心上一块石头才能落地!我们知道你此次预备在港演出主要是为了增加一些收入,但伦敦原有的日程不知如何安排?

香港的长途电话给我们的兴奋,简直没法形容。五月四日整整一天我和你妈妈魂不守舍,吃饭做事都有些飘飘然,好像在做梦;我也根本定不下心来工作。尤其四日清晨妈妈告诉我说她梦见你还是小娃娃的模样,喂了你奶,你睡着了,她把你放在床上。她这话说过以后半小时,就来了电话!怪不得好些人要迷信梦!萧伯母的信又使我们兴奋了大半日,她把你过港二十二小时的情形详详细细写下来了,连你点的上海菜都一样一样报了出来,多有意思。信,照片,我们翻来覆去看了又看,电话中听到你的声音,如今天看到你打电话前夜的人,这才合起来,成为一个完整的你!(我不是说你声音有些变了吗?过后想明白了,你和我一生通电话的次数最少,经过电话机变质以后的你的声音,我一向不熟悉;一九五六

---

① 范怀克,傅聪当时的代理人。

年你在北京打来长途电话,当时也觉得你声音异样。)看你五月三日晚刚下飞机的神态,知道你尽管风尘仆仆,身心照样健康,我们快慰之至。你能练出不怕紧张的神经,吃得起劳苦的身体,能应付二十世纪演奏家的生活,归根到底也是得天独厚。我和你妈妈年纪大了,越来越神经脆弱,一点儿小事就会使我们紧张得没有办法。一方面是性格生就,另一方面是多少年安静的生活越发叫我们没法适应天旋地转的现代 tempo(节奏)。

一九六五年五月二十一日深夜

另一件牵挂的事是你说的搬房子问题。按照弥拉六一年三月给我们画的图样,你现在不是除了 studio(工作室)以外,还有一间起居室吗?孩子和你们俩也各有卧房,即使比没有孩子的时候显得挤一些,总还不至于住不下吧?伦敦与你等级辈份相仿的青年演奏家,恐怕未必住的地方比你更宽敞。你既不出去应酬,在家也不正式招待,不需要顾什么排场;何况你也不喜欢讲究排场,跟你经常来往的少数人想必也气味相投,而决非看重空场面的人。你一向还认为朴素是中国人的美德,尤其中国艺术家传统都以清贫自傲:像你目前的起居生活也谈不到清贫,能将就还是将就一下好。有了孩子,各式各样不可预料的支出随着他年龄而一天天加多;即使此刻手头还能周转,最好还是存一些款子,以备孩子身上有什么必不可少的开支时应用。再说,据我从你六一年租居的经过推想,伦敦大概用的是"典屋"(吾国旧时代也有类似的办法,我十岁以前在内地知道有这种规矩,名目叫"典屋",不是后来上海所通行的"顶")的办法:开始先付一笔钱,以后每季或每月付,若干年后付满了定额,就享有永久(或半永久)的居住权,土地则一律属于政府,不归私人。这种屋子随时可以"转典"出去,原则上自己住过几年,转典的价必然比典进时的原价要减少一些,就是说多少要有些损失。除非市面特别好——所谓国民经济特别景气的时期,典出去的价格会比典进来时反而高。但是你典出了原住的房子,仍要典进新的屋子,假如市面好,典出的价格高,那么典进新屋的价也同样高:两相抵消,恐怕还是自己要吃亏的;因为你是要调一所大一些的屋子,不是原住的屋子大而调进的屋子小;屋子大一些,典价当然要高一些,换句话说,典进和典出一定有差距,而且不可能典出去的价钱比典进来的价钱高。除非居住的区域不同,原来的屋子在比较高级的住宅区,将来调进的屋子在另一个比较中级的住宅区:只有这个情形之下,典出去的价才可能和典进较大的新屋的价相等,或者反而典出去的价高于典进新屋的价。你说,我以上的说法(更正确的说来是推测)与事实相符不相符?除开典进典出的损失,以及今后每月或每季的负担多半要加重以外,还有些问题需要考虑:——(一)你住的地方至少有一间大房间必须装隔音设备,这一笔费用很大,而且并不能增加屋子的市价。比如说你现住的屋子,studio(工作室)有隔音设备,可并不能因此而使典出去的价钱较高,除非受典的人也是音乐演奏家。(二)新屋仍须装修,如地毯,窗帘等等,不大可能老屋子里原有的照样好拿到新屋子用。这又是一笔可观的支出。(三)你家的实际事务完全由弥拉一个人顶的,她现在不比六一年;有了孩子,不搬家也够忙了,如果为了搬家忙得影响身体,也不大上算。再说,她在家忙得团团转,而正因为太忙,事情未必办得好;你又性急又挑剔,看了不满意,难免一言半语怪怨她,叫她吃力不讨好,弄得怨气冲天,影响两人的感情,又是何苦呢!?因此种种,务望你回去跟弥拉从长计议,把我信中的话细细说与她听,三思而行,方是上策。这件事情上,你岳父的意见不能太相信,他以他的地位,资历,看事情当然与我们不同。况且他家里有仆役,恐怕还不止一个,搬家在他不知要比你省事省力多少倍:他认为轻而易举的事,在你可要花九牛二虎之力。此点不可不牢牢记住!

别以为许多事跟我们说不清,以为我们国内不会了解外面的情形;我们到底是旧社会出身,只要略微提几句,就会明白。例如你电话中说到"所得税",我马上懂得有些精明的人想法逃税,而你非但不会做,也不愿意做。

写到此,想起一年前听到的传闻,说你岳父在伦敦郊外送你一所别墅:我听了大笑,我说聪哪里来的钱能付这样一笔"赠与税"?又哪儿来的钱维持一所别墅?由此可见,关于你的谣言,我们听得着实不少,不论谣言是好是坏,我们都一笑置之。

世上巧事真多:五月四日刚刚你来过电话,下楼就收到另外二张唱片:Schubert Sonatas(《舒伯特奏鸣曲集》)——Scarlatti Sonatas(《斯卡拉蒂奏鸣曲集》)。至此为止,你新出的唱片都收齐了,只缺少全部的副本,弥拉信中说起由船上寄，大概即指 double copies（副本）；我不担心别的，只担心她不用木匣子，仍用硬纸包装，那又要像两年前贝多芬唱片一样变成坏烧饼了，因为船上要走两个半月，而且堆在其他邮包中，往往会压得不成其为唱片。

　　至于唱片的成绩，从 Bach，Handel，Scarlatti（巴赫，亨德尔，斯卡拉蒂）听来，你弹古典作品的技巧比一九五六年又大大的提高了，李先生很欣赏你的 touch（触键），说是像 bubble（水珠）（我们说是像珍珠，白居易《琵琶行》中所谓"大珠小珠落玉盘"）。*Chromatic Fantasy*（《半音阶幻想曲》）和以前的印象大不相同，根本认不得了。你说 Scarlatti（斯卡拉蒂）的创新有意想不到的地方，的确如此。Schubert（舒伯特）过去只熟悉他的 *Lieder*（《抒情曲》），不知道他后期的 *Sonata*（《奏鸣曲》）有这种境界。我直翻出你六一年九月二十一日挪威来信上说的一大段话，才对作品有一个初步的领会。关于他的 *Sonata*（《奏鸣曲》），恐怕至今西方的学者还意见不一，有的始终认为不能列为正宗的作品，有的［包括 Tovey（托维）①］则认为了不起。前几年杰老师来信，说他在布鲁塞尔与你相见，曾竭力劝你不要把这些 *Sonata*（《奏鸣曲》）放入节目，想来他也以为群众不大能接受。你说 timeless and boundless（超越时空，不受时空限制），确实有此境界。总的说来，你的唱片总是带给我们极大的喜悦，你的 phrasing（乐句划分）正如你的 breathing（呼吸），无论在 *Mazurka*（《玛祖卡》）中还是其他的作品中，特别是慢的乐章，我们太熟悉了，等于听到你说话一样。

　　凌霄快要咿咿哑哑学话了，我建议你先买一套中文录音（参看 LTC－六十五号信，今年一月二十八日发），常常放给孩子听，让他习惯起来，同时对弥拉也有好处。将来恐怕还得另外请一个中文教师专门教孩子。——你看，不是孩子身上需要花钱的地方多得很吗？你的周游列国的生活多辛苦，总该量入为出；哪一方面多出来的，绝对少不了的开支，只能想办法在别的可以省的地方省下来。群众好恶无常，艺术家多少要受时髦或不时髦的影响，处处多想到远处，手头不要太宽才好。上面说的搬

————————

① 托维（1875—1940），英国音乐学家。

家问题值得冷静考虑,也是为此! 你伦敦的每月家用只要合理计算一下,善于调度,保证你可以省去百分之二十左右的开支,而照样维持你们眼前的生活水平! 这一点也同样适用于你单独在外的费用。你该明白我不是说你们奢侈,而是不会调度,不会计算;为什么不学一学这一门人生最重要的课程呢?

明年你能否再来远东,大半取决于那时候东南亚的大局。我们是否能和你相见,完全看领导如何决定。不过你万一决定日期,必须及早告诉我们,以便及早请示。倘我们不能相见,则弥拉与凌霄也不必千里迢迢跟你一同来了。话是说不完的,但愿你回英的途中再把此信细看两遍,细想一番。万一你在港演出有变化,萧伯母会将此信转到伦敦的。你塔什干发的信又丢了,真真遗憾! 只希望一星期之后能接到你从新西兰发来的信。你的巴哈练得怎样了? 萧邦练习曲是否经常继续? 有什么新的repertoire(曲目)? ——这三个问题,我一年来问过你几回,你都未答复! 二月二十二日寄你的近三年演出日程表十页,切勿再丢失。七月中有空千万校正后寄回。我近来脑子越来越不行,苦不堪言! 我深怕翻译这一行要干不下去了(单从自己能力来说),成了废物可怎么办呢? 一切保重,孩子,一切保重,诸事小心!

一九六五年五月二十七日

新西兰来信今日中午收到。早上先接林医生电话,他们也收到林伯母哥哥的信,报告你的情形,据说信中表示兴奋得了不得,还附有照片。国外侨胞的热爱祖国,真是叫人无话可说。

你谈到中国民族能"化"的特点,以及其他关于艺术方面的感想,我都彻底明白,那也是我的想法。多少年来常对妈妈说:越研究西方文化,越感到中国文化之美,而且更适合我的个性。我最早爱上中国画,也是在二十一二岁在巴黎卢浮宫钻研西洋画的时候开始的。这些问题以后再和你长谈。妙的是你每次这一类的议论都和我的不谋而合,信中有些话就像是我写的。不知是你从小受的影响太深了呢,还是你我二人中国人的根一样深? 大概这个根是主要原因。

一个艺术家只有永远保持心胸的开朗和感觉的新鲜,才永远有新鲜的内容表白,才永远不会对自己的艺术厌倦,甚至像有些人那样觉得是做苦工。你能做到这一步——老是有无穷无尽的话从心坎里涌出来,我真是说不出的高兴,也替你欣幸不置!

一九六五年六月十四日

亲爱的孩子,这一回一天两场的演出,我很替你担心,好姆妈说你事后喊手筋痛,不知是否马上就过去?到伦敦后在巴斯登台是否跟平时一样?那么重的节目,舒曼的 *Toccata*(《托卡塔》)和 *Kreisleriana*(《克莱斯勒偶记》)①都相当别扭,最容易使手指疲劳;每次听见国内弹琴的人坏了手,都暗暗为你发愁。当然主要是方法问题,但过度疲劳也有关系,望千万注意! 你从新西兰最后阶段起,前后紧张了一星期,回家后可曾完全松下来,恢复正常? 可惜你的神经质也太像我们了! 看书兴奋了睡不好,听音乐兴奋了睡不好,想着一星半点的事也睡不好……简直跟你爸爸妈妈一模一样! 但愿你每年暑期都能彻底 relax(放松),下月去德国就希望能好好休息。年轻力壮的时候不要太逞强,过了四十五岁样样要走下坡路:最要紧及早留些余地,精力、体力、感情,要想法做到细水长流! 孩子,千万记住这话:你干的这一行最伤人,做父母的时时刻刻挂念你的健康,——不仅眼前的健康,而且是十年二十年后的健康! 你在立身处世方面能够洁身自爱,我们完全放心;在节约精力,护养神经方面也要能自爱才好!

你此次两过香港,想必对于我六一年春天竭力劝你取消在港的约会的理由,了解得更清楚了,沈先生也来了信,有些情形和我预料的差不多。幸亏他和好姆妈事事谨慎,处处小心,总算平安渡过,总的客观反应,目前还不得而知。明年的事第一要看东南亚大局,如越南战事扩大,一切都谈不到。目前对此不能多存奢望。你岳丈想来也会周密考虑的。

此外,你这一回最大的收获恐怕还是在感情方面,和我们三次通话,美中不足的是五月四日、六月五日早上两次电话中你没有叫我,大概你太紧张,当然不是争规矩,而是少听见一声"爸爸"好像大有损失。妈妈听

---

① 舒曼受霍夫曼笔下克莱斯勒乐长的启发创作的《克莱斯勒偶记》。

248

你每次叫她,才高兴呢! 好姆妈和好好爹爹那份慈母般的爱护与深情,多少消解了你思乡怀国的饥渴。昨天同时收到她们俩的长信,妈妈一面念信一面止不住流泪。这样的热情,激动,真是人生最宝贵的东西。我们有这样的朋友(李先生六月四日从下午六时起到晚上九时,心里就想着你的演出。上月二十三日就得到朋友报告,知道你大概的节目),你有这样的亲长(十多年来天舅舅一直关心你,好姆妈五月底以前的几封信,他都看了,看得眼睛也湿了,你知道天舅舅从不大流露感情的),把你当作自己的孩子一般,也够幸福了。她们把你四十多小时的生活行动描写得详详细细,自从你一九五三年离家以后,你的实际生活我们从来没有知道得这么多的。她们的信,二十四小时内,我们已看了四遍,每看一遍都好像和你团聚一会。可是孩子,你回英后可曾去信向她们道谢? 当然她们会原谅你忙乱,也不计较礼数,只是你不能不表示你的心意。信短一些不要紧,却绝对不能杳无消息。人家给了你那么多,怎么能不回报一星半点呢? 何况你只消抽出半小时的时间写几行字,人家就够快慰了! 刘抗和陈人浩伯伯处唱片一定要送,张数不拘,也是心意为重。此事本月底以前一定要办,否则一出门,一拖就是几个月。

你新西兰信中提到 horizontal(水平式的)与 vertical(垂直式的)两个字,不知是不是近来西方知识界流行的用语? 还是你自己创造的? 据我的理解,你说的水平的(或平面的,水平式的),是指从平等地位出发,不像垂直的是自上而下的;换言之,"水平的"是取的渗透的方式,不知不觉流入人的心坎里;垂直的是带强制性质的灌输方式,硬要人家接受。以客观的效果来说,前者是潜移默化,后者是被动的(或是被迫的)接受。不知我这个解释对不对? 一个民族的文化假如取的渗透方式,它的力量就大而持久。个人对待新事物或外来的文化艺术采取"化"的态度,才可以达到融会贯通,彼为我用的境界,而不至于生搬硬套,削足适履。受也罢,与也罢,从化字出发(我消化人家的,让人家消化我的),方始有真正的新文化。"化"不是没有斗争,不过并非表面化的短时期的猛烈的斗争,而是潜在的长期的比较缓和的斗争。谁能说"化"不包括"批判的接受"呢?

你一九六三年十月二十三来信提到你在北欧和维也纳演出时,你的 playing(演奏)与理解又迈了一大步;从那时到现在,是否那一大步更巩固了？有没有新的进展、新的发现？——不消说，进展必然有，我要知道的是比较重要而具体的进展！身子是否仍能不摇摆（或者极少摇摆）？

一九六三年十二月二十一日来信说在"重练莫扎特的 *Rondo in A Min. K. 511*（《A 大调大回旋曲》）和 *Adagio in B Min.*（《B 小调柔板》）"，认为是莫扎特钢琴独奏曲中最好的作品。记得五三年以前你在家时，我曾告诉你，罗曼·罗兰最推重这两个曲子。现在你一定练出来了吧？有没有拿去上过台？还有舒伯特的 *Ländler*（《兰德勒舞曲》）？——这个类型的小品是否只宜于做 encore piece（加奏乐曲）？我简直毫无观念。莫扎特以上两支曲子，几时要能灌成唱片才好！否则我恐怕一辈子听不到的了。

附：致成家和

家和：

昨日一信写得太匆忙，一则伦敦的日程与港岛的日程显然冲突（除非别有缘故），急于通知你；二则心情太兴奋，情绪乱糟糟的，无从表达，你看了梅馥的短短几行想必也感觉到。年纪大了，我们两人比以前更神经质，一有刺激，不论悲喜，都紧张得不得了，一时无法平静。你的信写得又细致又生动，从接送飞机到饭菜，我们仿佛一一亲历其境。孩子每半年的日程表总预先寄来，我像日历月历一般经常翻阅，对照着地图，在想象中跟着他到东到西，还计算两地的时间差别，常常对梅馥说："此刻他正在某处登台了……此刻他大概在某地的音乐会结束了……今天他正在从某地到某地的飞机上……"和他通信多半长篇累牍的谈艺术，音乐——某个作家，某个作品，谈人生，谈祖国的文化，诗歌，绘画，东方民族的特性。所以虽然离别八载，相距万里，我们并无隔膜。你说的不错，孩子的长处短处都和我们俩相像。侥幸的是他像我们的缺点还不多，程度上也轻浅一些。他有热情，有理想，有骨气，胸襟开阔，精神活跃，对真理和艺术忠诚不贰，爱憎分明，但也能客观的分析原因，最后能宽恕人的缺点和弱点；他热爱祖国，以生为中国人而自豪，却并未流入民族的自大狂。他意志极强（至少在艺术上），自信极强，而并未被成功冲昏头脑，自我批评的精神从未丧失,他对他的演奏很少满意,这是我最高兴的,艺术家就怕自满,自满是停滞的开端,也便是退步的开端。当然他还有许多缺点:主观太强,容易钻牛角尖,虽然事后他会醒悟,当时却很难接受别人的意见,因此不免要走些弯路——主要是在音乐方面;而人事方面也有这个毛病,往往凭冲动,不够冷静,不能克制一时的欲望。他的不会理财,问题就在于此。总之,他的性格非常复杂,有一大堆矛盾:说他悲观吧,他对人生倒也看得开看得透,并且还有"知其不可为而为之"(这是他常常提的一句话)的傻劲;说他乐观吧,对人类的前途却也忧心忡忡。其实这些矛盾在我身上也照样存在。恐怕就因为此,关于他的一举一动,一星半点的消息,特别容易使我激动:他的一切经历,仿佛是另一个"我"的经历。你是老朋友,不至于认为以上的话有替儿子吹嘘的嫌疑。你欣赏他,所以我乐于和你谈谈我对他的看法,同时你站在第三者地位,也可看看我们父子是否真正相互了解。你提到我们的教导,老实说,一大半还是他的天赋。我给他的教育很多不合理的地方,太严太苛求,自己脾气坏,对他"身教"的榜样很不好:这是近十年来我一想起就为之内疚的一点。可是孩子另有一套说法替我譬解,说要是他从小没受过如此严格的教育,他对人生,对痛苦的滋味决不会体味得这么深这么早,而他对音乐的理解也不会像现在这样远远超过他的年龄。平心静气,拿事实来说,他今天的路,没有一条不是我替他开辟的,但毕竟是他自己走下去而走得不无成绩的。例如中国哲学,诗词,绘画,我的确给了他熏陶的机会,可是材料很少;能够从很少的材料中领悟整个民族文化的要点和特色,那都是靠他自己——尤其是靠天赋,他本身的努力除了音乐以外,在别的方面也并不多,甚至很不够,但终究能抓住精神,当然是天赋帮他的忙,我们不能侥天之功以为己有。

　　在电话中曾再三阻止他留钱在香港,不料他还是存了款子在你那里。事实上,我们并无需要。写到此,想起一件事来:你若为音乐会事去电新西兰,电报费务望就在那笔款子项下开支。你是代我们办事,费了心出了力,怎可以再贴钱呢?你知道我的脾气,朋友之间赠送管赠送,代办管代办,两不相混。所以你千万不能客气,免得我们心里不安。我们心里不安,你也不会愿意的,是不是?媳妇与一般的媳妇不同,我们在他们订婚时已感觉到。这几年更证明了这一点。多少人家的儿子在海外娶了亲,对方还是中国女子,同国内的翁姑经常亲亲热热通信的能有几个?更不用说外国媳妇了。当然这也有许多原因:首先是弥拉的本质不错,其次是她的家庭出身,他父亲一开始就尊重我的些少成就,也尊重我是中国文化界的一个代表。他们是从聪的嘴里知道我的为人,也从聪本身的为人处世及艺术上看出我们的家庭。在弥拉的信中,我们清清楚楚知道聪是不断和她提起我们的。另一方面,几年来小夫妻俩有什么不和,我也是一封中文信一封法文信(特意不用英文,不让聪看懂)絮絮叨叨的劝这个劝那个。好在他们自己也很会转圜。听聪对你提到弥拉的话,可见他还是很客观。他也知道"人生"是最高深的一门艺术,而夫妇生活便是这门艺术中最重要的一个科目。

我们真正牵挂的倒是他不会安排经济问题。演奏家的命运——尤其是青年演奏家,多半掺在变化无常的群众手里,一朝时髦风气转了向,很容易门庭冷落的;不有一些积蓄怎么行!何况弄音乐既消耗体力,又消耗精力,在台上如此波动,神经如此紧张(也有冷的艺术家,能不动感情,但聪不是这个类型)。一年到头他飞东飞西,天南地北的奔波,仅仅做到一个收支相抵,到底有些危险。只要略微计算一下,调度得合理一些,照他电话里告诉我们的每月家用,我敢打赌,满可以减少百分之二十的支出,而决不影响他们的生活水平,饮食水平。此事拜托你和他细细谈一谈。

世界上也正有巧事,也就是你所说的缘分,你居然能守在家里接到他的电话!当日晚上不来长途电话,我早猜到原因,我和梅馥说:"那准是怕我们一夜不能睡觉。"骨肉之间的体贴不明说也同样感觉得到。五月三日夜,梅梦见聪还是小娃娃的模样,喂了他奶,他睡着了,她把他放在床上。清早梅馥和我说了,不出半小时就来了电话!我们梦见孩子以及弥拉和小孙儿的事不知道有过多少回,这不过是最近的一次,而正好和电话连在一起!

假定在港演出成为事实的话,即使不招待记者(聪向来不喜欢这一套),个别撞到旅馆来的恐怕还是难免,要挡驾而不得罪他们也不大容易。我知道你善于应付,聪也该有相当经验,不过港九情形复杂,比世界上任何地方都麻烦,报纸的党派背景又错综万状,尚恳事先多与沈先生考虑。目的无非要稳稳当当开完演奏会,既不招惹特殊势力,也不引起国内误会!

关于聪的生平(节目单上),最好不必介绍,事实上也不需要;万一非要不可,最好笼统些,简略些。措辞以平铺直叙为宜,少用夸奖字儿,报纸上的消息尽量简单为妥。想沈先生也是此中老手;只因聪的情形特殊,地位微妙,反而越少宣传越少渲染越好:这一套恐非一般做宣传工作的人所熟悉,故不惮繁琐再和你提一遍。

说到那位沈先生,既然能和聪一见如故,我们也不难想象他是怎样的人品学问(别看聪老堆着笑脸,遇到俗物他也会冷冰冰的似理非理的呢)。请代我们向他深切的致意,深切道谢他帮这许多忙!

这封长信看得你快头昏了,就此带住,并祝

康乐!

安叩

(一九六五年)五月十三日夜

为伦敦日程事,我昨天已另去信要弥拉查对,要她向聪的英国经理人问问清楚。上海—伦敦间的航空信,同港沪之间的信一样,只要六七天。

梅馥在电话中听说她编的小毛绒衫裤,弥拉最喜欢给孩子穿,梅那副得意样儿活像小学生受了老师赞美。她已开始编织周岁的小衣裤了。

芳芳见了聪,印象如何? 很想听听她的意见!

家和:

来信收到还不满一小时,吃完中饭就给你提笔了。你办的事比我们更细到,我们想到的你都办了,我们没想到的,你也办了,真不知从何谢起! 只是一件你没按照我们的心意:你们一家和阿榴的票子(两场)没有算在我们的账上。你想如果我们在港,会让你们自己买票吗? 你此刻是代我们做事,样样要站在我们地位上设想才好。钱是小事,情理上可万万说不过去。望见信后即将此事重新安排,千万千万!

前天(二十四)有位朋友接港九来信报道会期,两场的节目也报了一大半。所以我们已知道定在四日,而且是两场差不多连在一起:我就什么都明白了,我也猜到四日半夜前后他就要上机的;因为港九和伦敦时间相差八小时,他可以争得回家休息二三小时以及和乐队排练一下的时间。

可见六月五日伦敦的一场并未变动，你前信说聪查来查去，只有六月五日有空，可来港，所以我吓了一大跳。现在问题弄清了，我也就放了心。

演出后倘报上有什么评论，望一律剪下（每张写明报名。西报的更要。还有两场的节目单！）寄我。当然港九不会有什么高明的艺术评论家，不过能多看到一些有关孩子的材料总是高兴的。也许演出前后有什么照片，不用我说，你一定也会寄来的。

你们替他安排的住所等等，再妥当没有。只希望端午节下午让他有两小时彻底休息！沈先生将来如回大陆，欢迎他来谈谈。暂时请你先代我们多多致意，多多道谢。送票还远不足言酬劳，且待以后他来沪时再想办法表达我们的心意。

二十三日给聪的信想必先到。我们对他一切放心，就是事务处理上常常要挂念，他到底是艺术家气质太重，对艺术来说是长处，对实际生活来说是短处。而且人事变化无常，世界大局动荡不定，西方的经济也不景气，物价只会涨不会落，做父母的总不免在这些地方操心。

吃东西等等不知他是否很有节制，经常出台的人便是小小的闹肚子也是大大的麻烦事儿。想必你爱之深，护之切，便是他食欲太旺，你也会适当掌握的。别笑我啰嗦：这份心情也便是你照顾芳芳的心情。

今年从五月到六月，无端端忙了你一个月，虽说是快活之事。究竟也劳神劳力，事后望多多休息。

寄烟丝倘是两包，一定要分两次（一在五月，一在六月），否则准被退回。不多写了，等你们电话。我们六月三日一定等到半夜。四日清早八时就起来。匆匆

祝好

安
梅 同上

一九六五年五月二十六日

一切该聪付的账，务望照算，你已经为他破费不少了。要不然更使我们不安。

报刊上不宣传正合乎我们的意思！

家和：

一别十五年，突然听到你的声音，真说不出是什么感觉。奇怪的是你的声音好像变了。大概是电话机的关系吧！你一向声音偏尖，昨天却偏于低沉。倒是阿榴的声音和以前没有大分别。也难为她一个人撑一个家，居然还教琴，她说生活比以前好了些，我们真高兴。（她是否也愿意和我们通通信呢？不妨由你转。）

今天急于写信给你，主要是请你想法找出《大公》、《文汇》两报的材料，不论是事前的新闻还是事后的报道或评论，只要关系到聪的都希望剪寄（请查仔细，勿漏掉）。假如你家里不订，烦托朋友收罗（日子近大概还容易找），这对我有用。其他的评论（包括西文的）以及音乐会的节目单，想你定会收齐寄来的。

刚才又通了二十分钟话，其实是二十小时、二十天也不会餍足的。我们两人一夜未睡好，阿聪说也是如此，而且他已有四五天睡不稳了。我们一家人的气质太像了。像昨天这样一个黄昏两场，也只有他敢顶，而且能顶。幸而是只此一遭，别的地方决无此例，否则再年富力强也不行的。

李太太购画事谈妥没有？不是我们要强挨给她，而是她既要不着（在港她到×古斋挑过，不中意），聪手头又有现成的，乐得给人方便，而聪也了却一件事。只是请你再在电话中提醒李太太，七八两月聪一家多半不在伦敦，如此事不在六月底以前办，只能等到九月初了。（再望告知李太太，画款在伦敦取画时交聪。切勿预付。）

我们寄你的一幅你喜欢吗？我们在家曾挂过三个多月。国内现在就是这一位老辈还有好作品。人也朴实可爱，我虽和他交往历史很浅，倒是挺投机，谈谈艺术，境界理想彼此比较接近。

聪说还得和宋奇通电话，不知他们有什么话提到我们（因为宋氏兄弟五年多不与国内任何人通信）？倘聪与你谈及，请转告我们。这些事聪以后不会在信里报告的。

聪小夫妇间过去常有些小小冲突，我总是两面劝解，为此我就用法文写给弥拉，为的不让聪看懂。今天他在电话中说了弥拉许多好处，我们放心了。总之，聪在这方面又是像我。五天前弥拉来信，说好好坏坏统扯一下，聪的好处远远超过缺点。把两人的话一对照，我们更放心了。再谢谢你的安排、关切、奔走。你我之间当然不必客套,但这份感激的情意不说出来,憋在肚里也不好过。

我们掐指算着,大概十二日左右可收到你的长信了。为了试试目前港沪间航空信究竟有无作用,故此信到的日期,请记下来告我!

祝好

安
梅　同上

(一九六五年)六月五日上午

能否打听到:港音乐厅有多少座位?

和:

读七日信兴奋得直头痛,几年来犯了毛病,一紧张往往头痛欲裂。梅一边看信一边直掉眼泪。难为你和榴不但事前和当时如此忙碌、周到,感情如此激动,事后还要剥夺你们睡眠的时间(榴信同时收到,也是半夜二时写的)给我们长篇报道。从一九五三年第一次出国(去罗马尼亚)起,这是破天荒第一遭知道他三四十小时内的生活细节。他的家信从来不提这些,一则太忙,二则到底是男孩子,不耐烦谈家常琐碎,哪想到做父母的贪心不足,连他走一步路,吃一样东西都想知道呢!你们俩真不愧为好姆妈好爹爹,给聪受到了——在多少年离乡别井、思亲怀国之后,受到了慈母般的温情。可是我很怕他回去以后非但不就写信给你们,甚至会长时期不通消息,使你们失望。这一点他不像我,但愿你们原谅。一天两场演出,原是绝无仅有的,要不是情况特殊,他也不会如此拼命。每年音乐会总数大概在六十次左右,决不可能再多。有几个月忙些,七八两月总是淡月,好休息一下。他的手早于几年前保了险;乘坐飞机保险与否,待我去信问他,谢谢你提醒我!

从六〇年开始我再三劝他尽量减少开支,减少演出;在艺术中最消耗人的是音乐,比演戏还厉害,连续两小时以上的神经与感情的紧张实在伤人。可是他有他的苦衷,说辞掉一个邀请可能永远失去一个机会,年轻的演奏家更不能让他的名字冷下来;西方艺术界竞争十分尖锐,你不接受的约会,别人立刻凑过来拿去了。这就是西方世界的你死我活的生存竞争,有什么办法呢？我只能叫他尽量抑制情感，不要太整个儿浸入音乐；但不这样又丧失了活力，吸引不了听众：说来说去都是矛盾。何况气质、本性决定一切，要他接触音乐而不浑身投进去，根本办不到；因为他身心的沉溺，并非有意识的（更不是有意借此吸引人），而是像钢铁遇上了磁石，身不由主，情不自禁。这是艺术家的致命伤，也是艺术家的可贵处。当然大多数属于"冷的"一型的演奏家不是这个情形，因为他们有的是另外一种气质。

沈先生已于前日来信，提到环境的复杂，客观效果恐怕聪的演出仍对祖国不利。所以我想看看大小各报（包括当地所有的刊物）的消息或报道或评论，即使是三言两语也值得我在字里行间琢磨一番，研究研究。可惜你把中文报的材料寄去伦敦，要他再寄回来是不大可能的。别以为他做事认真，有些地方还是挺马虎的。前信我请你专门收集两份报纸的材料，倘使他们一字不提，也还是一种态度，请告诉我。音乐会两场的节目，可否请芳芳抄一份寄来？西文报未提到第二场下半段，四日下午电话中也未细问，怕浪费时间。说到电话，你可知道每三分钟要多少港币？他这两次电话大概花了一大笔钱吧？

四日电话梅讲了一会儿，聪就说要穿衣了，我们只道他是预备穿衣出门过海，谁知旅馆和会场倒近在咫尺，电话是在浴缸内浑身涂满肥皂接的！真正太像电影镜头了！

六月四日我们一直等到夜十一时半才上床，明知他到的晚，怕打扰我们睡眠，大概不会来电话；但仍作万一的准备。从四日清早起（其实从二日夜，他在新西兰最后一场演出时起）我们的心已经时时刻刻念着他了。不但如此，有一位朋友也从四日下午六时起到晚上九时都在想着聪。所以你说我们时时刻刻和你们在一起是一点不错的。你们的接机送旅馆等等，我们脑子里都一一预演过了！

聪弹《牧童短笛》另有特色，完全在琴上传出笛子的音色，一九五三年在国内弹的时候，作曲家本人即大为欣赏。港地侨胞多，怪不得他要作为 encore piece［加奏曲］了。

他此次急于抓住机会在港登台，我猜想还有一个对谁都没说出来的理由。他最不喜欢人家把他的艺术生涯和他的岳父联系在一起，仿佛他在艺术界沾了岳父的光;尽管他与岳父合作得到不少启发,尽管他非常尊重岳父的为人和艺术成就,但他自己的些少成就决不愿意有依赖他人的嫌疑。明年不是有与岳父同来的可能吗?他要不先独自登台打定天下,明年在外人心目中难免不显得他是沾了丈人的光。你看我猜得对不对?

明年的事第一要看大局,眼前不能存什么希望。至于团聚,更不是我们自己做得了主的。再说我也怕受不起这样强烈的刺激:人老了,多一次悲欢离合,心上多刻上一条伤痕;归根到底,我还是旧中国人的脾气,感情方面能够适可而止还是有好处。客观的可能性主要决定于上面对此次演出的看法,而当地各方面的反应也可能影响上面的看法。因此我更想看遍港岛的报刊。总之,此事微妙得不得了,一切很难预料。

你们前后紧张一个月,这几天可曾平静下来?睡眠有没有补足?这样深厚的友情不是言语所能形容的,有你们这样的朋友,我们俩人这一辈子也不算白活了。至德不言谢,谢也无从谢起。但望多多休息,百事顺利,芳芳继续成功!

安

一九六五年六月十三日晚

聪可曾与你提起与宋伯伯(奇)通话内容?他一回去不会再报告的了,问他也没用。

虽然也给榴去了信,此信还是希望给她一阅,内容不完全相同。

李太太购画事下文如何?也许你在下一信中已经提了。五日、七日各发一信,收到没有?以后寄烟丝,望绝对勿超过二百公分。

连带芳芳、咪咪也为着聪忙了一大阵,真叫人感动。

和:

午前接十二日信。芳芳的眼睛,我看主要是强烈的水银灯刺激所致,第一要休息,静静的养,书报也不要看。中医吃平肝清凉的药固然不错,但熏眼是否相宜**还得考虑**(此刻打不着电话,夜里问了好中医再写信告诉你)。病既然由于刺激,当然不能再用刺激去对付,便是药物的刺激恐怕也有弊无利。这是凭常识说的,明儿再告你,我的话对不对。但愿不要受了红外线或紫外线灼伤就上上大吉了。这是职业病,急也无用,病人自己更不能急。越急越糟。五九年至六〇年间我目光大退，眼科医生就要我休息三个月，并警告说，再让眼神经疲劳下去，即有失明危险。我就三个月不工作，只翻翻碑帖字画消遣。拍片只能暂停，有什么办法呢？厂方也该从长远着眼，坏了明星对他们营业有什么好处？事情固然叫人焦心，但也只能耐着性子挨过去。你做母亲的更要强作镇静，劝芳芳；否则两人一紧张，更不好。但望一切能快快过去。只是养病要养透，才好一些就去拍片，只会使病复发，并且加深。可惜你们那儿没有真正的好医生，肯替病家从根本上着想！

你们和沈君帮的忙，具体虽不知道，大概是哪几方面，我早已琢磨出来，和梅谈了又谈，不止一二次了。环境的复杂，地位的微妙，实在不易安排。此次平安无事，不能不归功于你们的周到和努力，也是几年来你人缘太好的缘故。沈四日信中有句话（仍被人作为攻击新中国的工具），使我很不放心，已去信问他究竟。你们报刊太多，你未必全看到，他的话必有道理。即使事情不大，无关重要，也好让我们提高警惕。本来天下哪有十全十美，百无一失的事呢？眼前这样的结果，已经是圆满透了。

聪夫妻之间的小争执总是难免，我两面劝解，他们事后也还能冷静思索，大概不至于成大问题。老实讲，做艺术家的妻子也大不容易，既要会处理家务，又要帮外场；既要懂实际，又要有理想，能悟到（并且同情）艺术家的诗情画意式的幻梦：这样的文武全才不是跟一个出色的艺术家同样可遇而不可求吗？再说聪脾气来时也不比我好弄，你别看他温顺得像处女，以为他真是像了梅馥。他自己也知道，常说既然自己缺点一大堆，如何能对人苛求，要妻子成为完人呢？归根结底。我们做父母的也只能对孩子做到一个"竭尽所能"，后果如何也不敢多想。人生的路程不走到尽头，谁敢叫恭喜？有时也想得很穿，大家多多少少全是泥菩萨过江，只要尽到自己的责任就算了。换句话说，我一方面是"知其不可为而为之"，一方面也并不存多大希望或幻想。何况结一结总账，我们一家一辈子也很幸运，也该知足的了。你是爱友心切，爱才心热，想得远，想得多；我也和你一样，只是人到底是人，能力精力样样有个限度；说到末了，还是一句老话：儿孙自有儿孙福！要不然，我和梅平时更要睡不着觉了。

你介绍司马烈一家，的确对聪和弥拉大有益处，只怕他们时间挤不出,不能常常去接近他们;不过认识总是好的,开了头以后总有机会来往,耳濡目染,对弥拉也是极好的教育。据聪的岳母(弥拉的后母)来信,弥拉已逐渐成熟,比前几年有进步。弥拉也常有心里话说给我们听,我抚躬自问,她说的聪的毛病决不是虚构。夫妇不论国籍同异,终归是家务事一言难尽,也不能一定怪怨哪一方。只要相处日久,能相忍相让,到了相当年纪也就保险了。所谓少年夫妻老来伴!

你和榴这一回恐怕是到了一生中若干次感情最高潮中的一次,不但是由于你们俩友情深厚,一部分也由于对艺术对祖国对民族的感情。我不是要再一次表示感激,却是要你们知道,我最欣赏最钦佩的就是这种爱美,爱善,爱真理,爱自己的国家和文化的热情。不遇到适当的机会,这类感情也是无从表现的,便是至亲好友也无从知道的。

宋氏一家对我们一向很好,他和乃震也相处不坏,记得乃震去世后他也表示过友情。这几年想必另有一些小误会。他与国内已多年不通音信,老太太在世时即已如此,连家信都不写了。他有他的理由,我约略猜得出来。可是上海的房子有不少问题要处理,我想写信由你转寄给他,不知是否方便?乞告知!不方便也就算了,勿勉强。五日聪电话中好像提到有人送花篮,你能告诉我是哪几位吗?

榴给我的地址是侯王道何家园十一号林宅转,我复了信去;过了六小时又接她短信,说是侯王道写错了,应是侯王庙。我的信能否送到,要看我和她的运气了。

七日寄你聪的家信抄本望转寄她一阅。大家都是从小看他淘气惯的,现在变了成人,自然有不少感慨,看看他的家信想来也是一种乐趣。

托买月季花的书,我再把书名写一遍,怕你日久找不到。便时只消去书店把名字交给他们,付足书价及邮费(入我们账),托书店代寄就行。

你问的画价,大的国内一百五十,只是寄不出(要外边寄外汇来买,公家即不允许以此价结算;而且不论以什么价结算,最近根本不允寄出。此是我二十天前亲自向有关机构问明的,故李太太还想向国内定,简直是单相思)。小的无价,因平时不画,我们朋友要的话,他临时给画,随人送,不计较(大概三十至五十)。上次寄你能收到,完全是碰运气。他国外市价大约五十镑,港岛更贵,自五百至二千五百港币不等,但与他本人不相干,价不是他定的。过去他只在国内照国内价收款，后来听说交中艺公司(是他们要，不是他主动委托)作代售性质，由中艺抽成。到底怎样，也不知道。因好久未见，上述办法不知是否实行。

忙了这么久，写了这么多信，少睡了多少钟点，你精神恢复了没有？惦记得不得了。梅在家也是从早忙到晚，全是莫名其妙的琐碎事儿，她这回不写信了，只和我一起问你好，希望你们姊妹母女一切保重！

安叩

一九六五年六月十七日

梅的老花眼镜(二百度)已有两副，你只配一副当然要受窘了。

和：

月季花的书已收到好几天，谢谢你费心。我们园中月季花有了近十年，一向听其自然。近来想好好培养一下，所以要弄些书来学习学习。梅馥已学会"接芽"，可以在普通蔓藤类的野蔷薇上接上名贵的品种：她每天忙着浇水，施肥，打农药灭虫，防病害，忙个不了。可惜我们没有彩色软片，否则等秋天第二次盛开时可以拍些照片献献成绩。

从五月中旬到六月初，一切中文报的文字内容，我们最近全知道了；聪的反应(虽然他至今尚未来信)我们也知道了。只怪我事前对港岛反动派的形势太隔膜，估计不足；要不然就不会于五月初在电话中同意孩子演出；而且他原说是明年，我告他可于回英后再从长考虑；没想到他性急，说做就做，竟提早在今年六月！客观效果到底给反动派造成一个攻击新中国的机会，这一点聪是决不愿意的。我想他这次回去，心情复杂得很；大概经过这番教训，以后不会再来的了。我今天也已去信告诉他：台湾一日不解放，港九一日来不得！换了一个无名小卒就没有关系，有了虚名，事情就大不相同。至于恼羞成怒，骂他弹琴是中学生程度，我想他连一笑置之都觉得犯不上；我们听了更是高兴！至少间接替他撇清，显出了他的态度和立场。《文汇》、《大公》从头至尾一字不提，正是反映了国内对聪的谅解与爱护；只是平白无故叫沈君受累，真正过意不去。回过来想一想，也亏得沈君居间出力，聪此次引起的风波不至于太大；归根结底，还得再谢谢你有此眼力介绍这样一个朋友！

261

看来骨肉团聚的时机还很遥远，我们也不急，更谈不上心中不快。古庙孤僧的日子我们久已过惯，一切已经很知足。儿女与朋友一样，只要彼此精神无隔膜，双方的心常在一起，不就上上大吉了吗？对人生太苛求，只能自讨苦吃。

芳芳沉默寡言，其实像乃震，演电影的少女有此性格是一种安全，你千万别怪怨她。你既打算不久送她出国读书，这种做学问最需要的"沉默"和"庄重"，确是应当鼓励的。她将来预备念什么呢？可是英国文学？好好的进大学弄一个正途出身，至少好当一名高级的教师；在你们那个社会中比当影星前途要光明得多。你知道我的脾气和人生观：估量一个人从来不用名利做标尺的。名利是副产品，清清白白做人才是主要目标，合本逐末，结果恐怕反而两头落空；这些迂腐的话，你听了要笑我吗？

老舍最精的作品是《骆驼祥子》、《我这一辈子》。其他的短篇集子都可以看。芳芳看了有何疑问尽管写信来（谈谈感想也好）。解放后新作家也有出色的，如杜鹏程《保卫延安》，赵树理《小二黑结婚》、《三里湾》，香港想必有书店专售进步作品的。国内这些书倒反常常脱销，买不到。

聪带回去的"健素"已寄到，只是海关规程又变了，西欧来的药品与港澳来的已同样需要医院证明，此次相当费事才领到，以后非万不得已，不想再叫他寄药了。天热头昏脑涨，下次再写，恕草率。

安叩

一九六五年七月十六日

一九六五年九月十二日夜

聪：好容易等了三个月等到你的信，妈妈看完了叹一口气，说："现在又不知要等多久才能收到下一封信了！"今后你外出演奏，想念凌霄的心情，准会使你更体会到我们怀念你的心情。八月中能抽空再游意大利，真替你高兴。Perugia（佩鲁贾）是拉斐尔的老师 Perugino（佩鲁吉诺）①的出生地，他留下的作品一定不少，特别在教堂里。Assisi（阿西西）是十三世纪的圣者 St. Francis（圣弗朗西斯）的故乡，他是"圣芳济会"（旧教中的一

---

① 彼得罗·佩鲁基诺（1450—1523），意大利壁画家。

派)的创办人,以慈悲出名,据说真是一个鱼鸟可亲的修士,也是朴素近于托钵僧的修士,没想到意大利那些小城市也会约你去开音乐会。记得 Turin,Milan,Perugia(都灵,米兰,佩鲁贾)你都去过不止一次,倒是罗马和那不勒斯,佛罗伦萨,从未演出。有些事情的确不容易理解,例如巴黎只邀过你一次;Etiemble(艾田蒲)①信中也说:"巴黎还不能欣赏 votre fils(你的儿子)。"难道法国音乐界真的对你有什么成见吗?且待明年春天揭晓!

说法朗克不入时了,nobody asks for(无人问津),那么他的小提琴朔拿大怎么又例外呢?群众的好恶真是莫名其妙。我倒觉得 *Variations Symphoniques*(《变奏交响曲》)并没一点"宿古董气",我还对它比圣桑斯的 *Concertos*(《协奏曲》)更感兴趣呢! 你曾否和岳父试过 Chauson(肖松)②? 记得二十年前听过他的小提琴朔拿大,凄凉得不得了,可是我很喜欢。这几年可有机会听过 Duparc(迪帕克)③的歌? 印象如何? 我认为比 Faure(弗雷)④更有特色。你预备灌 *Ländler*(《兰德勒舞曲》),我听了真兴奋,但愿能早日出版。从未听见过的东西,经过你一再颂扬,当然特别好奇了。你觉得比他的 *Impromptus*(《即兴曲》)更好是不是? 老实说,舒伯特的 *Moments Musicaux*(《瞬间音乐》)对我没有多大吸引力。

弄 chamber music(室内乐)的确不容易。personality(个性)要能匹配,谁也不受谁的 outshine(一枝独秀),是可遇而不可求的。事先大家意见一致,并不等于感受一致,光是 intellectual understanding(理性的了解)是不够的;就算感受一致了,感受的深度也未必一致。在这种情形之下,当然不会有什么 last degree conviction(坚强的信念)了。就算有了这种坚强的信念,各人口吻的强弱还可能有差别:到了台上难免一个迁就另一个,或者一个压倒另一个,或者一个满头大汗的勉强跟着另一个。当然,谈到这些已是上乘,有些 *duet sonata*(《二重奏奏鸣曲》)的演奏者,这些 trouble(困难)根本就没感觉到。记得 Kentner(肯特纳)和你岳父灌的 Franck,Beethoven(法朗克,贝多芬),简直受不了。听说 Kentner(肯特纳)

---

① 艾田蒲(1909—2002),法国汉学家。
② 埃尔内斯特·肖松(1855—1899),法国作曲家。
③ 迪帕克(1848—1933),法国作曲家。
④ 弗雷(1845—1924),法国作曲家。

的音乐记忆力好得不可思议,可是记忆究竟跟艺术不相干:否则电子计算机可以成为第一流的音乐演奏家了。

最近正在看卓别林的《自传》(一九六四年版),有意思极了,也凄凉极了。我一边读一边感慨万端。主要他是非常孤独的人,我也非常孤独:这个共同点使我对他感到特别亲切。我越来越觉得自己 detached from everything(对一切都疏离脱节),拼命工作其实只是由于机械式的习惯,生理心理的需要(不工作一颗心无处安放),而不是真有什么 conviction(信念)。至于嗜好,无论是碑帖、字画、小古董、种月季,尽管不时花费一些精神时间,却也常常暗笑自己,笑自己愚妄,虚空,自欺欺人的混日子!

卓别林的不少有关艺术的见解非常深刻,中肯;不随波逐流,永远保持独立精神和独立思考,原是一切第一流艺术家的标记。他写的五十五年前｛我只二三岁｝的纽约和他第一次到那儿的感想,叫我回想起你第一次去纽约的感想——颇有大同小异的地方。他写的第一次大战前后的美国,对我是个新发现:我怎会想到一九一二年已经有了摩天大厦和 Coca-Cola(可口可乐)呢? 资本主义社会已经发展到那个阶段呢? 这个情形同我一九三〇年前后认识的欧洲就有很大差别。

一九六五年十月四日

聪,九月二十九日起眼睛忽然大花,专科医生查不出原因,只说目力疲劳过度,且休息一个时期再看。其实近来工作不多,不能说用眼过度,这几日停下来,连书都不能看,枯坐无聊,沉闷之极。但还想在你离英以前给你一信,也就勉强提起笔来。

两周前看完《卓别林自传》,对一九一〇至一九五四年间的美国有了一个初步认识。那种物质文明给人的影响,确非我们意料所及。一般大富翁的穷奢极欲,我实在体会不出有什么乐趣而言。那种哄闹取乐的玩意儿,宛如五花八门,光怪陆离的万花筒,在书本上看看已经头晕目迷,更不用说亲身经历了。像我这样,简直一天都受不了;不仅心理上憎厌,生理上神经上也吃不消。东方人的气质和他们相差太大了。听说近来英国学术界也有一场论战,有人认为要消灭贫困必须工业高度发展,有的人说不是这么回事,记得一九三〇年代我在巴黎时,也有许多文章讨论过类似的题目。改善生活固大不容易;有了物质享受而不受物质奴役,弄得身不由主,无穷无尽的追求奢侈,恐怕更不容易。过惯淡泊生活的东方旧知识分子,也难以想象二十世纪西方人对物质要求的胃口。其实人类是最会生活的动物,也是最不会生活的动物;我看关键是在于自我克制。以往总觉得奇怪,为什么结婚离婚在美国会那么随便。《卓别林自传》中提到他最后一个{也是至今和好的一个}妻子乌娜时:有两句话:As I got to know Oona I was constantly surprised by her sense of humor and tolerance;she could always see the other person's point of view... (我认识乌娜后,我不断地被她的幽默感和宽容惊到,她总是能明白其他人的观点……)从反面一想,就知道一般美国女子的性格,就可部分的说明美国婚姻生活不稳固的原因。总的印象:美国的民族太年轻,年轻人的好处坏处全有;再加工业高度发展,个人受着整个社会机器的疯狂般的 tempo(节奏)推动,越发盲目,越发身不由主,越来越身心不平衡。这等人所要求的精神调剂,也只能是粗暴,猛烈,简单,原始的娱乐;长此以往,恐怕谈不上真正的文化了。

　　二次大战前后卓别林在美的遭遇,以及那次大审案,都非我们所能想象。过去只听说法西斯蒂在美国抬头,到此才看到具体的事例。可见在那个国家,所谓言论自由、司法独立等等的好听话,全是骗骗人的。你在那边演出,说话还得谨慎小心,犯不上以一个青年艺术家而招来不必要的麻烦。于事无补,于己有害的一言一语,一举一动,都得避免。当然你早领会这些,不过你有时仍旧太天真,太轻信人{便是小城镇的记者或居民也难免,没有 spy(间谍)注意你},所以不能不再提醒你!

一九六六年

一九六六年一月四日

　　聪,亲爱的孩子,为了急于要你知道收到你们俩来信的快乐,也为了要你去瑞典以前看到此信,故赶紧写此短札。昨天中午一连接到你、弥拉和你岳母的信,还有一包照片,好像你们特意约齐有心给我们大大快慰一下似的,更难得的是同一邮班送上门! 你的信使我们非常感动,我们有你这样的儿子也不算白活一世,更不算过去的播种白费气力,我们的话,原来你并没当作耳边风，而是在适当的时间都能一一记起，跟你眼前的经验和感想作参证。凌霄一天天长大，你从他身上得到的教育只会一天天加多；人便是这样：活到老，学到老，学到老，学不了！可是你我都不会接下去想：学不了，不学了！相反，我们都是天生的求知欲强于一切。即如种月季，我也决不甘心以玩好为限，而是当作一门科学来研究；养病期间就做这方面的考据。

提到莫扎特，不禁想起你在李阿姨（蕙芳）处学到最后阶段时弹的 *Romance*（《浪漫曲》）和 *Fantasy*（《幻想曲》），谱子是我抄的，用中国式装裱；后来弹给百器听（第一次去见他），他说这是 artist（音乐家）弹的，不是小学生弹的。这些事，这些话，在我还恍如昨日，大概你也记得很清楚，是不是？

关于裴辽士和李斯特，很有感想，只是今天眼睛脑子都已不大行，不写了。我每次听裴辽士，总感到他比特皮西更男性，更雄强，更健康，应当是创作我们中国音乐的好范本。据罗曼·罗兰的看法，法国史上真正的天才{罗曼·罗兰在此对天才另有一个定义，大约是指天生的像潮水般涌出来的才能，而非后天刻苦用功来的。}作曲家只有皮才和他两个人。

你每月寄二十五磅，以目前而论还嫌多了些；不过既然常有税款支出，也好借此挹注①但愿此数真的不至于使你为难！我们尽管收了你的钱，心里总是摆脱不开许许多多矛盾。② 弥拉这回的信，感情特别重，话也说得真体贴，有此好媳妇，我们也是几生修的！希望你也知足，以此自豪，能有这样的配偶也是你的大幸，千万别得福不知。家里有了年轻的保姆，处处更得小心谨慎，别闹误会。

你们俩描写凌霄的行动笑貌，好玩极了。你小时也很少哭，一哭即停，嘴唇抖动未已，已经抑制下来：大概凌霄就像你。你说得对：天真纯洁的儿童反映父母的成分总是优点居多；教育主要在于留神他以后的发展，只要他有我们的缺点露出苗头来，就该想法防止。他躺在你琴底下的情

---

① 挹注，原意为把液体从一个容器中舀出，倒入另一个容器。
② 此前傅雷夫人写给傅聪的信中，提到家中经济状况：傅雷译作再版版税取消，收入锐减，再加上傅雷健康出了问题，翻译减产，生病花费日增，积蓄日少，故向傅聪求助。之前三年自然灾害期间，傅雷夫人也写信给傅聪嘱寄食品之类。对于傅雷夫妇，每次向儿子求助都是充满了矛盾和难过。

景,真像小克利斯朵夫,你以前曾以克利斯朵夫自居,如今又出了一个小克利斯朵夫了,可是他比你幸运,因为有着一个更开明更慈爱的父亲![你信上说他 completely transferred,dreaming(完全转移了,像做梦),应该说 transported(欣喜若狂);"transferred(转移)"一词只用于物,不用于人。我提醒你,免得平日说话时犯错误。]三月中你将在琴上指挥,我们听了和你一样 excited(兴奋)。望事前多作思想准备,万勿紧张!

一九六六年二月十七日

聪:要闲着一事不做,至少是不务正业,实在很不容易。尽管硬叫自己安心养病,耐性等待,可是总耐不住,定不下心。嘴里不说,精神上老觉得恍恍惚惚,心里虚忒忒的,好像虚度一日便对不起自己,对不起一切。生就的脾气如此难改,奈何奈何!目力在一月十七至二十七日间一度骤然下降,几乎每秒昏花;幸而不久又突然上升,回复到前数月的情形,暂时也还稳定,每次能看二十分钟左右书报。这两天因剧烈腹泻(近乎食物性中毒的大水泻),昏花又厉害起来,大概是一时现象。……

今冬你们经常在严寒袭击之下,我们真担心你们一家的健康,孩子幼小,经得起这样的大冷吗?弥拉容易感冒,是否又闹了几次"流感"?前十日报上说英国盛传此病。加上你们电气煤气供应不足,想必狼狈得很了?

一月十五日以后的北欧演出,恐怕你都未去成?St. Andrews(圣安德鲁)的独奏会不是由 Lili Kraus(莉莉·克劳斯)代了吗?但愿你身体还好,减少那几场音乐会也不至于对你收入影响太大!

九月是否去日本,已定局否?为期几日,共几场?倘过港,必须早早通知,我们守在家中等电话!

三月十五日后的法国演出,到底肯定了没有?务望详告!巴黎大学的 Monsieur Etiemble(艾田蒲先生)一定要送票!他待我太好了,多年来为我费了多少心思搜求书籍。……

世局如此,美国侵越战争如此残暴,心里说不出有多少感慨和愤懑。你秋天去日本能否实现,也得由大势决定,是不是?

李兹的朔拿大练得成绩如何?望多谈谈你们的生活近况和你的艺术进度,以排遣我病中的愁闷!

一九六六年四月十三日

亲爱的孩子，一百多天不接来信，在你不出远门长期巡回演出的期间，这是很少有的情况。不知今年各处音乐会的成绩如何？李兹的朔拿大练出了没有？三月十八日自己指挥的效果满意不满意？一月底曾否特意去美和董氏合作？即使忙得定不下心来，单是报道一下具体事总不至于太费力吧？我们这多少年来和你争的主要是书信问题，我们并不苛求，能经常每隔两个月听到你的消息已经满足了。我总感觉为日无多，别说聚首，便是和你通讯的乐趣，尤其读你来信的快慰，也不知我还能享受多久。十二张唱片，收到将近一月，始终不敢试听。旧唱机唱针粗，唱头重，新近的片子录的纹特别细，只怕一唱即坏。你的唱机公司 STUDIO99（九十九工作室）前日来信，说因厂家今年根本未交过新货，故迟迟至今。最近可有货到，届时将即寄云云，大概抵沪尚需二三个月以后，待装配停当，必在炎夏矣。目前只能对寄来新片逐一玩赏题目，看说明，空自向往一阵，权当画饼充饥。此次巴黎印象是否略佳，群众反应如何？Etiemble（艾田蒲）先生一周前来信，谓因病未能到场为恨，春假中将去南方养病，我本托其代收巴黎评论，如是恐难如愿。倘你手头有，望寄来，妈妈打字后仍可还你。Salle Gaveau（嘉沃室）我很熟悉，内部装修是否仍然古色古香，到处白底描金的板壁，一派十八世纪风格？用的琴是否 Gaveau（嘉沃）本牌？法国的三个牌子 Erard－Gaveau－pleyel（埃拉尔－嘉沃－普莱耶尔）你都接触过吗？印象怎样？两年多没有音乐杂志看，对国外乐坛动态更生疏了，究竟有什么值得订阅的期刊，不论英法文，望留意。*Music & Musicians*（《音乐与音乐家》）的确不够精彩，但什么风都吹不到又觉苦闷！

两目白内障依然如故，据说一般进展很慢，也有到了某个阶段就停滞的，也有进展慢得觉察不到的：但愿我能有此幸运。不然的话，几年以后等白内障硬化时动手术，但开刀后的视力万万不能与以前相比，无论看远看近，都要限制在一个严格而极小的范围之内。此外，从一月起又并发慢性结膜炎，医生说经常昏花即由结膜炎分泌物沾染水晶体之故。此病又是牵丝得厉害，有拖到几年之久的。大家劝我养身养心，无奈思想总不能空白，不空白，神经就不能安静，身体也好不起来！一闲下来更是上下古今的乱想，甚至置身于地球以外：不是陀斯朵伊夫斯基式的胡思乱想，而是在无垠的时间与空间中凭一些历史知识发生许多幻想，许多感慨。总而言之是知识分子好高骛远的通病，用现代语说就是犯了客观主义，没有阶级观点……其实这类幻想中间，也掺杂不少人类的原始苦闷，对生老病死以及生命的目的等等的感触与怀疑。我们从五四运动中成长起来的一辈，多少是怀疑主义者，正如文艺复兴时代和十八世纪法国大革命前的人一样，可是怀疑主义又是现社会的思想敌人，怪不得我无论怎样也改造不了多少。假定说中国的读书人自古以来就偏向于生死的慨叹，那又中了士大夫地主阶级的毒素（因为不劳而获才会有此空想的余暇）。说来说去自己的毛病全知道，而永远改不掉，难道真的是所谓"彻底检讨，坚决不改"吗？我想不是的。主要是我们的时间观念，或者说 time sense（时间观念）和 space sense（空间观念）比别人强，人生一世不过如白驹过隙的话，在我们的确是极真切的感觉，所以把生命看得格外渺小，把有知觉的几十年看作电光一闪似的快而不足道，一切非现实的幻想都是从此来的，你说是不是？明知浮生如寄的念头是违反时代的，无奈越老越是不期然而然的有此想法。当然这类言论我从来不在人前流露，便在阿敏小蓉之前也绝口不提，一则年轻人自有一番志气和热情，我不该加以打击或则泄他们的气；二则任何不合时代的思想绝对不能影响下一代。因为你在国外，而且气质上与我有不少相似之处，故随便谈及。你要没有这一类的思想根源，恐怕对 Schubert（舒伯特）某些晚期的作品也不会有那么深的感受。

近一个多月妈妈常梦见你，有时在指挥，有时在弹 Concerto（协奏曲）。也梦见弥拉和凌霄在我们家里。她每次醒来又喜欢又伤感。昨晚她说现在觉得睡眠是桩乐事，可以让自己化为两个人，过两种生活：每夜入睡前都有一个希望——不仅能与骨肉团聚，也能和一二十年隔绝的亲友会面。我也常梦见你，你琴上的音乐在梦中非常清楚。

从照片上看到你有一幅中国装裱的山水小中堂，是真迹还是复制品？是近人的抑古代的？

本月份只有两整天天晴，其余非阴即雨，江南的春天来得好不容易，花蕾结了三星期，仍如花生米大。身上丝棉袄也未脱下。

一九六六年六月三日

聪，五月十七日航空公司通知有电唱盘到沪。去面洽时，海关说制度规定：私人不能由国外以"航空货运"方式寄物回国。妈妈要求通融，海关人员请示上级，一星期后回答说：必须按规定办理，东西只能退回。以上情况望向寄货人STUDIO99（九十九工作室）说明。倘能用"普通邮包"寄，不妨一试。若伦敦邮局因电唱盘重量超过邮包限额，或其他原因而拒收，也只好作罢。譬如生在一百年前尚未发明唱片的时代，还不是同样听不到你的演奏？若电唱盘寄不出，或下次到了上海仍被退回，则以后不必再寄唱片。你岳父本说等他五十生辰纪念唱片出版后即将寄赠一份，请告他暂缓数月，等唱盘解决后再说。我记错了你岳父的生年为一九一七，故贺电迟了五天才发出；他来信未提到（只说收到礼物），不知电报收到没有？我眼疾无进步，慢性结膜炎也治不好。肾脏下垂三寸余，常常腰疼，不能久坐，一切只好听天由命。国内文化大革命闹得轰轰烈烈，反党集团事谅你在英亦有所闻。我们在家也为之惊心动魄，万万想不到建国十七年，还有残余资产阶级混进党内的分子敢如此猖狂向党进攻。大概我们这般从旧社会来的人对阶级斗争太麻痹了。愈写眼愈花，下回再谈。一切保重！问弥拉好！妈妈正在为凌霄打毛线衣呢！

五月底来信及孩子照片都收到。你的心情我全体会到。工作不顺手是常事，顺手是例外，彼此都一样。我身心交疲，工作的苦闷（过去）比你更厉害得多。

妈妈五月初病了一个月，是一种virus（病毒）所致的带状疱疹，在左胸左背，很难受。现已痊愈。

给傅敏的信

一九六二年

一九六二年三月八日

亲爱的孩子……对恋爱的经验和文学艺术的研究，朋友中数十年悲欢离合的事迹和平时的观察思考，使我们在儿女的终身大事上能比别的父母更有参加意见的条件。……

首先态度和心情都要尽可能的冷静。否则观察不会准确。初期交往容易感情冲动，单凭印象，只看见对方的优点，看不出缺点，甚至夸大优点，美化缺点。便是与同性朋友相交也不免如此，对异性更是常有的事。许多青年男女婚前极好，而婚后逐渐相左，甚至反目，往往是这个原因。感情激动时期不仅会耳不聪，目不明，看不清对方；自己也会无意识的只表现好的方面，把缺点隐藏起来。保持冷静还有一个好处，就是不至于为了谈恋爱而荒废正业，或是影响功课或是浪费时间或是损害健康，或是遇到或大或小的波折时扰乱心情。

所谓冷静，不但是表面的行动，尤其内心和思想都要做到。当然这一点是很难。人总是人，感情上来，不容易控制，年轻人没有恋爱经验更难维持身心的平衡，同时与各人的气质有关。我生平总不能临事沉着，极容易激动，这是我的大缺点。幸而事后还能客观分析，周密思考，才不至于使当场的意气继续发展，闹得不可收拾。我告诉你这一点，让你知道如临时不能克制，过后必须由理智来控制大局：该纠正的就纠正，该向人道歉的就道歉，该收篷时就收篷，总而言之，以上二点归纳起来只是：感情必须由理智控制。要做到，必须下一番苦功在实际生活中长期锻炼。

我一生从来不曾有过"恋爱至上"的看法。"真理至上""道德至上""正义至上"这种种都应当作为立身的原则。恋爱不论在如何狂热的高潮阶段也不能侵犯这些原则。朋友也好,妻子也好,爱人也好,一遇到重大关头,与真理、道德、正义……等等有关的问题,决不让步。

其次,人是最复杂的动物,观察决不可简单化,而要耐心、细致、深入,经过相当的时间,各种不同的事故和场合。处处要把科学的客观精神和大慈大悲的同情心结合起来。对方的优点,要认清是不是真实可靠的,是不是你自己想象出来的,或者是夸大的。对方的缺点,要分出是否与本质有关。与本质有关的缺点,不能因为其他次要的优点而加以忽视。次要的缺点也得辨别是否能改,是否发展下去会影响品性或日常生活。人人都有缺点,谈恋爱的男女双方都是如此。问题不在于找一个全无缺点的对象,而是要找一个双方缺点都能各自认识,各自承认,愿意逐渐改,同时能彼此容忍的伴侣。(此点很重要。有些缺点双方都能容忍;有些则不能容忍,日子一久即造成裂痕。)最好双方尽量自然,不要做作,各人都拿出真面目来,优缺点一齐让对方看到。必须彼此看到了优点,也看到了缺点,觉得都可以相忍相让,不会影响大局的时候,才谈得上进一步的了解;否则只能做一个普通的朋友。可是要完全看出彼此的优缺点,需要相当时间,也需要各种大大小小的事故来考验;绝对急不来!更不能轻易下结论(不论是好的结论或坏的结论)!唯有极坦白,才能暴露自己;而暴露自己的缺点总是越早越好,越晚越糟!为了求恋爱成功而尽量隐藏自己的缺点的人其实是愚蠢的。当然,在恋爱中不知不觉表现出自己的光明面,不知不觉隐藏自己的缺点,不在此例。因为这是人的本能,而且也证明爱情能促使我们进步,往善与美的方向发展,正是爱情的伟大之处,也是古往今来的诗人歌颂爱情的主要原因。小说家常常提到,我们在生活中也一再经历:恋爱中的男女往往比平时聪明;读起书来也理解得快;心地也往往格外善良,为了自己幸福而也想使别人幸福,或者减少别人的苦难;同情心扩大就是爱情可贵的具体表现。

事情主观上固盼望必成,客观方面仍须有万一不成的思想准备,为了避免失恋等等的痛苦,这一点"明智"我觉得一开头就应当充分掌握。最好勿把对方作过于肯定的想法,一切听凭自然演变。

总之,一切不能急,越是事关重要,越要心平气和,态度安详,从长考虑,细细观察,力求客观! 感情冲上高峰很容易,无奈任何事物的高峰(或高潮)都只能维持一个短时间,要久而弥笃的维持长久的友谊可很难了。……

除了优缺点,两人性格脾气是否相投也是重要因素。刚柔、软硬、缓急的差别要能相互适应调剂。还有许多表现在举动、态度、言笑、声音……之间说不出也数不清的小习惯,在男女之间也有很大作用,要弄清这些就得冷眼旁观慢慢咂摸。所谓经得起考验乃是指有形无形的许许多多批评与自我批评(对人家一举一动所引起的反应即是无形的批评),诗人常说爱情是盲目的,但不盲目的爱毕竟更健全更可靠。

人生观世界观问题你都知道,不用我谈了。人的雅俗和胸襟气量倒是要非常注意的。据我的经验:雅俗与胸襟往往带先天性的,后天改造很少能把低的往高的水平上提;故交往期间应该注意对方是否有胜于自己的地方,将来可帮助我进步,而不至于反过来使我往后退。你自幼看惯家里的作风,想必不会忍受量窄心浅的性格。

以上谈的全是笼笼统统的原则问题。……

长相身材虽不是主要考虑点,但在一个爱美的人也不能过于忽视。

交友期间,尽量少送礼物,少花钱:一方面表明你的恋爱观念与物质关系极少牵连;另一方面也是考验对方。

一九六二年三月十四日

敏,亲爱的孩子……有理想有热情而又理智很强的人往往令人望而生畏,大概你不多几年以前对我还有这种感觉。去年你哥哥信中说:"爸爸文章的每一字每一句都充满了热情,很执着, almost fanatic(近乎狂热)。"最后一句尤其说得中肯。这是我的长处,也是我的短处。因为理想高,热情强,故处处流露出好为人师与拼命要说服人的意味。可是孩子,别害怕,我年过半百,世情已淡,而且天性中也有极洒脱的一面,就是中国民族性中的"老庄"精神:换句话说,我执着的时候非常执着,摆脱的时候生死皆置之度外。对儿女们也抱着说不说由我,听不听由你的态度。只是责任感强,是非心强,见到的总不能不说而已。你哥哥在另一信中还提到:"在这个 decadent(颓废的)世界,在国外这些年来,我遇见了不少人物 Whom I admire and love,from whom I learn(我仰慕喜爱、值得学习的人物),可是从来没有遇到任何人能带我到那个 at the same time passionate and serene,profound and simple,affectionate and proud,subtle and straight-forward(同时又热烈又恬静,又深刻又朴素,又温柔又高傲,又微妙又率直)的世界。"可见他的确了解我的"两面性",也了解到中国旧文化的两面性。又热烈又恬静,又深刻又朴素,又温柔又高傲,又微妙又率直:这是我们固有文化中的精华,值得我们自豪的!

当然上述的特点我并没有完全具备,更没有具备到恰如其分的程度,仅仅是那种特点的倾向很强,而且是我一生向往的境界罢了。比如说,我对人类抱有崇高的理想与希望,同时也用天文学地质学的观点看人类的演变,多少年前就惯于用"星际"思想看待一些大事情,并不把人类看作万物之灵,觉得人在世界上对一切生物表示"唯我独尊"是狂妄可笑的。对某个大原则可能完全赞同,抱有信心,我可照样对具体事例与执行情况有许多不同意见。对善恶美丑的爱憎心极强,为了一部坏作品,为了社会上某个不合理现象,会愤怒得大生其气,过后我却也会心平气和的分析,解释,从而对个别事例加以宽恕。我执着真理,却又时时抱怀疑态度,觉得死抱一些眼前的真理反而使我们停滞,得不到更高级更进步的真理。以上也是随便闲扯,让你多体会到你爸爸的复杂心理,从而知道一个人愈有知识愈不简单,愈不能单从一二点三四点上去判断。

很高兴你和她都同意我前信说的一些原则,但愿切实做去,为着共同的理想(包括个人的幸福和为集体贡献自己的力量两项)一步步一步步相勉相策。许多问题只有在实践中才能真正认识,光是理性上的认识是浮表的,靠不住的,经不住风狂雨骤的考验的。……从小不大由父母严格管教的青年也有另外一些长处,就是独立自主的能力较强,像你所谓能自己管自己。可是有一部分也是先天比后天更强:你该记得,我们对你数十年的教育即使缺点很多，但在劳动家务，守纪律，有秩序等等方面从未对你放松过，而我和你妈妈给你的榜样总还是勤劳认真的……我们过了半世，仍旧做人不够全面，缺点累累，如何能责人太苛呢？可是古人常说：取法乎上，得乎其中；取法乎中，得乎其下。而我对青年人、对我自己的要求，除了吃苦（肉体上，物质上的吃苦）以外，从不比党对党团员的要求低；这是你知道的。但愿我们大家都来不断提高自己，不仅是学识，而尤其是修养和品德！

很高兴看到你的中文并不退步，除了个别的词汇。读你的信，声音笑貌历历在目；议论口吻所流露的坦率、真诚、朴素、热情、爱憎分明，正和你在琴上表现出来的一致。孩子，你说过我们的信对你有如一面镜子，其实你的信对我们也是一面镜子。有些地方你我二人太相像了，有些话就像是我自己说的。平时盼望你的信即因为"薰莸同臭"，也因为对人生、艺术，周围可谈之人太少。不过我们很原谅你，你忙成这样，怎么忍心再要你多写呢？此次来信已觉出于望外，原以为你一回英国，演出那么多，不会再动笔了。可是这几年来，我们俩最大的安慰和快乐，的确莫过于定期接读来信。还得告诉你，你写的中等大的字（如此次评论封套上写的）非常好看；近来我的钢笔字已难看得不像话了。你难得写中国字，真难为你了！

一九六二年十二月五日

宿舍的情形令我想起一九三六年冬天在洛阳住的房子，虽是正式瓦房，厕所也是露天的，严寒之夜，大小便确是冷得可以。洛阳的风刮在脸上像刀割。去龙门调查石刻，睡的是土墙砌的小屋，窗子只有几条木栅，糊一些七穿八洞的纸，房门也没有，临时借了一扇竹篱门靠上，人在床上可以望见天上的星，原来屋瓦也没盖严。白天三顿吃的面条像柴草，实在不容易咽下去。那样的日子也过了好几天，而每十天就得去一次龙门尝尝这种生活。我国社会南北发展太不平衡，一般都是过的苦日子，不是短时期所能扭转。你从小家庭生活过得比较好，害你今天不习惯清苦的环境。若是棚户出身或是五六个人挤在一间阁楼上长大的，就不会对你眼前的情形叫苦了。我们决非埋怨你，你也是被过去的环境，教育，生活习惯养娇了的。可是你该知道现代的青年吃不了苦是最大的缺点（除了思想不正确之外），同学，同事，各级领导首先要注意到这一点。这是一个大关，每个年轻人都要过。闯得过的比闯不过的人多了几分力量，多了一重武装。以我来说，也是犯了大娇的毛病，朋友中如裘伯伯（复生），仑布伯伯都比我能吃苦，在这方面不知比我强多少。如今到了中年以上，身体又不好，谈不到吃苦的锻炼，但若这几年得不到上级照顾，拿不到稿费，没有你哥哥的接济，过去存的稿费用完了，不是也得生活逐渐下降，说不定有朝一日也得住阁楼或亭子间吗？那个时候我难道就不洁了吗？我告诉你这些，只是提醒你万一家庭经济有了问题，连我也得过从来未有的艰苦生活，更说不上照顾儿女了。物质的苦，在知识分子眼中，究竟不比精神的苦那样刻骨铭心。我对此深有体会，不过一向不和你提罢了。总而言之，新中国的青年决不会被物质的困难压倒，决不会因此而丧气。你几年来受的思想教育不谓不深，此刻正应该应用到实际生活中去。你也看过不少共产党员艰苦斗争和壮烈牺牲的故事，也可以拿来鼓励自己。要是能熬上两三年，你一定会坚强得多。而我相信你是的确有此勇气的。千万不能认为目前的艰苦是永久的，那不是对前途，对国家，对党失去了信心吗？这便是严重的思想错误，不能不深自警惕！解决思想固是根本，但也得用实际生活来配合，才能巩固你的思想觉悟，增加你的勇气和信心。目前你首先要做好教学工作，勤勤谨谨老老实实。其次是尽量充实学识，有计划有步骤的提高业务，养成一种工作纪律。假如宿舍四周不安静，是否有图书阅览室可利用……还有北京图书馆也离校不远，是否其中的阅览室可以利用？不妨去摸摸情况。总而言之，要千方百计克服自修的困难。等你安排定当，再和我谈谈你进修的计划，最好先结合你担任的科目，作为第一步。

　　身体也得注意，关节炎有否复发？肠胃如何？睡眠如何？健康情况不好是事实，无需瞒人，必要时领导上自会照顾。夜晚上厕所，衣服宜多穿，防受凉！切切切切。

　　千句并一句：无论如何要咬紧牙关挺下去，堂堂好男儿岂可为了这些生活上的不方便而消沉,泄气! 抗战期间黄宾虹老先生在北京住的房子也是破烂不堪,仅仅比较清静而已。你想这样一代艺人也不过居于陋巷,墙壁还不是乌黑一片,桌椅还不是东倒西歪,这都是我和你妈妈目睹的。

为周扬着想,你也得自己振作,做一个榜样。否则她更要多一重思想和感情的负担。一朝开始上课,自修课排定,慢慢习惯以后,相信你会平定下来的。最要紧的是提高业务,一切烦恼都该为了这一点而尽量驱除。

……你该想象得到父母对儿女的牵挂,可是时代不同,环境不同,父母也有父母的苦衷,并非不想帮你改善生活。可是大家都在吃苦,国家还有困难,一切不能操之过急。年轻时受过的锻炼,一辈子受用不尽。将来你应付物质生活的伸缩性一定比我强得多,这就是你占便宜的地方。一切多往远处想,大处想,多想大众,少顾到自己,自然容易满足。一个人不一定付了代价有报酬,可是不付代价的报酬是永远不会有的。即使有,也是不可靠的。

望多想多考虑,多拿比你更苦的人作比,不久就会想通,心情开朗愉快,做起工作来成绩也更好。千万保重! 保重!

给牛恩德的信

一九五八年

恩德,亲爱的孩子:

　　来信只说住女青年会,没写地址;怕港岛邮政靠不住,只得仍由南海纱厂转。又港沪航空信与平信同样需六七日,以后可改平寄。没想到你来得如此容易,母亲却去得如此艰难。行前未及通知我们,送你的画改于昨日邮寄。一别四年余,你热情如旧,依然是我们的好孩子,好女儿,心中不知有多么高兴和安慰。中文也照样流畅,眷怀祖国之情油然可见:一切固然出于天禀,却也不辜负我三年苦心,七年期望。我虽未老先衰,身心俱惫,当年每日工作十一小时尚有余力,今则五六小时已感不支;但是"得英才而教育之"的痴心仍然未改。为了聪与弥拉,不知写了多少字的中文、英文、法文信,总觉得在世一日,对儿女教导的责任不容旁贷。对敏向少顾问,至今他吃亏不少,但亦限于天资,非人力所能奏效。不料桃李之花却盛放于隔墙邻院,四十岁后还教到你;当然我不会放弃对你的帮助和鼓励! 多一个好儿女在海外争光,衰朽之人也远远里感到光鲜。

　　吾国的历史书、哲学书,国内已成凤毛麟角,旧书店已集中为一家。老商务、老中华出版的图书极少见到。新出的则过于简略,虽观点正确,奈内容贫乏,材料不充。在港不妨试觅《纲鉴易知录》。万一买到,不必从唐虞三代看起,只挑汉魏晋唐宋元明的部分,当小说一般经常翻阅。熟读以后对吾国的哲学思想自能摸出头绪。任何一个民族的特性和人生观都具体表现在他的历史中,故精通史实之人往往是熏陶本国文化最深厚的人。其次可试买五〇年前出的论述老、庄、孔、孟的小册子,或许港岛还能买到零星本子的《万有文库》或《国学小丛书》的本子。也可买《老子》、《庄子》(指原著)、《论语》、《孟子》,带在国外,一时无暇,将来可看;暂时看不甚懂,慢慢会懂。倘在沪能找到此类旧书,必买下寄你,但无把握,还是你自己在港多多尝试。我译的书,国内一本都看不到,已及五年以上;听说港九全部有售。上月还托人买了寄赠南洋的老友。五七年后译的三部巴尔扎克,一部丹纳的《艺术哲学》,均未出版;将来必有你一份,可放心。英文的世界史颇有简明的本子,可向伦敦大书店的营业员打听。我觉得你在音乐史与音乐家传记方面也可开始用功了。如 Arthur Hedley 写的 *Chopin*(在 Master Musicians 丛书内)就值得细读。那部丛书一般都很有价值,不过有的写得太专门些,文字艰深些,一时不易领会。Hedley 那本 *Chopin* 却是最容易念的。

　　你回到香港后的观感,使我回想起三十年前归国时的心情与感触,竟是先后一致的。也许在国外你也有许多看不上眼的地方吧? 聪感觉特别敏锐,常在信中流露这种情绪:虽然他为之痛苦,但我觉得唯有不随波逐流,始终抱着崇高的理想,忠于自己的艺术,确立做人的原则的人,才会有这一类的痛苦。没有痛苦就没有斗争,也就不能为人类共同的事业——文明,出一分力,尽一分责任。同时,只有深切领会和热爱祖国文化的人才谈得上独立的人格,独创的艺术,才不致陷于盲目的崇洋派,也不会变成狭隘的大国主义者,而能在世界文化中贡献出一星半点的力量,丰富人类的精神财宝。母亲行前来看我,我也和她谈到这一类话;我深信你的中国人的灵魂是永远觉醒的,将来定能凭着这一点始终做个自由独立的战士,对你的艺术忠诚到底! 月初去苏州小休五日,遍赏七大名园,对传统中国建筑艺术有了更进一步的理解,且待以后再谈。目前新工作开始(巴尔扎克五十万字的长篇,是一个三部曲,总题目叫作《幻灭》),每天都感到时间不够。暂时带住。望将留港日期早日告知,免信件空投。

　　With all my love,孩子,问候母亲!

　　傅妈妈问你好,她几年来也没忘了你!

爸爸

十一月二十日

一九五九年

恩德,亲爱的孩子:

今天是你第一天为人师表,也是人生另一阶段。教别人仍旧是一种学习。只要不抱敷衍塞责、混口饭吃的态度,从教书中得来的经验也不是自己向老师学习的时候所能得到的。为了要教人,过去学过的东西,势必要彻底温习,整理,消化,进一步作深入的研究,使我们更从掌握要点、举一反三方面着眼,从而培养我们的思考能力,逻辑可以更精密,复杂的内容懂得加以更好的综合。同时也推动我们多看参考书,多找实例,无形中充实自己。留英中断固然极不愉快,港岛社会也固然为你深厌;但要是能掌握时间,自己钻研还是可以的。你素来依赖性太重,出国前的苦闷多半由此而来;如今在外四年,性格想必长成了许多,独立性也增强不少,不妨就拿这一年来考验考验自己,看独自钻研对乐曲的理解与表达,是否比以前更有自信。我相信结果一定是这样,你一定会自个儿走路了。而且经过四年的勤学与阅历,你也已到了非独自走路不可的阶段和年龄。但愿三四个月以后,听到你自学大有成果的好消息。许多老话也不必与你细谈,你对做人的大道理已知道很多。你早知人生难免波折,一切全赖坚强的意志看准目的,锲而不舍的追下去;即使弯路多一些,挫折多一些,迟早会实现你的理想。如今到了考验的关头,就看你实践如何了。你对艺术的忠诚也不是青年时期十年八年的时间所能肯定;人生变化还有很多,你的遭遇也不知有几多转折;我倒不担心你处逆境时的勇气,而是要看你有朝一日各方面都极顺利的时候的表现。你该记得我常常口中道念的几句话:"富贵不能淫,贫贱不能移,威武不能屈。"我觉得最难做到的是第一句。

假定校课不太多,几个月之后一切熟悉了,要挑几个私人学生教教恐怕不太难,将来或许还会应接不暇。我倒劝你有多余的时间还是自己多用功,只要经济不成问题,私人学生必须严格甄别,别浪费你时间。开头你准会觉得在港打开局面极难,过了半年八个月却又会感到为没出息的学生浪费光阴之苦。我且在此预言一句,以待后验。

你突然改变计划,与母亲会面的周折,我和傅妈妈推敲之下也大致咂摸出一些原因。事既如此,也不必懊恼,且劝母亲宽慰,有你在旁,看着你用心教学生,用功自修,她定会高兴。

听说你得过好几个奖学金,尚未应用,是否可去信要求保留一个时期呢?为将来留个地步的事,想你也早想到了吧。在港演出后,报纸评论(特别是英文《南华朝报》)望剪寄,让我们欢喜欢喜。你的成功和聪的成功一样,我都要分享的。

前信要你买的手电,千万勿买了。既然还承认是我们的女儿,就不能来一套客气,实事求是为第一。我早知道了你的情形,决不会开口。兹附上一信,望连同前寄说明书一并转寄"九龙太子道伯爵街五号B地下成家和",聪有钱存她处,由她代买毫不困难。再过几星期,仍然希望来信谈谈你过去的学习与音乐体会,一则你能写那种信表示你情绪已经安定,我们也好安慰;二则也算你四年来做一总结,对你今后自学也有帮助。我仍是忙得不可开交,从你走后,星期日的休息也取消了。有过整整一年足不出户,理发也是从外面叫来的。只因精神衰退,脑力迟钝,愈来愈减产,只能用时间去补偿。平日来了客,事后就得加班加点补课。自己定量已经很低,再不按日完成,做出的成绩更不知要减却多少。星期日不是补课就是打发信债等等杂务。还得抽空看些参考书,只出不进,怎么行!有时觉得脑子昏沉也想酌量减少工作,无奈到时总弄得欲罢不能。也是生成的劳碌命,非忙不可,忙了才没有烦恼,才觉得活的还有些意思——这两句也是聪五年来经常在信中提的。我觉得做人应该忙,不忙不会做出成绩(哪怕是一星半点的成绩),怕只怕无事忙,应酬交际忙,那些不生产的忙就变为醉生梦死,我们觉得是最可怜的生活了。

国内情形还得艰苦几年,只有耐性埋头尽我的本分,在我的岗位上干些小小的工作,也许一时对国计民生毫无补益,可能将来还能给人一点儿帮助。我的心情还是那么积极,可也随时准备撒手而去,永远休息。这是我的"两面性"。我常常看自己喜欢的东西,画啊,字啊,周围的小玩意儿啊,都觉得是社会暂寄在我处的,是我向社会暂借的。时间已花了不少,

要回到我今天的功课上去了，下次再谈。祝

新年快乐，工作顺利，精神愉快，应付你的新环境！

　　母亲前乞代道念，告诉她，我们匆匆一别也许后会无期，不禁万分惆怅。

爸爸

一月三日

一九六三年

恩德，亲爱的孩子：

　　二月中来信至今未复，十分抱歉。说实话，你写的蚂蚁般小的字我用了放大镜还是看不清，尤其行格之密也密得异乎寻常，上一行和下一行常常缠夹，看信看得厌心了，也就一搁搁下来了。近年来我目力大退，每天工作完毕总要流泪很久。其实即使年轻力壮的人也没有能力应付你的小得出奇的字。我还想要求你以后用信纸写，航空邮简只能写寥寥几句的短信，俭省固是美德，不过也不宜过分，邮费在现代人生活费中占的比重并不太大。

　　听说你已经得了 M. A. 的学位，可喜可贺。大概你早知道，读学位作为谋生的手段未始不好，有时也必需；但决不能作为衡量学问的标识。世界上没有任何学位而真有学问的人不在少数，有了很多好听的学位而并无实学的人也有的是。请勿见怪我说煞风景的话，因为这是事实，并且为了督促青年，尤其是我素来关心孩子，我也不能怕说话得罪人。你出外六年，当然为学为人都大有进步，可惜来信从未提及。留英期间你已听到不少新的演奏，新的作品，新的学说，接触到多多少少新的乐队、新的老师，新的教学法，新的课程，你必有很多新的感受、感想、感触，新的反应，新的看法；不论对过去的音乐大师还是他们的作品，对现代的作家还是现代的演奏家，你也必有一年跟一年不同的看法；比如以前极喜欢的作家作品，如今不大喜欢了，过去格格不入的曲子现在反而感到很亲切了等等；我都想知道，听你说说你这些年在艺术方面的变化，分析分析这些变化的原因。去年你离开伦敦,想来除了居留期限以外,也有学习上的要求;那么到底在英国学到了一些什么,缺乏一些什么,到美国去补充些什么,去了以后是否能满足未去时的期望……这些问题都是我愿意知道的,也是你自然而然会告诉我的,可惜你从来没有告诉过我,未免使我感到十二分遗憾。

我常常有种想法,受教育决不是消极的接受,而是积极的吸收,融化,贯通;具体表现出来,是对人生、艺术、真理、学问、一切,时时刻刻有不同的观点和反应;再进一步便是把这些观点和反应反映在实际生活上,做人处世的作风上。我相信你也同意这个见解,那么为何不对我暴露一下你的思想呢?——我所谓暴露当然只是指发表发表你对艺术和音乐,包括演奏的技巧和学习方面的感想,大概不算要求过高吧?何况通信最有意义的就是这一类思想的交流,精神的接触。士别三日,刮目相看,我们一别六载,我垂垂老矣,能看到下一代的进步也是莫大的安慰,同时也是莫大的鞭策,所以更希望你"不遗在远"!

至于日常生活,我们还是和当年一样刻板:一日三餐的时间,工作的时间,都没有更动。只是体力日衰,关节炎常发,再加敏感性鼻炎(已二年),头痛(已五年),不时阻挠;脑子也越来越不灵活,工作进度就跟着拉慢,心里想做的事,想读的书,想补的课,不知有多少,而老是受到精力限制,这便是我最大的苦闷。我译的书不知寄给你对你是否有不便,故不敢造次,免得无缘无故给你添麻烦。敏在北京女一中教英文,工作还顺利,就是忙,没有时间进修。聪大约越来越像我的脾气,在外简直没有社交活动,据弥拉来信,说他生活只有三个节目:一、弹琴,二、听音乐(吃饭也得听),三、朋友来谈天。十月二十九日聪在瑞典回伦敦的飞机上写的信,有一段:

……①

我抄给你看不但为报道消息,主要是想"抛砖引玉",听听你的议论。

傅妈妈身体很好,照旧做家庭的买办,誊录生②,电话接线生等等,空

---

① 此信底稿未抄录,只标记了抄哪封信哪部分。
② 指帮助傅雷誊抄书稿、书信等工作。

下来看看书,练练小楷。你妈妈做何消遣呢?糖尿病是否减轻?每次经过你家门首,总是感慨万端。虽然长时期没写信给你,可是难得有一个星期不想到你们的。祝学业进步!艺术进步!向妈妈千万致意!

爸爸

一九六三年十一月十七日

如不吃力,能用中文写信更好,祖国的语言不用也要忘记的,而祖国的语言便是祖国文化和民族精神的象征。